# 温泉博士×弁護士が厳選

# 続 とっておきの源泉かけ流し445湯

小林裕彦法律事務所
代表弁護士
小林裕彦
（岡山弁護士会所属）

合同フォレスト

# はじめに

この度、３冊目の温泉本を出版することになりました。

これまで、２０１９年12月に「温泉博士が教える最高の温泉　本物の源泉かけ流し厳選３００」（株式会社集英社）、２０２３年4月に「温泉博士×弁護士が厳選　とっておきの源泉かけ流し３２５湯」（合同フォレスト株式会社）を出版させていただきました。

今回は、第2作に引き続き、全国の源泉かけ流し温泉を４４５紹介させていただくとともに、温泉にまつわる話を30付け加えさせていただきました。

今回紹介した温泉はこれまでの2冊とは全く重複していません。

第1作が３２２（表題では３００となっていますが、実際には３２２の温泉を紹介しています）の温泉、第2作が３２５の温泉をそれぞれ紹介してきたので、本書の４４５の温泉を併せると１０９２の温泉を紹介したことになります。

私は全国のほとんどの温泉を訪れました。

温泉の巡り方をよく聞かれるので、お答えします。
私はある時期に温泉に興味を持って全国の温泉を巡りたいと思うようになりました。このくだりは第1作の本に詳しく書いています。しかし、なかなか温泉に行く時間が取れません。

初めの頃は土日の1泊2日で合計3、4か所を回ることが多かったです。そのうち、宿泊する旅館を綿密なリサーチの上に決定して、その近くの温泉を日帰りでしらみつぶしに回るということを始めました。

リサーチは、源泉かけ流しかどうかという点に尽きます。インターネットの情報だけでなく、実際に電話をして源泉かけ流しに関する情報を聞き出します。

そこで、たいてい本物の源泉かけ流しかどうかが分かります。源泉や泉質に自信がある温泉施設は丁寧に教えてくれます。

温泉施設からすると、日帰り入浴は受付の人を配置しておかないといけないとか、館内の損壊、物品の盗難のリスクがあるとか、浴槽にお湯を張らないといけないとか、清掃をしないといけないとか、いろいろなリスクや面倒があるのではないかと推察されます。

一人５００円とか、１０００円の日帰り入浴料を受け取っても割に合わないのかもしれません。

しかし、温泉地の各旅館で日帰り入浴を楽しむことができれば、温泉地は活性化すると思います。「大地の恵みを少しでも多くの人に享受してもらう」といった寛大な気持ちを持ってもらえれば有難いと思います。

ちなみに、これはあくまでも一般的な傾向ですが、源泉湯量が多く、泉質が良い源泉かけ流しの旅館ほど日帰り入浴を受け付けている旅館が多いような気がしています。やはり泉質に自信がおありなのでしょう。

私は日帰りで入って泉質の良さを感じた旅館に、今度は宿泊でじっくり入ることが非常に多いです。

温泉の巡り方ですが、祝祭日を利用したり、無理して金曜日か月曜日を休んで2泊3日で行くとすると、次のようになります。

大体、岡山駅から始発の新幹線に乗り、全国各地の日帰り温泉を6、7か所回って、1泊目の旅館に少し遅めに着きます。そして、次の日は朝早くその旅館を出て（時には朝食も食べずに）、また7、8か所回って2泊目の旅館に遅めに着きます。3日目も同様に早く旅館を出て5、6か所回って、岡山駅に夜の10時か11時頃に着くという生活をしていました。

　これを1か月に2、3回、何十年もずっと繰り返していました。

　私は車の運転ができないので、デマンドタクシーを含めてJRやバスなどの公共の乗り物を駆使するのですが、どうにもならないところはタクシーで何か所かの温泉を回ります。タクシーに待ってもらう場合は、残念ながら1か所15分ほどで出て、次のところに行くということを繰り返していました。

　ときには、いい泉質の温泉に巡り合えて後ろ髪を引かれる思いをしたこともあります。そういったところは、今度は宿泊してゆっくり浸ることになります。

　そのやり方でほぼ全国の温泉を巡ることができました。

　予め循環風呂と分かっているところは行くだけ無意味ですから、あえて避けて温泉巡りをしています。

　読者の皆様におかれましては、是非本物の源泉かけ流し温泉に入っていただきたいと思います。

　循環風呂と源泉かけ流しの本物の温泉は似て非なるものです。というよりも、循環風呂は温泉ではありません。
源泉かけ流しの温泉に入ってこそ、日常と異なる本物の癒しが得られるものと確信しています。

弁護士　小　林　裕　彦

## 目次

「岩尾別温泉　三段の湯」(P.162)

「箱根塔ノ沢温泉　元湯環翠楼」(P.153)

「奥薬研温泉　元祖かっぱの湯」(P.170)

「岳の湯地獄谷温泉 裕花」(P.234)

「湯山の里温泉」(P.242)

「コタン温泉」(P.162)

# 第1部

# 満足できる源泉かけ流し温泉445選

## 1

# 源泉かけ流しと循環風呂

源泉かけ流しとは、「湧き出したままの成分を損わない源泉が、新鮮な状態のままで浴槽を満たしていること」（日本源泉かけ流し温泉協会の「源泉かけ流し」の定義）です。入浴に適した温度にするため、泉質を損わない範囲での最低限の加水・加温は認め、湯量不足を補うための水増し加水は認めないということです。そして、当然のことながら、源泉の不足を補うために浴槽内で循環ろ過させないということがかけ流しの前提になっています。

一方、循環風呂とは、「浴槽のお湯を集毛器、ろ過器、塩素系薬剤注入装置、加熱器と、順次循環して元の浴槽にお湯を戻すことで何度もお湯を浴槽に循環して使い回しをするもの」です。

全国の温泉のうち、源泉かけ流しは全体の数%ではないかと思います。

その理由は、浴槽の大きさに比べて源泉湯量が少ないからです。また、温泉地で源泉が共同管理されているようなところでは、源泉を買うためのコストが高いからです。

しかし、循環風呂は決して本物の温泉ではありません。最長1週間も温泉を使い回す塩素臭い循環湯が温泉である筈がありません。

この点、第1作では「最大7日間もお湯を使い回して塩素臭プンプンの循環風呂を温泉と呼称するのは普通に考えておかしい」と、ごく当たり前のことを述べました。

また、第2作では次のように述べました。

温泉法上の温泉とは、地中から湧出する温水等で、一定の温度または物質を有するものですが、温泉法第15条第1項では、「温泉を公共の浴用又は飲用に供しようとする者は、環境省令で定めるところにより、都道府県知事に申請してその許可を受けなければならない」としています。

しかし、「温泉を公共の浴用又は飲用に供する」という方法に、地中から湧出する温水等の源泉かけ流しだけでなく、循環風呂も含まれているのです。ここに最大の問題点があります。

「温泉を浴用に供する」という「温泉」の意味は、あくまでも地中から湧出する温水等の源泉を指すことは明らかであるのに、「浴用に供する」というあいまいな表現になってしまっているので、源泉を循環して何日間も使い回している循環風呂も源泉かけ流しと同列に扱われてしまっているのです。

その結果、あたかも消費者に循環風呂も温泉であるという錯覚を与えています。温泉業者も安易に循環風呂に飛びついて、温泉という名目で循環風呂を消費者に提供しているというのが、温泉業界の実態であると言っても過言ではないと思います。

## 2 景品表示法上及び消費者契約法上の問題点

第2作では、次のように述べています。

### 景品表示法上の問題点

「不当景品類及び不当表示防止法（景品表示法）」では、「優良誤認表示」（商品または役務の品質、規格その他の内容についての不当表示）が禁止されています。

循環風呂を「温泉」や「天然温泉」と称して消費者に提供することは、果たしてどうなのでしょうか。一般の消費者は、温泉と聞くと地中から湧出する温水をイメージするのではないでしょうか。

そうなると、循環風呂を温泉や天然温泉として消費者に提供することは、消費者を誤認させる可能性があり、優良誤認表示に該当するおそれがあると考えます。

循環風呂を温泉と表示することは、外国産の牛肉を国産のブランド牛と表示して販売する行為と基本的に同質であると、私は考えます。

## 消費者契約法上の問題点

「消費者契約法」は、事業者と消費者との情報格差、交渉力格差を踏まえて、事業者と消費者の取引に関して、消費者が搾取されないように一定の規制を及ぼす法律です。

この中に、「重要事項の不実告知」（虚偽の情報を提供してしまうことで消費者がその事実を誤認して契約を締結してしまうこと）があり、契約の取消事由とされています。

温泉法の改正で平成17年5月24日から、温泉事業者は循環風呂や塩素殺菌などについてはその旨を表示しなくてはならないことになりましたが、今でも循環風呂という表示のない風呂は散見されています。また、仮に循環風呂という掲示をしていたとしても、それは浴室の中についての掲示です。消費者は入浴料を払って浴室に入ってしまっているので、もはや手遅れでしょう。したがって、循環風呂であることを事前に、かつ十分に消費者に知らしめないことは、重要事項の不実告知に該当するおそれがあると考えます。

このくだりは、日本弁護士連合会発行の月刊誌『自由と正義』の２０２３年11月号の「ひと筆」でも述べています。

## 3 温泉に関する私の考え

私が言いたいことは、次の5点に尽きます。

①循環風呂や塩素殺菌した温泉は、本物の温泉でないことを明確にすべき！

②消費者に対して、源泉かけ流しかどうか、塩素殺菌をしていないかといった温泉に関する基本

情報を事前により明確かつ分かりやすく開示すべき！
③循環風呂には、温泉分析書の掲示義務はまったく無用！
④循環風呂は、療養泉の効能が本当にあるかどうかを確認した上で適応症の掲示を行うべき！
⑤良質な源泉かけ流しにまで塩素殺菌を事実上強制するような条例は即刻改正すべき！

第1作と第2作でも同じことを書いていますが、これ以上付け加えることは何もありません。

## 4 読者からの温泉本書評

これまで私の2作の温泉本を読んでいただいた読者の方からは嬉しいお言葉をいただいています。

「循環風呂を温泉と偽ってきた温泉業界は相当問題がありますね」
「循環風呂に景品表示法や消費者契約法の問題があるとは知りませんでした」

また、インターネット上の2作の温泉本の書評では次のような感想もいただいています。

「この本で本当の温泉がなんたるかを知ると、今まで泊まった旅館やホテルのお湯（循環）はなんだったのだろうと愕然としました」

「総じて、よくある温泉本は見飽きた方、温泉業界の裏事情を垣間見たい方、温泉に新たな刺激が欲しい方には特におすすめします」

「他の著者の本は読んだことがないが、これまで温泉に入るときに壁に貼られている温泉分析書をただ読むだけであったが、法律的に、科学的になどいろいろな角度から書かれているので、これ一冊あれば……だと思いました。温泉愛好家の教科書でしょうか」

「怖い話が小説っぽくて面白かったです」

「弁護士さんの書かれた本なので、循環風呂の法律上の問題やコンプライアンス上の問題についても解説されています」

「かなりマニアックな、本当に秘湯好きの人しか行かないだろうなというような温泉も載っていて、そんなに温泉に普段行かない人でも興味がわく本だと思います」

## 5 温泉経営者や温泉業界の方へ

最後に、温泉経営者や温泉業界の方に是非申し上げたいことがあります。

やはり、お客様に温泉というサービスを提供する以上は、本物の温泉を提供されたらいかがでしょうか。

ご自身が温泉のプロならご家族を連れて循環風呂に行きますか？

是非温泉のプロとしての矜持を見せていただきたいと思います。

源泉湯量が少ないとしても、小さい浴槽でも結構ですから源泉浴槽を用意するなどして、お客様にご当地の本物の源泉を身体で、あるいは五感で楽しんでもらうという原点に立ち戻っていただきたいと思います。

私は本業の弁護士業で、企業の方にコンプライアンスの研修をよく行います。

コンプライアンスとは、もともと法令遵守を意味する言葉ですが、最近では社会規範全般を守って社会の期待に応えることというニュアンスが強くなっています。

コンプライアンスにはさまざまな切り口があります。

その中の一つに、「組織に染み付いた誤りは将来いつか是正されるので早めに軌道修正すべき」ということがあると考えています。

最近では、ジャニーズ問題やパーティー券のノルマ超過分のキックバックの裏金問題などが挙げられます。

温泉業界において循環風呂を温泉と名乗ることは犯罪とまでは言えませんが、第2作で論じたとおり、少なくとも景品表示法や消費者契約法の問題が絡んできます。

もういい加減、循環風呂を温泉と呼称するのはやめて、「人工温泉」とでも名乗ってはいかがでしょうか。

## 6 お断わり

読者の皆様方には、これまで私が紹介してきた温泉の中にはあまりきれいでないところもあるということをご理解いただきたいと思います。

あくまでも源泉かけ流しと泉質の良さにこだわってチョイスした温泉を紹介しています。

また、私が紹介した温泉が今も営業しているかどうかは分かりません。

原稿を上げたときは一応営業していることをインターネットで確認はしましたが、是非皆様も訪れる前に営業の有無、営業時間などを確認していただきたいと思います。

なお、宿泊施設に関しては、日帰り入浴を受け付けていないところもあるので、その点もご留意ください。


本書の末尾では、都道府県別にご紹介した温泉のインデックスを付けています。また、これまでの2作で紹介した温泉も併せて総合インデックスとして紹介しています。

また、ジャンルごとに分類した「十大○○泉」などを参考までに収録しました。

では、北から順番に「満足できる源泉かけ流し温泉445選」をご紹介します。これまでの2作で紹介した温泉とは重複していません。これまでの2作で紹介した温泉を併せると、1000以上の源泉かけ流し温泉を紹介したことになります。


温泉は五感（視覚、聴覚、味覚、嗅覚、触覚）で楽しむものです。

温泉の紹介は私が五感で感じて頭に浮かんだことをそのままストレートに書いています。

あえて、長々と書いていません。

また、温泉の地理、歴史、環境、料理、名物などは実際に経営者の方からヒアリングした必要最小限の記載にとどめています。

源泉名をストレートに書いていますが、実際の泉質は源泉名で決まるものではありません。同じ源泉名でもお湯の色や味や匂いや肌触りなどは全く異なります。

そもそも本物の温泉は生き物のようなもので、同じ源泉であっても日によってお湯の色などが変わるものです。

源泉名はいわば「温泉の本箱」のようなもので、泉質の最大公約数的なものであることには変わりがないので、あえて泉質名を強調した書き方にしていることをご理解ください。

Facebook と Ameba ブログ「温泉博士が教える最高の温泉」で、
本書で紹介した温泉のほかにも、さまざまな温泉を紹介しています。
是非ご覧いただければと思います。

**Facebook**

https://www.facebook.com/yasuhiko.kobayashi.3

**ブログ「温泉博士が教える最高の温泉」**

https://ameblo.jp/kobayashiyasuhiko/

1
北海道

## 蟠《ばん》渓《けい》温泉　蟠岳荘

民家がまばらにある秘境にあります。

奥洞爺温泉郷の中の温泉地で、長流川《おさるがわ》の川沿いにある、小ぢんまりした湯治場的な旅館です。

ナトリウム・カルシウム－塩化物・硫酸塩泉です。

シンプルな浴槽が一つだけあります。

ホースから熱めの源泉が浴槽にかけ流されています。

無色透明ですが、とろみがあり、温泉臭がします。

肌にまとわりつくような泉質で、湯上がりは驚くほど肌がしっとりしています。

アトピー性皮膚炎に良いとのことですが、なるほどと頷けます。

近くの川辺には「オサル湯」という野湯もあります。

ホースから熱めの源泉がかけ流し

湯治場的な旅館

北海道有珠郡壮瞥町字蟠渓18

2
北海道

## 虎《こ》杖《じょう》浜《はま》温泉　ホテルいずみ

ナトリウム－塩化物泉です。虎杖浜温泉の旅館は大体海の近くにあるのですが、ここは少し離れた丘の上にあります。

露天風呂はパノラマオープンで太平洋を見下ろせて、実に爽快。北海道ならではの光景です。

何よりここは泉質が素晴らしい。

虎杖浜温泉の旅館はどこもそうなのですが、ここは特にとろとろ感とヌルヌル感が強いのが特徴です。

もともと源泉が49・1度なのですが、それをここまで引いてきて適温になるそうです。

浸かると、肌に膜が張ったような感じがします。

湯上がりはしっとりすべすべになります。

パノラマオープンの露天風呂

温泉街から少し離れた丘の上の温泉

北海道白老郡白老町字虎杖浜312-1

## 3 北海道

## 虎杖浜温泉 ホテル王将

虎杖浜温泉は全体的に鄙びていて、源泉かけ流しの多い大好きな温泉地です。

ここはその中でも昭和レトロな雰囲気です。

ナトリウム－塩化物泉で、琥珀色の源泉です。

ヌルヌルつるつる感がすごく、浴槽内でずるっと滑るので注意が必要です。

モール臭も芳しく、泉質のいい虎杖浜温泉の中でもレベルは高いといえます。

内風呂もありますが、露天風呂に入ると驚きます。男女別とばかり思っていると、露天風呂の奥がつながっているのです。

最初にお邪魔したときは、女性が入っておられて危ないところでした。

よく合宿に使われ、団体客が来られるとのことですが、大丈夫かなと思ったりします。

奥がつながった混浴露天風呂

昭和レトロな雰囲気

北海道白老郡白老町竹浦118−72

## 4 北海道

## 旭岳温泉 アートヴィレッジ杜《と》季《き》

カルシウム・マグネシウム・ナトリウム－塩化物泉です。

ここは、一日一組限定の宿泊です。

料理のお仕事をされていたご主人がここに移住し、旅館を開業されました。

渓流沿いの露天風呂が素晴らしく、自然との一体感を味わうことができます。

浸かると石膏臭もし、実に柔らかく肌に優しい泉質です。

源泉のパワーが身体に宿るような気になります。

本書ではあまり料理のことは書いていませんが、ご主人が元料理人だけあって、ここは料理も絶品です。

よく「一番お勧めの温泉はどこですか？」と聞かれることがあります。

実はそのときこの温泉を頭の中でイメージしていることが多いです。

渓流に面した露天風呂

大自然の中の温泉

北海道上川郡東川町勇駒別1418

5
北海道

## 登別カルルス温泉
# 森の湯　山静館

単純泉です。

登別温泉から車で10分ほど山の中に入ったところにある、自然豊かな鄙びた温泉地です。

「カルルス温泉」は、チェコのカルルスバード（カルロヴィ・ヴァリ）の泉質に似ていることから付けられた名前です。

1作目の本で紹介した鈴木旅館だけでなく、どの旅館も〝当たり〟です。

浸かると微かに温泉臭がして、肌触りが良いことを実感します。

つるつる感だけではなく、しっとりする感じです。

内湯は熱めの源泉そのままの浴槽と、加水したぬるめの浴槽があり、飲泉場もあります。

いかにも胃腸に効きそうな泉質で、この温泉地に来ると、心の疲れまで癒やされます。

ぬるめの加水浴槽と源泉浴槽

自然豊かな鄙びた温泉地の旅館

北海道登別市カルルス町16

6
北海道

## 天人峡温泉
# 御やどしきしま荘

大雪山国立公園の中にある、羽衣の滝で有名な温泉地です。

かつては3軒の旅館がありましたが、天人峡グラントホテルと天人閣が廃業してしまい、唯一ここだけが残っています。

ナトリウム・カルシウム・マグネシウム－硫酸塩・炭酸水素塩・塩化物泉です。

泉質名の長さに劣らぬ泉質の良さがあります。

淡い緑白色に濁っていて、浸かると身体にまとわりつくような源泉の濃さを感じます。

湯上がりは肌がしっとりします。

微かに金属臭がしますが、飲泉は少し甘みと〝出汁〟を感じます。床は温泉成分が凝固しており、ここでも源泉の濃さを実感します。

泉質がとてもよいので、温泉地の再生が望まれます。

温泉成分がびっしり凝固した浴槽

温泉地に唯一残った旅館

北海道上川郡東川町 天人峡温泉

## 7 北海道
# フロンティアフラヌイ温泉

JR上富良野駅から歩いて行けます。

ナトリウム－炭酸水素・塩化物泉で、源泉温度は30・3度です。

源泉浴槽と加温浴槽があり、源泉浴槽がかけ流しです。浸かると初めは冷たいですが、次第に身体が温まってきます。

湯は薄い赤茶色で、炭酸成分を含んでおり、微かにシュワシュワ感があります。

鉄分の匂いがし、源泉浴槽の縁は赤茶色に変色しています。

肌触りは、ざらざらした感じです。

一方の加温浴槽はさらっとした肌触りで、炭酸成分が抜けています。

やはり源泉浴槽の方が泉質のレベルが高いということになります。

赤茶色の源泉浴槽

北海道の温泉らしい外観

北海道空知郡上富良野町新町4-4-25

## 8 北海道
# ホテル函館ひろめ荘

函館市郊外にあります。函館市内からは車で1時間くらいかかります。

ここは、露天風呂が硫黄泉のかけ流しで、前方後円墳のような珍しい形の浴槽が特徴です。

道南では珍しい、目に鮮やかな青みを帯びた白濁の源泉です。

とろみがあり、濃厚な泉質の湯は熱めで、ずっしりきます。

ほんのり甘い硫化水素臭がします。

内風呂は重曹泉のかけ流しで、こちらはつるつる感があります。

一軒の旅館で2種類の源泉が楽しめるのは有難いことです。

朝食のイカソーメンが絶品でした。

目に鮮やかな青白い源泉

立派な建物です

北海道函館市大船町832-2

9
北海道

# 登別温泉　第一滝本館

金蔵の湯

地獄谷から湧出する5つの源泉を、計35の浴槽にかけ流しています。

さながら「温泉のデパート」といった趣の大型の旅館です。硫黄泉、芒硝泉、酸性緑ばん泉、食塩泉、重曹泉がかけ流されています。

一つの旅館でこれほど多彩な泉質の温泉に入れるところは珍しいと思います。

露天風呂に、登別温泉開湯の祖・初代滝本金蔵が妻の皮膚病を治すために造った浴槽を再現した「金蔵の湯」という酸性緑ばん泉の浴槽があります。

シンプルな浴槽ですが、なかなか風情があります。

また、露天風呂には円形の浴槽に白濁の硫黄泉が蓄えられています。

周りに円柱が配置されていてローマ風呂をイメージさせます。

地獄谷を眺めることのできる食塩泉のほかにも工夫を凝らした浴槽があります。

ローマ風呂をイメージさせる硫黄泉

地獄谷を望む食塩泉

北海道登別市登別温泉町55

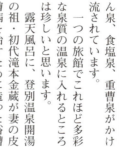

10
北海道

## 岩尾別温泉　木下小屋

ホテル地の涯の奥にあります。

羅臼岳登山の方が泊まります。

温泉だけが目当ての人は少ないようです。

ナトリウム・カルシウム－塩化物・炭酸水素塩泉です。

露天風呂だけで、浴槽が2つあります。

自然の中の実にインパクトのある露天風呂です。

露天風呂の上の方で源泉が湧出しています。

加温加水一切なしです。

身体にまとわりつくようなとろみのある濃厚な泉質です。

温泉成分が身体に吸収されるのを感じます。

少し浸かっただけでかなり疲れます。

自然の中の露天風呂

登山客用の山小屋

北海道斜里郡斜里町大字遠音別村字岩宇別

11
北海道

## 羅臼温泉　陶灯りの宿　らうす第一ホテル

含硫黄－ナトリウム－塩化物泉で、源泉温度はかなり高いです。

この辺りにはいくつか旅館が点在していますが、ここまで来るとかなり遠くまで来たなと実感します。

露天風呂はいかにも北海道らしい、開放的でワイルドな雰囲気です。

少し黄色がかった滑らかな泉質です。

裏からヒグマが出ないかと心配になるような趣です。

内風呂は白濁しており、浴室に入るや否や、硫黄の香りに包まれます。

源泉の注入量がすごく、これぞ源泉かけ流しです。

浸かると、いい感じにヌルヌルした泉質です。

前作で紹介した「熊の湯」にはここから歩いて行けます。

北海道らしい開放的な露天風呂

源泉が白濁した内風呂

北海道目梨郡羅臼町湯ノ沢町1

# 12 北海道

# 湯の川温泉 湯の浜ホテル

ナトリウム・カルシウム－塩化物泉です。

露天風呂が素晴らしく、海と温泉が一体になったような錯覚を覚えます。

爽快な海風と日の光を受けながらの入浴も格別ですが、夜は遠くに見える漁火が幻想的です。

源泉が大量にかけ流されていて、浸かるとしっとりした感じです。

塩化物泉特有の刺激も感じます。

飲泉は甘塩っぱくて美味いです。

内風呂は露天風呂と異なる源泉だそうで、露天風呂よりも少しきしきしした感じがします。

白い薄濁りで、ところどころ源泉の成分が凝固しています。

海と一体になった露天風呂

内風呂もすべて源泉かけ流し

北海道函館市湯川町1-2-30

# 13 北海道

# 鶴居ノーザンビレッジ ホテルTAITO

「北海道で一番のお勧め温泉はどこですか？」などと聞かれることがあります。なかなか一つだけを挙げるのは難しいのですが、北海道ではここを一番にイメージすることが多いです。

ナトリウム－塩化物・炭酸水素塩泉です。

琥珀色で源泉の注ぎ口が泡立っています。

内風呂の説明に「琥珀色の湯とその泡は天然温泉１００％で、湯に含まれる重曹による泡です。毎分４００リットルの湯が常時流れ出ています。当ホテルの湯には温泉力があります」と書かれています。

よほど泉質に自信がないと書けない表現です。

浸かるとヌルヌルつるつる感が半端ではありません。指を合わせるとくっつくような粘りのあるヌルヌル感です。

ヌルヌル泡付きの露天風呂

「当ホテルの湯には温泉力があります」

北海道阿寒郡鶴居村鶴居西1-5

## 14 北海道

# いわない温泉 おかえりなさい

旅館の名前が「おかえりなさい」ということで、インパクトがあります。

かつては「いわない円山温泉聖観湯」という高級旅館でしたが、リニューアルして現在のようになりました。

ナトリウム−塩化物泉です。

写真では分かりにくいですが、少し灰色に濁っています。

しっとりすべすべの肌触りで、微かに金属臭がします。


岩を配置した露天風呂がなかなかワイルドです。

露天風呂へは階段を下りて行きます。

深さもあり、湯量の多さを感じます。

内風呂も源泉かけ流しです。

湯上がりは肌が生き返ったようにつるつるになっています。

ワイルドな露天風呂

旅館のネーミングが素晴らしい

北海道岩内郡岩内町字野東491

## 15 北海道

# 温泉ホテルボストン

アルカリ性単純泉の本物のモール泉です。

住宅地の中のホテルです。

モール泉とは、泥炭が炭化した地層を通って湧出する源泉です。

見事な濃い琥珀色が特徴で、浴槽の真ん中辺りで熱めの源泉が噴出しています。

近くの十勝川温泉や帯広市内の温泉にもモール泉がありますが、ここが一番濃厚で、熱めのとろとろの源泉です。

浸かると太古の植物の腐食臭のような独特の匂いがします。

浴槽の中でずるっと滑りそうになるくらい、ヌルヌルつるつるです。

ホームページに「建物は古いですが、泉質には自信があります！」と書いてあるとおり、確かに泉質は圧倒的に素晴らしいと感じました。

熱めの源泉が噴出しています

住宅地の中のホテル

北海道帯広市西1条南3-15

16
北海道

## 川湯温泉 お宿欣喜湯

酸性・含硫黄・鉄−ナトリウム−硫酸塩・塩化物泉です。

温泉分析書を見ると、硫黄山の地下で何種類もの金属が強酸の源泉に溶け込んだ火山性の温泉のため、さまざまな金属を含んでいることが分かります。

浸かってみると比重の重さを感じる源泉です。

源泉は青光りしていて、硫化水素臭が強烈です。

酸性が強く、釘を源泉に浸けておくと溶けてしまいます。

そのため、浸かると肌がひりひりします。

写真は1階の浴槽ですが、浴槽によって低温、中温、高温と温度が異なります。

このほか、2階にも浴槽があります。

川湯温泉はやや鄙びた印象ですが、ここは泉質の良さと洗練された風情があります。

配置が見事な温度が異なる浴槽

温泉地の中でも目を引く巨大ホテル

北海道川上郡弟子屈町川湯温泉1-5-10

17
北海道

## 知内温泉 ユートピア和楽園

道南にある、ナトリウム−塩化物・炭酸水素塩泉です。

鎌倉時代に発見された北海道最古の温泉と言われています。

ここは湯量が多く、源泉がドバドバとかけ流されていて、浴槽に源泉が凝固しています。

上の湯は岩壁の風情のある内湯です。灰色がかっていて、少し薬品が混じったような金属臭がします。

浸かるとつるつる感があります。

少し鉄分が強いかなと感じる、なかなか個性的な泉質です。

露天風呂は開放感があり、のびのびと寛げます。

内風呂に比べて、湯が透き通っている感じがします。

歴史はありますが、全体的に小綺麗で好印象な旅館です。

源泉がドバドバかけ流し

開放感のある露天風呂

北海道上磯郡知内町字湯ノ里284

## 18 北海道

# 見市温泉旅館

周りには何もない秘湯です。ナトリウム－塩化物泉です。決して珍しい泉質ではありませんが、ここはさまざまなイオン濃度の濃さが際立っています。

温泉分析書を見ると、温泉成分の総計は、1kgあたり5000mgを超えています。

清流を見下ろす露天風呂が爽快です。

湯は茶色に濁っていて、浸かると源泉がずっしりと身体にまとわりつくような感じです。

明治初年の創業で、現在は6代目の経営者とのことです。この秘境で長年にわたり、湯治場を維持されているところがすごい。

建物の外観も中もすべて湯治場という感じです。

この辺りは熊が普通に出没するそうです。

川沿いの露天風呂

こってりした茶色の源泉

北海道二海郡八雲町熊石大谷町13

## 19 北海道

# おんねゆ温泉郷 滝の湯センター 夢風泉

アクセス困難な秘境にありますが、小ぢんまりした感じのいい旅館です。

単純硫黄泉です。pHは9・64、源泉温度が44度の理想的な源泉です。

硫黄泉でこのアルカリ度は珍しいです。

内風呂は2つあり、浸かった瞬間、つるつる感に驚きます。まるで源泉が肌を弾くような感じがします。

肌を手で擦ると「きゅっきゅっ」とします。この感触はなかなかありません。源泉の新鮮さが窺えます。

硫黄泉といっても白濁はしておらず、硫化水素臭は控えめではあるもののしっかり香ります。

湯上がりは肌が引き締まったような感じがします。

肌を弾くようなつるつる感

小ぢんまりした感じのいい旅館

北海道北見市留辺蘂町滝の湯128

## 20 北海道

# 長万部温泉 大成館

素朴な旅館の源泉かけ流しの多い、大好きな温泉地です。細長いシンプルな浴槽が一つだけの、ナトリウム－塩化物泉です。

源泉は琥珀色で、長万部温泉特有の油臭がします。

浸かると、きしきしした感触があり、じんわりと温まってきます。

飲泉すると塩辛さを感じます。

湯上がりはなかなか汗が引きません。

この旅館は猫が多かったのが印象的でした。

長万部町では、令和４（2022）年８月に神社の敷地内から温泉が噴出しました。

地元の方は騒音や塩害でさぞお困りだったと思います。もともとこの辺は温泉力の強いエリアなのだと思います。

油臭のする琥珀色の源泉

源泉かけ流しの多い温泉地の旅館

北海道山越郡長万部町字温泉町400番地

## 21 北海道

# 豊富温泉 ニュー温泉閣ホテル

油分を含んだ温泉で有名な温泉地で、ここは温泉街の真ん中辺りにあります。

内風呂が一つだけあり、乾癬やアトピー性皮膚炎に良いそうです。

ナトリウム－塩化物泉で、L字型の浴槽に源泉がかけ流されています。

浴室に入った瞬間、油臭に圧倒されます。

湯は珍しい緑灰色で、手で源泉をすくうと黄色がかっています。

源泉の表面には油が浮いていて、浸かるとヌルヌル感があります。

アルカリ性のヌルヌル感ではなく、油分が溶け込んだ独特のヌルヌル感ととろみを感じます。

浸かっていると油臭に慣れてきて、湯上がりは身体の芯まで温まっています。

油が浮いた源泉

温泉街の真ん中辺りにある旅館

北海道天塩郡豊富町温泉

## 22 北海道

# 宮《ぐう》内《ない》温泉旅館

前作で紹介した千走川温泉旅館、モッタ海岸温泉旅館の近くにある、アクセス困難な秘湯です。

ナトリウム－炭酸水素塩・硫酸塩泉です。

浸かるととろみとつるつる感を感じます。

源泉が柔らかく、身体にまとわりついてくるような独特の肌触りです。

ただし浴槽の底が滑りやすいので注意が必要です。

浴槽に湯の華が固まってこびりついています。

湯は少し薄茶色がかっていて、微かに石膏臭と油臭がします。

内湯と露天風呂が一つずつあり、どちらもなかなか風情があります。

露天風呂はなかなかワイルドな趣です。

薄茶色の源泉

秘湯感のある浴槽

北海道島牧郡島牧村字泊431

## 23 青森県

# 谷地温泉

北海道のニセコ薬師温泉、徳島県の祖谷温泉と並ぶ日本三大秘湯の一つです。

大自然に囲まれた木造の建物には、確かに秘湯の趣があります。

単純硫黄泉で、綺麗に白濁している上の湯は42度あり、クリーミーでしっとりとした肌触りです。

38度の下の湯（霊泉）は足元湧出泉です。

上の湯とは異なり、青白く透き通っています。

浸かった瞬間は冷たく感じますが、そのうちじわじわと温まってきます。浸かっていると芳ばしい硫化水素臭に包まれ、源泉の成分が身体に染み込むような感じがします。

階段を下りていくと、打たせ湯があります。

ここは建物も浴槽も鄙びていて本物の湯治場です。

白濁した上の湯

足元湧出の下の湯（霊泉）

青森県十和田市法量谷地1

24
青森県

# 猿倉温泉 元湯 猿倉温泉

酸ヶ湯温泉や蔦温泉の近くにある単純硫黄泉です。温泉力が高く、毎分100リットルもの源泉が湧出します。

5本の源泉のうち2本を使って、残りは奥入瀬渓流温泉に配湯しているそうです。内風呂と露天風呂に源泉がたっぷりとかけ流されています。

鮮やかに青光りした白濁の湯が特徴で、硫黄が目に沁みます。

浸かると初めはピリッときますが、そのうち身体に馴染んできます。

こってりした感じですが、肌触りはさらさらしています。温泉成分が濃いので、少し浸かっただけでかなり疲れます。

内風呂も露天風呂もワイルドな石造りです。

濃厚な硫黄泉

青光りして見える露天風呂

青森県十和田市奥瀬猿倉1

25
青森県

# 百沢温泉 温泉旅館 中野

岩木山神社のすぐ前にある旅館です。

ナトリウム・マグネシウム―カルシウム・塩化物・炭酸水素塩泉です。

ひょうたん型の浴槽が印象的です。

筒から源泉がドバドバとかけ流され、奥の浴槽の縁から溢れています。

凝固物も多く、印象に残る浴槽です。

緑色に濁った湯は、浸かるときしきしした感じで、ほのかに金属臭がします。

湯の中には細かい粒子が大量に浮遊しています。

じんわりと身体に絡みついてくる感じの泉質です。

源泉温度が高いので加水しているそうですが、それでも濃厚な泉質です。

ひょうたん型の浴槽

岩本山神社のすぐ前

青森県弘前市百沢高田80

# 26 青森県 湯段温泉 ゆだんの宿

岩木山温泉郷の嶽温泉のさらに奥にあります。

4軒の旅館が点在する鄙びた温泉地です。

ナトリウム・カルシウム・マグネシウム－塩化物・炭酸水素塩泉です。

小さめの浴槽が一つだけあり、褐色の源泉が勢いよくかけ流されています。

金属臭と、ほのかにゴムの焦げたような匂いがします。

飲泉すると、甘苦い感じがし、浸かるときしきしした感じがします。

湯の中には茶色の細かな粒子が大量に浮遊しています。

浴槽の縁は源泉が凝固していて、温泉成分の濃厚さを感じます。

館内は黒光りした木材でできた民芸調の雰囲気で、いかにも湯治場といった風情があります。

褐色の源泉がドバドバ

湯治場的な温泉

青森県弘前市常盤野字湯段萢8

# 27 青森県 嶽温泉 田澤旅館

こちらは旅館だけでなく、土産物屋も営んでいて、その奥に温泉があります。

酸性－ナトリウム－塩化物泉です。

浴室の壁と浴槽の青が目に鮮やかで、乳白色の源泉とのコントラストが美しいです。

硫化水素臭が強烈で、浸かると肌がピリピリします。

手前の浴槽は男性専用ですが、衝立の奥は混浴浴槽になっています。

ここ嶽温泉には何軒か旅館がありますが、令和5（2023）年の初めころ、源泉温度が約30度下がって湯量も5分の1くらいに減ってしまったというニュースがありました。

暖かくなってきて、湯量はだいぶ回復したようですが、白濁は少し薄れたとのことです。

壁も浴槽も青色

土産物屋さんもやっています

青森県弘前市大字常盤野字湯の沢10

# 28 青森県

## 長寿温泉 松寿荘

黒石市内にありますが、秘湯のような雰囲気があります。丸い浴槽が男女一つずつあります。

温泉分析書ではアルカリ性単純泉となっていますが、並の単純泉ではありません。

少し緑色がかっていて、浸かるとつるつるした肌触りです。

少し金属臭もします。

特筆すべきは、なんといっても源泉湯量が多いことです。源泉が注入口から音を立ててかけ流されています。

ややぬるめの適温で、飲泉は少し甘みを感じます。

長寿温泉の名前に相応しい泉質と感じました。

宿泊もできるようですが、日によっては宿泊休止の場合があるようです。

ドバドバ感がすごい

秘湯感があります

青森県黒石市山形字村下97-3

# 29 青森県

## 南田温泉 ホテルアップルランド

りんごづくしの旅館です。宿泊すると、りんごをもらえます。

琥珀色のナトリウム－塩化物泉です。

中浴場の満天の湯は源泉に近く温泉成分が濃く残った温泉とされています。

確かに、大浴場に比べてとろみとヌルヌル感が強いと思います。

良質の源泉が大量にかけ流されています。

大浴場の丸い内風呂には朝を除いてりんごが浮かべられています。

大浴場の内風呂と露天風呂にも源泉が大量にかけ流されています。

オールインクルーシブのバイキングがお得感があり、美味しいです。

源泉に近い所にある内風呂

名物のりんご風呂

青森県平川市町居南田166-3

30
青森県

## 温湯《ぬるゆ》温泉　山賊館

古くから湯治場として栄えた温泉地です。温湯《ぬるゆ》といってもぬるくはありません。

1作目で「鶴の名湯　温湯温泉」という共同湯を紹介しましたが、ここはその近くにあり、ほかにもいくつか旅館が点在しています。

ナトリウム－塩化物・硫酸塩泉です。

少し自信のなさそうな山賊の絵がなかなかインパクトがあります。

その山賊の口から適温の源泉がかけ流されています。

湯が紫色に見えますが、タイルの色でそう見えるだけで、源泉は透明です。

ビジュアル的に趣のある浴槽です。

微かな硫化水素臭がし、しっとりすべすべの保湿性の強い泉質です。

山賊にこだわっています

鶴の名湯温湯温泉の近く

青森県黒石市温湯字鶴泉61

31
青森県

## 大鰐温泉　ヤマニ仙遊館

国の登録有形文化財に指定されている宿です。

創業は明治5（1872）年で、建物は明治30（1897）年に建てられたそうです。

明治天皇が東北巡行にお越しの際、旅館の前に建てられた御仮所にお泊まりになり、有栖川宮熾仁親王らもここにお泊まりになられたという歴史のある旅館です。伊藤博文や太宰治らも宿泊されています。

館内の装飾の一つひとつが実に凝っています。

弱アルカリ性単純泉です。

「大正レトロ風呂浪漫の泉」と名付けられ、クラシックな雰囲気に浸れます。

浴槽と壁のマジョリカタイルと源泉注入口の鰐も渋い味わいです。

浸かると身体にエネルギーが満ちてくる感じがします。

趣きのある大正レトロな浪漫の泉

登録有形文化財の宿

青森県南津軽郡大鰐町蔵館村岡47-1

## 32 青森県

# 大鰐温泉　民宿　赤湯

ナトリウム・カルシウム－塩化物・硫酸塩泉です。

大鰐温泉は1190年代に発見されたという歴史のある温泉で、「温泉もやし」でも有名です。

もともと自家源泉が鉄分を含んでいて赤かったため「赤湯」と名がついていますが、現在は共同源泉になり、無色透明で微かに硫化水素臭がします。

シンプルな内風呂が男女一つずつあり、湯治場的な雰囲気です。

浸かるととろみと濃厚さを感じ、熱めの源泉が身体にまとわりつくようです。

じんわりと温まって、なかなか温もりが冷めません。

源泉の注入口には温泉成分が白く凝固しています。泉質の良さを物語っています。

湯治場の雰囲気

凝固物が泉質を物語っています

青森県南津軽郡大鰐町大鰐字大鰐131-1

## 33 青森県

# 池ノ端温泉　らんぷ温泉

良質の源泉かけ流しの多い、上北郡東北町にあります。

レトロな雰囲気の建物です。その名前のとおり、建物内にはいくつかランプがぶら下がっていました。

ただ、電気が通っていないというわけではありません。

アルカリ性単純泉で、浴室はなかなか厳かな風情です。

源泉の色が黒っぽく見えますが、いわゆる黒湯ではなく、少し灰色がかっています。

浸かるととろみを感じ、つるつるヌルヌルした肌触りがします。しばらくすると、じんわり温まってきます。

微かに湯の華も舞っています。

建物も浴室もかなり鄙びていて、いかにも湯治場といった雰囲気が味わえます。

厳かな風情の浴室

湯治場の雰囲気がプンプン

青森県上北郡東北町大浦境ノ沢4-110

## 34 青森県

# 三本柳温泉

岩木山神社から車で数分のところにある一軒宿です。建物の外観は湯治場そのものです。

この辺りは、百沢温泉など個性的な泉質の源泉かけ流しの多いエリアです。

ナトリウム・マグネシウム－炭酸水素塩・塩化物泉です。

鮮やかな碧色の湯で、強い金属臭がします。

浸かると身体に気泡が付き、きしきしした肌触りです。

じわーっと温泉成分が染み込んで温まります。

温泉成分が濃厚で、浴槽の縁には温泉成分が凝固しています。

浴槽は一つだけですが、非の打ちどころがない泉質と湯治場的な風情の温泉です。

素泊まりの宿泊ができます。

鮮やかな碧色の源泉

湯治場そのもの

青森県弘前市百沢字温湯7

## 35 青森県

# 浅虫温泉　辰巳館

青い森鉄道線浅虫温泉駅の近くの温泉地で、10軒ほどの旅館があります。

浅虫温泉の名前の由来については、麻を蒸したなどいくつか説があるようです。

昭和13（1938）年創業の老舗旅館で、建物は風情があります。

ナトリウム・カルシウム－硫酸塩・塩化物泉です。

内風呂は岩を配していて青色のタイルが綺麗です。

さらりとした肌触りの湯は、肌をすうーっと通っていくような感じでじんわりと温まってきます。

微かな温泉臭に包まれながらゆったりと癒され、湯上がりは肌がしっとりします。

庭園の中の露天風呂もあります。

老舗旅館はどこか癒やされます。

青色のタイルが美しい岩風呂

老舗の雰囲気

青森県青森市浅虫山下281

## 36 青森県

# つがる富士見荘

日本一長い木橋「鶴の舞橋」の近くにある穴場の温泉です。

本館と別館にそれぞれ浴槽があります。

ナトリウム–塩化物泉です。コーヒー色のモール泉が浴槽内に勢いよくかけ流されています。

岩木山と鶴の舞橋を望みながら入ることができます。

浸かるとヌルヌルつるつるして滑ります。

モール臭が芳しく身体に泡が付着するのがわかりますが、源泉の色が濃いので足元までは見えません。

湯上がりは驚くほど肌がしっとりしています。このレベルの泉質はなかなかありません。

浴槽や浴室の床は温泉成分で茶色に変色しています。

コーヒー色のモール泉

鶴の舞橋の近くの温泉

青森県北津軽郡鶴田町大字廻堰字大沢71-1

## 37 岩手県

# 鶯宿温泉　小枝旅館

鶯宿温泉には、高級感がある旅館から鄙びた感じの湯治場までさまざまな旅館があります。

ここは建物正面の赤い壁から浴槽のしゃれたタイルに至るまで色彩が鮮やかで、目を惹きます。

写真からもそのインパクトが伝わると思います。

斬新というかサイケデリックというか、絵になります。

ナトリウム–塩化物・炭酸水素塩泉がきちんとかけ流されていて好印象です。

少し硫化水素臭がして、柔らかく肌に染み込むような感じのいい泉質です。

浸かるとピリッとした感じがしますが、そのうちじんわりと温まります。

女将さんも気さくで、好印象です。

凝ったタイルの浴槽に源泉かけ流し

インパクトのある赤い旅館

岩手県岩手郡雫石町鶯宿第6地割24-4

## 38 岩手県

# つなぎ温泉 湯守 ホテル大《たい》観《かん》

盛岡駅から車で20分ほどのところにある温泉地です。

単純硫黄泉で湯量は多く、源泉かけ流しが比較的多い所です。

立派な大型のホテルを紹介してしまいました。

大きなホテルは浴槽も大きいため循環風呂が多い、循環風呂でなくても加水して温めたり塩素殺菌をしているところが多いというのが私の持論ですが、ここは違います。

自家源泉を持っているのです。

この源泉は硫黄分が多く含まれています。

玄関の飲泉場で源泉を味わうことができますが、これが実に美味い。

浸かるとまろやかな泉質が優しく包み込んできます。じんわりと温泉成分が染み込んでいくのがわかります。

大きい浴槽ですが、きちんと源泉かけ流し

飲泉は泉質の自信の証し

岩手県盛岡市繋字湯の館37-1

## 39 岩手県

# 千貫石温泉 湯元東館

金ケ崎町の辺りは源泉かけ流しの温泉がいくつかあります。

ここはナトリウム－塩化物・炭酸水素塩泉です。

森の中の一軒宿です。

毎分680リットルの湯量です。

源泉温度は約50度で、加温・加水はありません。

ドバドバと源泉がかけ流されています。

泉質が個性的で、浸かると格段につるつる感の強さを感じます。

きゅっきゅっと肌を滑るような肌触りです。

湯はコーヒー色で、金属臭と油臭がして、細かな湯の華も舞っています。

源泉の注入口は白く泡立っています。

露天風呂もあります。

つるつる感がすごい

高品質の源泉かけ流し

岩手県胆沢郡金ケ崎町西根二枚橋5-1

## 40 岩手県

# 松川温泉 峡雲荘

地熱発電で有名な温泉地です。

単純硫化水素泉です。

ほかに「松楓荘」「松川荘」がありますが、いずれもすでに前作までに紹介済みです。

松川温泉は3軒の旅館すべてが風情のある良質な源泉かけ流しという、素晴らしい温泉地です。

露天風呂の青みがかった源泉が目に鮮やかです。混浴ですが、真ん中の石が遮蔽物代わりになっています。

女性にも配慮した上手い造りです。

一方の内風呂は湯治場的な雰囲気です。

硫化水素臭が強烈ですが、肌触りはとてもクリーミーです。

身体にじんわりと温泉成分が染み込み、翌日も身体から硫化水素臭が消えません。

目に鮮やかな青みがかった源泉

湯治場的な雰囲気の内風呂

岩手県八幡平市松尾寄木松川温泉

## 41 岩手県

# 岩手湯本温泉 かたくりの宿一休館

JR北上線ほっとゆだ駅から車で10分弱の鄙びた温泉地です。

3軒の旅館があります。

ここは、ナトリウム－硫酸塩・塩化物泉で、源泉温度は約91度です。

塩分濃度が高く、浸かると初めはピリッときます。

その後、源泉がじわーっと肌に染み込んできます。

湯上がりは身体が火照り、なかなか汗が引きません。

熱めの源泉を少しずつ注入しており、安易に加水していません。

最高の湯使いといえます。

浴槽に風情があり、年季の入ったレトロなタイルが絵になります。

源泉濃度が高いせいか、浴槽の縁が変色しています。

年季の入ったタイルの浴槽

温泉地も旅館も鄙びています

岩手県和賀郡西和賀町湯本30-82

## 42 岩手県

# 湯川温泉 せせらぎの宿 吉野屋

温泉力の高い湯田温泉郷の中にあり、ここ湯川温泉のほかに前ページの湯本温泉や巣郷温泉などがあります。湯川温泉には十数軒の旅館があります。

ＪＲ北上線ほっとゆだ駅から車で10分ほどの渓流沿いに佇む小さな旅館です。

建物の中が綺麗に磨き抜かれていて、感じのいい旅館です。

ナトリウム－塩化物・硫酸塩泉です。

温泉地の他の旅館に比べて泉質が個性的なような感じがします。

少し緑色がかっていて、微かに硫化水素臭がします。

肌触りはきしきしした感じです。

じんわりと内側から温まってきます。

緑がかった泉質

綺麗に磨き抜かれた感じのいい旅館

岩手県和賀郡西和賀町湯川52-113-1

## 43 岩手県

# 新安比温泉 静流閣

ナトリウム－塩化物強塩泉です。

温泉分析書を見ると、かなり濃厚な泉質であることがわかります。

塩分濃度は海水の約２倍、そしてメタホウ酸の含有量が異常に多いです。

源泉温度が約32度なので、加温しています。

内湯は２つの浴槽に仕切られていて、それぞれ金の湯、銀の湯と名付けられた別源泉です。

こってりした感じですが、肌触りはきしきしします。

浴槽の縁には温泉成分が凝固しています。

濃厚なので、浸かるとへとへとに疲れます。

ただ、湯上がりは肌がしっとりと心地よいです。

総じて温泉力の高い旅館といえます。

こってりした２種類の源泉

温泉力の高い旅館

岩手県八幡平市叺田43-1

## 44 岩手県

# 一関温泉 山桜《やまざくら》 桃《もも》の湯

ＪＲ一ノ関駅から車で15分ほどの山の中にあります。

ナトリウム－塩化物泉です。

天空露天風呂や石湯など、男女合わせて合計17種類の浴槽があり、全部かけ流しです。

浸かるとしっとり感のある正統派の塩化物泉で、少し茶色で黒い湯の華が浮遊しています。

健康ランド的ですが、源泉かけ流しの質が高い温泉です。

全体的にインドネシアのジャワ島のような雰囲気があります。

それらしい音楽が館内に流れ、内装や調度品もアジアンテイストです。

大衆演芸もあります。

バイキングもたいそう美味でした。

また宿泊したい旅館です。

見晴らしのいい雰囲気

源泉かけ流しの石湯

岩手県一関市赤荻字笹谷393-6

## 45 岩手県

# 玄武温泉 ロッヂたちばな

静かな山あいの鄙びた温泉地です。

ナトリウム－炭酸水素塩泉です。

旅館が4軒あり、ここはロッジ風のしゃれた建物です。

建物内も綺麗で落ち着いた感じです。

内風呂と露天風呂があり、透明の源泉がかけ流されています。

その後、空気に触れることで、茶褐色に濁ります。

浸かるとまろやかで肌に優しい泉質です。

よく見ると茶色の粒のような湯の華がたくさん浮遊しています。

ほんのり金気臭が漂う露天風呂はぬるめで快適です。

山の木々を揺らす風が心地よく、いつまでも入っていられそうです。

心地よい露天風呂

しゃれたロッジ風の建物

岩手県岩手郡雫石町長山有根3-5

## 46 岩手県

# 国見温泉 森《もり》山《さん》荘《そう》

含硫黄－ナトリウム－炭酸水素塩泉です。

鮮やかなエメラルドグリーンの源泉です。

1作目では近くの「石塚旅館」を挙げました。

ここは総ヒバ造りの内風呂と眺望の良い露天風呂があります。

写真では少し分かりにくいですが、内風呂の方はお湯の表面に源泉が凝固した膜が張っています。

緑白色に濁っています。

源泉成分の濃厚さをはっきりと感じます。

硫化水素臭が強烈で、浸かると硫黄分が身体に染みます。

こってりとした泉質で、湯上がり後もしばらく硫化水素臭が残ります。

ログハウス風の湯治場的な感じの旅館です。

薄い膜が張った源泉浴槽

ログハウス風の湯治場

岩手県岩手郡雫石町橋場国見温泉

## 47 岩手県

# 台温泉 観光荘

鄙びた旅館が立ち並ぶ風情のある、いかにも湯治場といった風情の温泉地です。

1作目では、五大鄙びた温泉地に挙げさせていただいた温泉地です。

ここに来るといつも心が癒されます。

ナトリウム－塩化物・硫酸塩泉です。

4本の自家源泉を持っている旅館です。

源泉はとろみがあり、浸かるとまったりした感じがします。

また、源泉が新鮮なためか、少し浸かっただけでかなり疲れます。

旅館のホームページに「肌の老廃物を取り、化粧水の役目をしている。メタケイ酸が多い」と書かれていました。

シンプルな表現ですが、まさにそのとおりと感じました。

肌の老廃物を取る泉質

鄙びた風情のある佇まい

岩手県花巻市台1-166-1

48
岩手県

## 永岡温泉　夢の湯

いくつか源泉かけ流しの温泉があるエリアの一角にあります。

田園の中のしゃれた建物です。

ここは湯量が多いうえに泉質が抜群です。毎分720リットルのナトリウムイオン泉－ナトリウム－塩化物泉の源泉をそのままかけ流しています。

かけ流されているところが白く泡立っています。

湯量の多さと源泉の新鮮さを感じます。

いろいろな温泉成分が含まれた濃厚な源泉は、緑灰色に濁っています。浸かるときしきしした肌触りで、金属臭もあります。

メタケイ酸の含有量も多く、保温効果が高いです。

浸かると、身体中に気泡が付きます。

源泉のパワーを感じる泉質

しゃれた建物の外観

岩手県胆沢郡金ケ崎町永沢石持沢6-284

49
宮城県

## 青根温泉　湯元不忘閣

弱アルカリ性単純泉です。

いくつかの源泉の混合泉で、実に柔らかい泉質です。

浸かるととろみを感じ、じんわりと身体の芯から温まります。微かに金属臭がして、湯上がりは肌がすべすべになります。

創業500年近くになる旅館で、かの伊達政宗も訪れたそうです。青根御殿などが国の登録有形文化財に指定されているほか、伊達家ゆかりのお宝があります。

写真は蔵の中の檜風呂「蔵湯」と「御殿湯」で、いずれも貸切風呂です。このほか「大湯」と隠れ家的な石造りの「亥《い》之《の》輔《すけ》の湯」という個性的な浴槽があります。

どの浴槽も大変趣があります。

厳かな蔵湯

風情のある御殿湯

宮城県柴田郡川崎町青根温泉１の１

## 50 宮城県

# 鳴子温泉　久《きゅう》田《でん》旅館

さまざまな泉質を有する鳴子温泉の旅館で、ここは2種類の源泉を楽しめるのが特徴です。

内風呂はナトリウム−炭酸水素塩・塩化物泉です。珍しい赤褐色の湯が鮮やかです。

広々とした浴槽に源泉が大量にかけ流されています。

きゅっきゅっとした独特の肌触りで、湯上がりは肌がつるつるになります。

露天風呂はナトリウム−塩化物・炭酸水素塩泉です。

内風呂とはイオンの含有量が異なり、こちらは青みがかった濁り湯で、硫化水素臭と金属臭がします。

つるつるというより、きしきしした感じがします。

じわーっと温泉成分が身体に染み込んでくる感じがします。

赤褐色の内風呂

青みがかった露天風呂

宮城県大崎市鳴子温泉字久田67

## 51 宮城県

# 鳴子温泉郷　中山平温泉　蛇のゆ湯吉

遠目からも湯けむりが立ち上っていることが分かります。

含硫黄−ナトリウム−炭酸水素塩・硫酸塩泉です。

源泉は98・8度で、pHは9・3です。

ヌルヌル感の強さが特徴の温泉地で、ここはエメラルドグリーンの湯が綺麗です。

さまざまな泉質を有する鳴子温泉郷の温泉の中でもこのようなエメラルドグリーンの温泉は珍しいです。

硫化水素臭も芳ばしく、浸かるとヌルヌル感が強いです。

まるで身体全体にヌルヌルの膜が張ったような感触で、浴槽の中で何度も手で身体を擦ってしまいます。

「蛇のゆ」の名にふさわしい、高品質の源泉です。

泉質はとろみがあり、湯上がりは肌がつるつるになります。

エメラルドグリーンのヌルヌル湯

湯煙が上がっています

宮城県大崎市鳴子温泉星沼6-1

52
宮城県

## 東鳴子温泉 勘七湯

創業が天明４（１７８４）年の歴史のある旅館です。

ここは２種類のナトリウム－炭酸水素塩・塩化物・硫酸塩泉の源泉があります。

自家源泉を薬湯・不老泉にかけ流ししています。

湯は薄い黒色で、黒い湯の華が舞っています。

油臭と植物の匂いがして、独特のじんわり感と癒し効果を感じます。

ほかには男女別の浴槽があります。

こちらは東鳴子温泉の共同源泉を使っています。

こちらも泉質が素晴らしく、油臭がしてつるつる感があります。

大きな露天風呂を造るなど派手さはありませんが、「本物の温泉」にこだわった旅館です。

薬湯・不老泉

東鳴子温泉のかけ流し

宮城県大崎市鳴子温泉字赤湯18

53
秋田県

## 泥湯温泉 奥山旅館

アクセス困難な秘境にありますが、令和元（２０１９）年にリニューアルされました。

秘境とは思えないくらいに快適な旅館です。

近くにもう１軒旅館がありますが、ここは野趣あふれる大露天風呂が魅力です。

以前は真っ白に白濁した硫黄泉を引いていましたが、現在は新湯という薄濁りの単純泉になりました。

ぬるめで肌に優しい泉質です。

混浴露天風呂と内風呂には「天狗の湯」という硫黄泉を引いています。

こちらはかなり濃厚な硫黄泉で、硫化水素の匂いが強烈で肌にピリッときます。

源泉が濃厚すぎて長湯はできませんが、これは嬉しい誤算です。

ワイルドな大露天風呂

硫黄泉を引いた混浴露天風呂

秋田県湯沢市高松字泥湯沢25

## 54 秋田県

# 乳頭温泉　蟹場温泉

単純硫黄泉です。

浴槽が凝っていて、「木風呂」という内風呂は少し薄暗く風情があります。

湯治場の雰囲気があります。

「ひなざくら」という風情のある露天風呂は本来は女性専用の露天風呂ですが、男性専用の時間もあります。

このほか、岩風呂と少し離れたところにある「唐子の湯」という広めの混浴露天風呂もあります。

浴槽にこだわった旅館です。

少しとろみのある泉質です。

湯の華もほんのり舞っています。

つるつる感が心地良く、硫化水素臭がほんわか漂います。

乳頭温泉の各旅館はそれぞれ自家源泉を持ち、源泉かけ流しの優れた旅館が多いです。

湯治場の雰囲気のある木風呂

風情のある露天風呂

秋田県仙北市田沢湖田沢先達沢国有林

## 55 秋田県

# 男鹿温泉　男鹿ホテル

ナトリウム－塩化物泉の自家源泉を持っています。

趣向を凝らした浴槽が特徴です。

「入江の龍」と名付けられた内風呂は、源泉の注入口から源泉が凝固して、湯菩薩が現れるそうです。

確かに菩薩に見えるような気がします。

湯は薄緑色の薄濁りで、浴槽の縁は温泉成分が凝固しています。

塩分濃度が高く、重たい泉質で、飲泉すると塩分以外にさまざまな温泉成分が含まれているのが分かります。

海水のような少し生臭い匂いもします。

「石山の湯」と名付けられた露天風呂は、なかなかワイルドです。

野山を見下ろすような景観は開放感たっぷりです。

湯菩薩が現れる内風呂

野山を見下ろすワイルドな露天風呂

秋田県男鹿市北浦湯本字草木原13-1

## 56 秋田県

# 大館矢立ハイツ

秋田県と青森県の県境の峠にある大型の温泉ホテルです。濃厚なナトリウム・カルシウム－塩化物泉です。

源泉は透明ですが、浴槽ではこのように茶色に濁っています。

鉄錆と金属臭がする源泉を飲泉すると、鉄分を含んだサイダーのような味覚です。

浸かるとクリーミーで、きしきしした肌触りです。次第にじんわりと温まってきます。

温泉成分が濃厚なため、少し浸かっただけでぐったり疲れます。

浴室の床や浴槽の縁などには源泉の温泉成分が凝固しています。

ほかに露天風呂や一人で入れるつぼ湯もあります。

いずれもきちんと源泉がかけ流されています。

茶色に濁った内風呂

一人で入れるつぼ湯もあります

秋田県大館市長走字陣場311

## 57 秋田県

# 十和田大湯温泉 源泉かけ流しの宿 旅館岡部荘

ナトリウム－塩化物泉です。「源泉かけ流し」を標榜している私好みの旅館です。

敷地内に5本の源泉があり、それをさまざまな浴槽にかけ流しています。

写真は大正風呂と渓流露天風呂で、とりわけ大正風呂は私が大好きな浴槽です。

単に大正時代の浴槽がそのまま奇跡的に残されているというだけではなく、60度と40度の源泉を目の前でブレンドしてかけ流しています。

この演出はなかなかありません。

湯の華が程よく舞った湯は、しっとり感とじんわり感が他の温泉とは全く違います。

渓流露天風呂のほか、庭園付き露天風呂、貸切露天風呂、内風呂などこれでもかというくらいの温泉の圧力を感じさせてくれる旅館です。

これが大正風呂

渓流露天風呂

秋田県鹿角市十和田大湯字上の湯1-1

## 58 秋田県

# 秋の宮温泉郷　宝寿温泉

前作で紹介した鷹の湯温泉に続く、秋の宮温泉郷2軒目の温泉です。

アクセス困難な秘境にあります。

ナトリウム－塩化物・硫酸塩泉です。

湯は青緑色に濁っていて、鉄錆とゴムが焦げたような匂いがします。

肌触りはきしきしした感じで、温泉成分の濃厚さを感じます。

浴槽は内風呂と露天風呂があり、源泉が大量にかけ流されています。

源泉は39度とのことですが、浴槽ではもっとぬるく感じます。

体温と同じくらいの絶妙な不感温度です。

浴室の床には温泉成分が凝固しています。

青緑色の個性的な泉質

温泉街から少し離れています

秋田県湯沢市秋ノ宮畑45

## 59 秋田県

# ほほえみの郷　観音湯

湯沢市内にありますが、山深い秘境です。

以前は「やまの湯っこ」という名前でした。

宿泊もできます。入口の向かって右側に大きな観音像が建っています。

含硫黄－ナトリウム－塩化物・炭酸水素塩泉です。

源泉温度が96度なので加水していますが、それでも濃厚な泉質です。

湯は少し青みがかった薄濁りで、浴槽の底には木の年輪が埋め込まれています。なかなか凝った造りです。

浸かると硫化水素臭と金属臭がして、ピリッと刺激があります。

少しとろみがあり、ヌルヌル感がする、かなり珍しい泉質です。

浴室は天井が高く、岩で仕切られています。

凝った造りの浴槽

山の中の一軒宿

秋田県湯沢市高松字大日台48

## 60 秋田県
# クウィンス森吉

秋田内陸縦貫鉄道阿仁前田温泉駅の駅舎の中にある温泉で、駅と温泉が合体しています。

列車の本数が少なく、秘境に来たという実感があります。阿仁前田温泉駅は秘湯の杣《そま》温泉の最寄駅でもあります。

カルシウム・ナトリウム－塩化物泉です。

大浴場と小浴場があり、大浴場は半循環、小浴場が源泉かけ流しになっています。

源泉湯量と浴槽の大きさを考えた、実に上手い湯使いです。

源泉浴槽は少しコーヒー色の泉質で、金属臭がします。浸かるとしっとり感があります。

駅舎の中にある施設ですが、宿泊もできるので便利です。

源泉かけ流しの小浴場

阿仁前田温泉駅の駅舎内の温泉

秋田県北秋田市小又堂ノ下21-2

## 61 山形県
# かみのやま温泉 はたや旅館

かみのやま温泉は、湯野浜温泉（山形県）、東山温泉（福島県）とともに奥州三楽郷に数えられた歴史のある温泉地です。

ここは小ぢんまりした旅館です。

階段を少し下りていくと小さめの浴室と浴槽があり、浴室の大半を浴槽が占めています。

ナトリウム・カルシウム－塩化物・硫酸塩泉の熱めの源泉がかけ流されています。

源泉の注ぎ口は温泉成分が凝固しています。

肌に優しい泉質で、石膏臭がします。

保温効果の高い湯で、なかなか汗が引きません。

注ぎ口の対面の黒い石は「女石」と言われ、子宝に恵まれる温泉だそうです。

小さめの浴槽にきちんとかけ流し

温泉街の中の小ぢんまりした旅館

山形県上山市新湯5-1

62 山形県

# 肘折温泉　三浦屋旅館

ナトリウム－塩化物・炭酸水素塩泉です。

温泉街の入口近くにある木造3階建ての老舗旅館です。

建物は歴史を感じさせますが、内部は綺麗で快適です。

肘折温泉は源泉かけ流しが多い温泉地ですが、ここは他の旅館に比べて源泉が濃い感じがします。

石造りの浴槽に源泉がかけ流されていて、肘折温泉らしい深緑色の源泉です。

浸かると金属臭がして、きしきしした肌触りです。

源泉がじんわりと身体に染み込んでくる感じがします。

浴槽の縁が源泉で変色しているあたりにも歴史を感じます。

浴槽の横には渓流の絵が掲げられています。

深緑色の源泉

歴史を感じさせる建物

山形県最上郡大蔵村大字南山490

63 山形県

# 銀山温泉　旅館松本

銀山温泉は、江戸時代初期の大銀山として栄えた「延沢銀山」の名前に由来する歴史のある温泉地です。

銀山川の両岸に洋風の木造の建物が建ち並んでいる風情がある温泉地です。

ここは、銀山温泉の温泉街の中心近くにある、古き良き旅館の面影を残す小ぢんまりした旅館です。

源泉温度が約60度の含硫黄－ナトリウム－塩化物・硫酸塩泉です。

熱めの源泉をかけ流しているので、せっかくの源泉が薄まるのは嫌ですが、水を入れて入ります。

金属臭と硫化水素臭がする湯にはとろみがあり、肌にまとわりつくような泉質で、ヌルヌル感とつるつる感があります。

熱めのかけ流し

小ぢんまりした湯治宿風の建物

山形県尾花沢市銀山新畑421

## 64 山形県

# さくらんぼ東根温泉 琥珀の湯 欅の宿

以前は東根グランドホテルという名前でした。

見事な琥珀色のナトリウム−塩化物−炭酸水素塩泉です。肌触りがよく、すべすべした感触との触れ込みですが、そのとおりだと感じます。

ホテルのホームページに記載されている温泉分析書を見ると、東根温泉第19号源泉を使用していることが分かります。

湯守の方の写真まで掲載しているあたり、源泉へのこだわりを感じます。

浴槽は六角形を半分に切ったような珍しい形です。

男女を分ける壁がカラフルで、浴槽の縁から源泉が滝のごとくかけ流されています。

油臭と薬品臭が混じったような独特の臭いがする湯には、心地良いつるつる感があります。

琥珀色のドバドバかけ流し

源泉へのこだわりを感じます

山形県東根市温泉町1丁目8-1

## 65 山形県

# 羽根沢温泉 加登屋旅館

建物はいかにも堅牢で立派な造りですが、館内は昭和の渋さがあり、私的には好印象です。

浴槽は六角形を半分にしたような珍しい形で、女性用の浴槽とつながっています。

ナトリウム−炭酸水素塩・塩化物泉の源泉は少し青みがかっています。

特筆すべきは源泉のとろみです。

温泉分析書を見ると、炭酸水素イオンの濃度が高いのですが、それが影響しているのかもしれません。

また、石油のような油臭がしていますが、これも大きな特徴です。

もともと大正時代に石油を発掘した際に湧出した温泉なので、それも納得です。

湯上がりは、しっとりすべすべになります。

青みがかったとろとろ源泉

館内は昭和レトロ

山形県最上郡鮭川村中渡1312

## 66 山形県
# あつみ温泉 かしわや旅館

歴史のある落ち着いた雰囲気の温泉地です。

国民保養温泉地に指定されていて、7軒の旅館がありますが、中でもここは老舗旅館です。

ナトリウム・カルシウム－塩化物・硫酸塩泉です。

源泉は68度とかなり熱いので、少しずつかけ流されています。

浸かると肌触りがよく、しっとりとします。芳しい温泉臭に加え、飲泉すると微かな塩味がします。

老舗旅館らしい、上手い湯使いです。

この温泉地は、正面湯、下の湯、湯之里公衆浴場の3か所の共同湯があり、どこも熱めです。

それぞれ営業時間が異なるので注意が必要です。

熱めの源泉を少しずつかけ流し

老舗旅館の風格

山形県鶴岡市湯温海甲191

## 67 山形県
# 飯《いい》豊《で》温泉 国民宿舎 飯《いい》豊《で》梅花皮《かいらぎ》荘《そう》

日本百名山の一つ、飯豊山の麓にあります。

ナトリウム・カルシウム－塩化物・炭酸水素塩・硫酸塩泉です。飯豊山中から湧出している51度の源泉をそのまま引いているそうです。

湯は茶色で、浴槽の底には温泉成分が沈澱しており、浴槽に身体が触れると茶色の凝固物が付着します。

浸かると、きしきしした感触があり、鉄分と土類の混じったような匂いがします。

それにしても、かなりの秘境です。

飯豊連峰を遠目に眺めることができ、登山目的ならともかく、温泉だけを目的に来る人は珍しいと思います。

ゴールデンウイークには「小玉川熊まつり」というお祭りがあり、大勢の方が来て熊汁に舌鼓を打つそうです。

凝固物の多い温泉

飯豊山の麓にあります

山形県西置賜郡小国町大字小玉川564-1

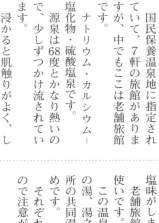

68
山形県

# 大野目温泉

山形市の北部にある、住宅街の中の温泉です。

ナトリウム・カルシウム－硫酸塩・塩化物泉で、大岩風呂に源泉が大量にかけ流されています。

ザブザブ流れ出る音も素晴らしい。

湯は少し緑がかっていて、浸かると心地よいしっとり感があります。

源泉にとろみと重みを感じ、少し金属臭がします。

さまざまな温泉成分を感じることができる、なかなか味わい深い泉質です。

建物の外観は歴史を感じますが、中は綺麗で洗練されています。

内風呂だけで露天風呂はありませんが、十分満足できます。

ラーメン店が併設されています。

源泉ドバドバの大岩風呂

外観はレトロですが中は洗練されています

山形県山形市平久保34

69
山形県

# 赤湯温泉　大和屋

赤湯温泉は平安時代後期に源義綱に発見されたという歴史のある温泉地で、山形新幹線赤湯駅から車で約5分で行けます。

福島県と新潟県にも「赤湯温泉」がありますが、温泉街があるのはここだけです。

十数軒の旅館と3軒の公衆浴場のある、源泉かけ流しの多い温泉地です。

含硫黄－ナトリウム－塩化物－硫酸塩泉ですが、冬と夏で源泉を使い分けているようです。

天然岩風呂と大理石ローマ風呂があり、どちらもなかなか趣があります。

実に肌に滑らかな泉質で、身体にじんわりと染み込んできます。

硫化水素臭があり、効能が高そうな泉質です。

天然岩風呂

大理石ローマ風呂

山形県南陽市赤湯972

## 70 山形県

# 赤倉温泉 悠湯の宿 湯澤屋

アルカリ性泉とカルシウム・ナトリウム－硫酸塩泉の2本の源泉があります。

赤倉温泉という温泉地名は山形県だけでなく、新潟県妙高市にもあり、1作目では「三之丞」を紹介しました。

ここは9軒の旅館がありますが、それぞれ自家源泉を持っていて、すべて源泉かけ流しという優れた温泉地です。

重厚感のある建物は昭和初期に建てられたもので、半地下の岩風呂は天然石を利用したインパクトのある浴室です。温泉に行くまでの通路が温泉熱で暖かいです。

源泉はかなり熱く、浸かるとまったりしたとろみのある泉質です。

じわーっと身体を直撃するような感覚を覚えます。

歴史のある旅館の自家源泉はさすがです。

半地下の岩風呂

重厚感のある建物

山形県最上郡最上町赤倉温泉

## 71 山形県

# 肘折温泉 金生館

湯治場の雰囲気を残す温泉地の一つで、朝市もなかなかいい雰囲気です。

以前は黄金《こがね》温泉といっていましたが、最近は肘折温泉と称しているようです。

1作目では肘折温泉から「上ノ湯」という共同湯を、前作では「ゑびす屋旅館」と「手彫り洞窟温泉松屋」を紹介しています。

ここは肘折温泉から車で5分ほど移動します。

かなりレトロで、鄙びた感じのいい旅館です。ナトリウム－塩化物・硫酸塩泉の源泉です。

肘折温泉よりも茶色の濁りが強く、クリーミーできしきし感がかなり強いです。

内風呂と露天風呂があります。

露天風呂は屋根付きで、熱めとぬるめの浴槽があります。

クリーミーできしきし感があります

湯治場の雰囲気

山形県最上郡大蔵村南山2156-1

## 72 福島県

# 高湯温泉 静心山荘

客室が4つの小ぢんまりした旅館です。

長い階段を上ると、男女一つずつの浴槽があります。

窓が大きな浴室で採光が良いです。

板張りでぬくもりを感じます。

木造の浴槽に青みがかった硫黄泉の源泉が蓄えられていて、入った瞬間、硫化水素臭に包まれます。


薄濁りの源泉は浸かった瞬間はピリッとした刺激があり、それからきしきしした肌触りを感じます。

白い粒子がたくさん浮いている様子を見ながら、温泉成分がじんわりと効いてくるのを実感します。

湯上がり後はしばらく硫化水素臭が抜けません。

薄濁りの硫黄泉

浴室までは長い階段を上ります

福島県福島市町庭坂字湯花沢1-15

## 73 福島県

# いわき湯本温泉 元禄彩雅宿 古滝屋

温泉街の中心近くにある、元禄8（1695）年創業の老舗旅館です。

含硫黄－ナトリウム－塩化物・硫酸塩泉です。

59・7度の源泉を水で薄めずにかけ流しています。

「大黒の湯」と名付けられた内風呂は大きな浴槽に源泉がかけ流されていて迫力があります。

湯の華が舞う灰色の薄濁りの湯は、「熱め」と「ぬるめ」があります。

いずれもとろみとヌルヌル感があり、薬品のような匂いがします。

安易に加水して温度を下げていないことがよく分かる、老舗にふさわしい湯使いです。

内風呂から階段で半露天風呂「福の湯」に移動できます。

こちらは見晴らしがよく、格別です。

大黒の湯

半露天風呂　福の湯

福島県いわき市常磐湯本町三函208

## 74 福島県

# 横向温泉　滝川屋旅館

広大なブナの林の中にある、木造建築のレトロな外観の旅館です。

いかにも湯治場といった雰囲気で、建物に入ると階段の横に大きな石があります。

もともとあった石を動かさずに建物を建てたのでしょう。

板張りの浴室は実に風情があります。

混浴の単純泉で、源泉温度は31・9度です。

この日は加温前の深緑色の源泉浴槽に入りました。

さまざまな湯の華が大量に浮いており、さらさらした肌触りで、ほのかに金属臭がします。

しばらく浸かっていると、じんわりと温泉成分が染み込んでくる感じがします。

ここは一日一組しか宿泊を受け付けていないそうです。

湯の華がたくさん浮遊

一日一組の宿泊

福島県耶麻郡猪苗代町大字若宮字下ノ湯甲2970

## 75 福島県

# 街なか100％天然温泉　ホテルシーアンドアイ郡山

ＪＲ郡山駅から歩いて行けます。

建物はビジネスホテル風です。

ナトリウム・カルシウム－硫酸塩泉です。

「奇跡の30・5度」と書かれている方の源泉浴槽は本物です。

少し青みがかっていて、浸かると気泡が身体に付きます。源泉が新鮮な証拠です。

温泉成分が濃厚で、かつ、良質です。

少しぬるめですが、じわじわ温まってきます。金属臭がします。

自己責任の飲泉は、甘めのシュワシュワで不思議な味覚です。

郡山市内は実は源泉かけ流しが多いところですが、その中でもここの泉質は秀逸です。

奇跡の30.5度の源泉

郡山市の街中の源泉かけ流し

福島県郡山市堤下町12-7

## 76 福島県

# 井戸川温泉
# やすらぎの里 井戸川温泉

郡山市内の温泉ですが、JR郡山駅からは車で約40分かかります。

この辺りにはいくつか源泉かけ流しの温泉が点在し、いずれも鄙びた建物で秘湯の趣があります。

カルシウム・ナトリウム－硫酸塩泉です。

内風呂と露天風呂があります。源泉温度は約21度なので、加温していますが、きちんと源泉をかけ流しています。

泉質はまったりしていて、とろみを感じます。

身体にじんわりと染み込んできます。

肌触りはきしきしした感じで、微かに硫化水素臭と金属臭がします。

源泉を口に含むと、少し甘味を感じます。

湯上がりは肌がしっとりします。

まったり感ととろみを感じます

秘湯感があります

福島県郡山市逢瀬町多田野字休石35

## 77 福島県

# 沼尻温泉 田村屋旅館

安達太良山の噴火口に近い沼尻元湯から源泉を引いています。

毎分1万３４００リットルと日本一の湧出量を誇ります。

酸性－カルシウム・アルミニウム－硫酸塩・塩化物泉です。

もともと火山のマグマで熱せられた温泉なので、さまざまな温泉成分が濃厚に含まれているものと思います。

湯は見事に白濁していて、皮膚が溶けるようなヌルヌル感があります。

硫化水素臭も強烈ですが、肌触りはとてもクリーミーです。浸かると全身にピリッと刺激がきます。

きめの細かい白い粒子がたくさん浮いているのが印象的でした。

少し浸かっただけでぐったりとします。

強烈な刺激とヌルヌル感

沼尻元湯の直湯

福島県耶麻郡猪苗代町大字蚕養字沼尻山甲2855

## 78 福島県

# 昭和温泉 奥会津からむしの里 しらかば荘

のどかな田園風景の中にあります。

建物は和風ながらモダンで洗練されています。

ナトリウム－塩化物泉です。

源泉温度は約60度なので、湯雨竹《ゆめたけ》で冷却しています。

安易に加水していないところがとても良いです。

湯雨竹は建物の前にあるので、実物を見ることができます。

浴槽の向かって右のところで源泉を溜めて、溢れた源泉が大きな浴槽にかけ流されています。

源泉は薄緑色で、少し塩味があり、微かに金属臭がします。

きしきしした肌触りで、湯上がりは肌がつるつるになっています。

近くにやや小ぶりの露天風呂もあります。

湯雨竹で冷却した源泉かけ流し

これが湯雨竹

福島県大沼郡昭和村大字野尻字廻り戸1178

## 79 福島県

# 幕川温泉 吉倉屋旅館

土湯温泉からさらに山の中に入った、かなりの秘境です。前作で紹介した水戸屋旅館の奥にあります。

標高１３００ｍに位置し、各期間は豪雪のため休業しています（令和５〔２０２３〕年は11月6日～翌令和６〔２０２４〕年5月2日まで休業していました）。

ブナの原生林に囲まれた、絵になる露天風呂は硫黄泉で、白濁した源泉がかけ流されています。

とろみがあり、湯の華が大量に舞っています。

じんわりと内側から温まってくるような感覚です。檜造りの内風呂は単純泉で、しっとりしてつるつる感があり、肌が滑らかになります。

このような秘境で2種類の源泉に浸かれるのは有り難い限りです。

露天風呂の硫黄泉

単純泉の内風呂

福島県福島市土湯温泉町鷲倉山1-10

80
福島県

# ひばり温泉

最寄駅はＪＲ東北本線須賀川駅です。

ナトリウム－塩化物・硫酸塩泉を加温・加水なしでかけ流しています。

源泉は黄緑色で、浸かるとヌルヌル感があり、肌にまとわりつくようです。

温泉分析書には現れない独特のヌルヌル感です。

この辺りの温泉は、こうしたヌルヌル系の温泉が多く、湯上がりはしっとりすべすべになります。

日本有数のヌルヌル温泉地帯といってもよいと思います。

ほんのり甘い、独特の香りがするのも特徴です。

露天風呂にも源泉がきちんとかけ流されています。

食堂が併設されていて、安くてボリューミーです。

ヌルヌルすべすべの泉質

個性的な泉質の旅館

福島県須賀川市滑川字関ノ上22-2

81
福島県

# 会津東山温泉 せせらぎの湯 おやど東山

温泉街の坂を上ったところにある、小ぢんまりした宿ですが、浴槽は立派です。

青のタイルが鮮やかな浴槽は、菊をイメージして造られたそうです。菊の花の形に膨らんだ部分が深くなっています。

ナトリウム・カルシウム－硫酸塩・塩化物泉です。

浴槽は１ｍ以上の深さがあります。

菊の御紋のような注ぎ口から源泉ナトリウム・カルシウム－硫酸塩・塩化物泉がかけ流されています。

レトロな雰囲気で好印象です。

さらりとした肌触りの滑らかな泉質で、じんわりとよく温まります。

温泉臭もほのかに香ります。

湯上がりは肌がしっとりすべすべになります。

菊をイメージした浴槽

温泉街の坂を上ったところにあります

福島県会津若松市東山町大字湯本字下原255-3

## 82 茨城県

# 五《いつ》浦《うら》観光ホテル

本館と別館大観荘があります。

別館の「大観の湯」からは太平洋を一望できます。

眺望が素晴らしいです。

ナトリウム・カルシウム－塩化物泉です。

源泉は灰色の薄濁りで、独特の化学薬品臭がします。

滑らかな肌触りで源泉が肌によく馴染み、湯上がりはしっとりします。

本館の庭園風呂は庭園の中にある落ち着いた雰囲気の露天風呂です。

こちらは滝の音が心地よく、癒やされます。

透明の柔らかい源泉がかけ流されています。

泉質と眺望、どちらも素晴らしく、総合力の高い温泉です。

眺望が素晴らしい露天風呂（別館）

日本庭園の中の露天風呂（本館）

茨城県北茨城市大津町722

## 83 茨城県

# レイクサイドつくば

ナトリウム－塩化物泉で、31度とぬるめの源泉です。

いくつか浴槽がありますが、「兆寿泉」と名付けられた露天風呂だけが源泉かけ流しです。

加温していますが、立派なかけ流しです。

源泉の注入口は泡が立っていて、新鮮な源泉であると分かります。

モール成分を含んだ琥珀色の源泉は、浸かるとはっきり分かるほど全身がつるつるヌルヌル感に包まれます。

他の循環風呂と比べるのが失礼なくらい、肌触りが違います。

居合わせたお客さんも浸かった実感で分かるのでしょう。

自然と源泉かけ流しの浴槽に入ってきます。

泡立ちのある兆寿泉

立派なエントランス

茨城県つくば市下岩崎708-1

84 栃木県

# 小滝鉱泉

矢板市にはほかにも赤滝鉱泉や寺山鉱泉があり、日本有数の鉱泉地帯です。

ここは山の中の秘境にあります。

途中で赤滝鉱泉に行く道と枝分かれします。前作で紹介した赤滝鉱泉へは途中から四輪駆動の車でないと行けないほどの悪路になりますが、こちらは普通の車でも行けます。

それにしても、よくこの山の中にこんな立派な建物を建てたものだと感心します。

源泉は単純鉄冷鉱泉です。源泉温度は17・4度、pHは3・7で、茶色に濁っています。

重たい感じの個性的な泉質で、蛇口から源泉を注入することができます。鉄錆味で酸味があり、なんとも言えない味です。

冷鉱泉の加温です

山の中の立派な建物

栃木県矢板市平野1618

85 栃木県

# 板室温泉 奥那須大正村幸乃湯

板室温泉は古くから「下野の薬湯」と呼ばれ、今も湯治場的な雰囲気を色濃く残しています。

国民保養温泉地にも指定されています。

ここはJR東北本線那須塩原駅から見て温泉街の一番手前にあります。

ナトリウム・カルシウム－硫酸塩泉です。

露天風呂には2つの浴槽が段違いに設置されています。

上の浴槽には4本の打たせ湯があります。

微かに金属臭のする湯はさらさらした肌触りですが、湯上がりはしっとりします。

この温泉地には、綱につかまって立ったまま入る独特の入浴法がありますが、これを再現した「綱の湯」はこの日は女性用になっていて、体験できませんでした。

2段になった露天風呂

下野の薬湯

栃木県那須塩原市百村3536-1

## 86
栃木県

# 那須温泉　喜久屋旅館

酸性含硫黄－カルシウム－硫酸塩泉の「鹿の湯源泉」をかけ流しています。

　小ぢんまりした旅館ですが、浴槽は大きめです。

　那須温泉らしい刺激のある泉質です。

　硫化水素臭が漂う浴槽は、見事な白濁ですがほんのり青みがかっています。

　浸かると思ったよりも刺激が少なくマイルドです。

鹿の湯から少し距離があるので、源泉が少しこなれて柔らかくなっているのかもしれません。

　細かな粒子が大量に浮遊しています。

　浸かると肌触りはヌルヌル感があり、身体にぬるっとまとわりつくような源泉のパワーを感じます。

青みがかった白湯

鹿の湯源泉を引いています

栃木県那須郡那須町湯本30

## 87
栃木県

# 那須温泉　ニューおおたか

那須ロープウェイの手前にあり、近くには「大丸《おおまる》温泉旅館」があります。

　那須温泉の白濁した硫黄泉とは明らかに泉質が異なり、こちらは単純泉です。

　ただ、突出したイオンがないだけで、トータルの温泉成分は濃厚です。

　特にメタケイ酸の含有量が多いです。

　青緑色の綺麗な源泉で、浸かるときしきしした感じです。

　金属臭と薬品が混じったような匂いがします。

　露天風呂は爽快で、雄大な那須の山々を見下ろすことができます。

　内風呂でも青緑色の源泉のかけ流しが楽しめます。

　澄んだ空気と静けさの中で、高品質な源泉に浸かることができます。

那須温泉とは異なった泉質

那須ロープウェイの手前にあります

栃木県那須郡那須町湯本269

88
栃木県

## 塩原温泉 心づくしの宿 ぬりや

「ぬりや」という旅館の名前は、会津塗りの行商人がたびたび立ち寄ったことに由来するそうです。

良質なナトリウム弱食塩泉です。

畑下源泉を引いており、源泉をそのままかけ流しています。

塩原温泉は比較的源泉かけ流しが多い温泉地ですが、旅館によっては源泉の薄さを感じます。

しかしここは、違いの分かる源泉です。

温泉分析書を見ると、さまざまな成分が含まれています。

少し青みがかって見えて、金属臭がします。

浸かると、まったりした、とろみのある泉質であることが分かります。

程よい塩味も好印象です。

湯上がりはしっとりします。

違いの分かる源泉の泉質

正当派の源泉かけ流し

栃木県那須塩原市塩原454

89
栃木県

## 塩原温泉 源泉の湯 東や

ナトリウム－炭酸水素塩・塩化物泉です。

1作目でも紹介したドバドバ温泉の「やまなみ荘」のすぐ近くにあり、塩原温泉の中でもこの辺りは湯量が豊富です。

傾斜を生かして造った上下二段の露天風呂はなかなか風情と開放感があります。

内風呂は写真では分かりにくいのですが、源泉の注入量が実に多いです。

露天風呂も内風呂も浸かるとつるつる感のある柔らかい泉質で、鉄分の香りも芳しいです。

ここ塩原温泉は「7色の温泉」と銘打っており、確かに1作目で紹介した明賀屋本館、柏屋旅館などはここと違う濁り湯で、これまたいい泉質です。

野趣溢れる露天風呂

源泉ドバドバの内風呂

栃木県那須塩原市塩原1548-1

90
群馬県

## 万座温泉　豊国館

万座温泉からは1作目で「日新館」を、前作では「湯の花旅館」を紹介しました。

ここは万座温泉の中ではワイルド系に分類される旅館です。

写真の混浴露天風呂が最高です。

少し青みがかった乳白色の湯は、万座温泉の中でもかなり濃厚な泉質です。

含硫黄－ナトリウム－硫酸塩泉で、浸かるとピリッときます。

その後、身体がクリーミーな源泉に包まれる感覚を覚えます。

深さは約1メートルほどで、大きいだけでなくかなり深さがあります。

ここは湯量が多く、泉質にパワーがあります。

内風呂は木造りで、湯治場の雰囲気があります。

約１ｍの深さの混浴露天風呂

湯治場的な雰囲気の内風呂

群馬県吾妻郡嬬恋村干俣2401

91
群馬県

## 宝川温泉　汪《おう》泉《せん》閣《かく》

弱アルカリ性単純泉です。

ここは湯量がとても多く、4本の源泉から毎分１８００リットル湧出するとのことです。

露天風呂が4つ（うち一つは女性専用）、内風呂が男女一つずつあり、写真は「摩訶の湯」というしゃれた名前の露天風呂です。

入口には「色即是空」と書かれています。

「般若の湯」「子宝の湯」などを併せると４７０畳の広さがあるそうです。

以前は本物の混浴でしたが、平成31（２０１９）年4月から男女ともに湯浴みを着るようになりました。我が国有数の巨大な混浴露天風呂といえます。

泉質は肌に優しく滑らかなで、なんといっても開放感のある混浴露天風呂は最高です。

開放感のある混浴の摩訶の湯

「色即是空」の入口も風情があります

群馬県利根郡みなかみ町藤原1899

## 92 群馬県

# 草津温泉 日新館

湯畑のすぐ近くにある旅館です。

江戸時代初期の創業で、草津温泉で一番古い旅館だそうです。

酸性・含硫黄－アルミニウム－硫酸塩・塩化物泉です。

草津温泉のメインの源泉といってもよい湯畑の湯を引いています。

薄い青みがかった色で、まさに湯畑から轟々と流れ落ちる源泉です。

浸かると、意外にマイルドです。

ヌルヌル感と皮膚が溶けるような感触は草津温泉独特です。

内風呂と注ぎ口に特徴があります。

おじさんの像が壺を抱えて源泉を注いでいます。

露天風呂は小さめですが、湯量に見合った造りです。

湯畑源泉を引いています

草津温泉で一番古い旅館

群馬県吾妻郡草津町草津温泉368

## 93 群馬県

# 沢渡温泉 龍鳴館

沢渡温泉は強酸性の草津温泉の上がり湯として栄えた温泉地で、源泉かけ流しの多い、秘湯感のある温泉地です。

昭和20（1945）年には大火で温泉街が壊滅したこともあるようです。

カルシウム・ナトリウム－硫酸塩・塩化物泉です。

ここは男女別の内風呂だけで、露天風呂はありません。

弱アルカリ性の肌に優しい泉質で、浸かると源泉のとろみを感じます。

柔らかい源泉が肌を滑るような感じがします。

「一浴玉の肌」とは上手く表現したものです。

硫化水素臭と金属臭がして、湯の華も舞っています。

ここは飲泉も可能で、胃腸に良さそうなテイストです。

一浴玉の肌の源泉

秘湯感のある佇まい

群馬県吾妻郡中之条町上沢渡2317-1

## 94 群馬県

# 四万温泉 中生館

四万温泉の最奥にある、渓流沿いに建つ秘湯感のある旅館です。

ナトリウム・カルシウム－塩化物硫酸塩泉です。

ここは浴槽が凝っています。写真は薬師の湯で、石造りの風情のある浴槽です。

肌に馴染む柔らかい泉質で、温泉臭が芳しく、湯上がりはしっとりします。

このほか、川を渡ると林の中の渓流を望む混浴露天風呂「かじかの湯」があり、浴槽が2つ並んでいます。

ただし冬場は入ることができません。

このほか、内風呂と露天風呂があります。

小ぢんまりした旅館ですが、趣向を凝らした浴槽を楽しむことができます。

石造りの薬師の湯

趣向を凝らした浴槽があります

群馬県吾妻郡中之条町大字四万乙4374

## 95 群馬県

# 赤城温泉 花の宿 湯之沢館

赤城山の中腹辺りにある温泉で、道路から少し坂を下っていきます。

カルシウム・マグネシウム・ナトリウム－炭酸水素塩泉です。

「瀬音大露天風呂」と名付けられた露天風呂が秀逸です。

文字どおり目の前を流れる渓流のダイナミックな瀬音を聞きながら入浴できる野生味たっぷりな浴槽です。

浴槽は上段と下段に分かれていて、写真は上段の方です。下段の方は少しぬるいです。

茶褐色の薄濁りです。

きしきしした肌触りで金気臭がして、湯上がりは肌がしっとりします。

日によってはもう少し濁ることがあり、浴槽水面に「石灰華」という膜が浮かぶこともあるそうです。

瀬音大露天風呂

少し坂を下っていきます

群馬県前橋市苗ケ島町2027

## 96 群馬県

# 水上温泉　天野屋旅館

カルシウム・ナトリウム－硫酸塩・塩化物泉です。

水上温泉は利根郡みなかみ町にある温泉を総称した水上温泉郷の中にあります。

水上温泉郷はエリアが広く、宝川温泉、湯宿温泉、奈女沢温泉、猿ヶ京温泉など個性的な温泉があります。

水上温泉はその中心にあります。

大型のホテルや旅館が建ち並ぶ中、ここはいぶし銀のような渋さがあります。ひっそり佇んでいますが、源泉かけ流しの泉質は本物です。

良質の源泉を中途半端に加水せず、忠実にかけ流しています。

浴槽は小ぶりの内風呂が男女一つずつで、歴史を感じさせるタイル造りです。

浸かると肌に源泉がまとわりつき、金属臭がします。

小さめの浴槽にきちんとかけ流し

本物の水上の湯に入れます

群馬県利根郡みなかみ町湯原804

## 97 群馬県

# 座禅温泉　シャレー丸沼

沼田から日光に抜ける金精峠の手前にあります。

スキーやキャンプ、ハイキングで人気のリゾート地の中に、源泉かけ流しの施設があります。

ナトリウム・カルシウム－硫酸塩泉です。

空気に触れると酸化して赤茶色に変色します。

内風呂と露天風呂があり、いずれも少し油臭がします。

鉄分を含んだ濃厚な泉質特有のきしきしした肌触りで、ずっしりと重たい感じがします。

浴槽の縁には源泉が凝固しています。

源泉成分の濃厚さを物語っています。

全室素泊まりか、朝食のみのサービスがあります。

赤茶色の濃厚な源泉

リゾート地の中の温泉

群馬県利根郡片品村東小川4658-58

## 98 群馬県

# 老神温泉 東明館

尾瀬と沼田の間にある温泉地で、十数軒の旅館が並びます。

いい感じに鄙びた温泉地です。

「老神」の名は、赤城山の神様が男体山の神様を追い払ったという伝説に由来し、「追い神」が転じて「老神」になったとのことです。

単純硫黄泉ですが、刺激が少なく、柔らかい感じの泉質です。

加温・加水・循環なしの、本物のかけ流しです。

無色透明ですが、微かに湯の華が舞っています。

つるつる感があって、硫化水素臭もほんのり香り、湯上がりは肌がしゃきっとします。

ここは関東と関西を中心にチェーン展開する「ぎょうざの満州」が経営しているとのことです。

柔らかい硫黄泉

「ぎょうざの満州」の経営

群馬県沼田市利根町大楊1519-2

## 99 群馬県

# 鬼押温泉 ホテル軽井沢1130《イレブンサーティ》

立派で高級感のあるホテルです。

えてして大型ホテルは浴槽が大きく、自家源泉を持っていないところが多いため、循環風呂が多いものですが、そうした概念を覆してくれる、れっきとした源泉かけ流しの有難い温泉です。

敷地内からナトリウム－硫酸塩・炭酸水素塩泉の自家源泉が湧出しています。

浴槽は大きめですが、それに見合う量の源泉をちゃんとかけ流しています。

内風呂と露天風呂があり、湯は濃い茶色に濁っています。

浸かるとさらさらした肌触りで、金属臭もします。

温泉成分が濃厚なことが分かります。

じんわりと温まって、湯上がり後もなかなか汗が引きません。

濃い茶色の源泉かけ流し露天風呂

高級大型ホテルの源泉かけ流し

群馬県吾妻郡嬬恋村鎌原1453-2

## 100 群馬県

# 星尾温泉　木の葉石の湯

東京から車で約2時間、長野県との県境に位置する南牧《なんもく》村《むら》にあります。

高齢化率日本一のこの村では、地元の有志が平成30（2018）年に共同浴場を68年ぶりに復活させました。

湯治場の雰囲気を残す古民家を活用し、部屋数は2つ、私が泊まった部屋には快適な桧の樽風呂がありました。

加温していますが、ナトリウム・カルシウム−炭酸水素塩・塩化物冷鉱泉のかけ流しです。

源泉は透明ですが、加温すると茶色に濁ります。

塩味と金属臭がする独特の泉質です。

加温する前は源泉表面に温泉成分が凝固した膜が張るほど濃厚です。

夜は怖いくらい静かな秘境です。

凝固した膜が張っています

地元の有志が復活させた温泉

群馬県甘楽郡南牧村星尾1162

## 101 千葉県

# SPA&HOTEL 舞浜ユーラシア

東京ディズニーリゾートの近くのホテルです。

含ヨウ素−ナトリウム−塩化物強塩泉で、地下1700メートルから源泉を汲み上げた、いわゆる化石海水温泉です。

化石海水温泉とは、地中に閉じ込められた古代の海水が長期間を経て熟成された温泉のことです。

「黄金の湯」という名の露天風呂が源泉かけ流しです。ぬるめなので長湯できます。

温泉成分が濃厚なうえに塩分濃度が非常に高く、黄土色に濁っています。

海水の匂いもします。

ヨウ素を含んでいるためか、少し薬品のような独特の匂いがします。

きしきしした肌触りで、最初は身体にピリピリきます。

濃厚な化石海水源泉

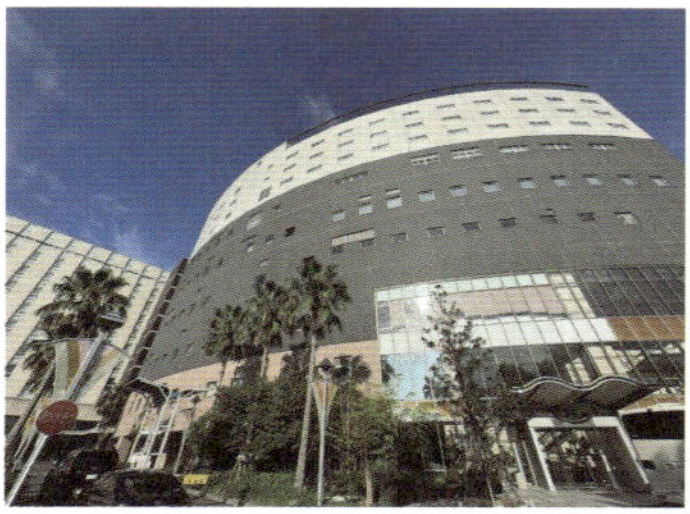

東京ディズニーリゾートの近く

千葉県浦安市千鳥13-20

## 102 千葉県

# 亀山温泉 亀山温泉ホテル

亀山湖畔に建つホテルです。チョコレート色の自噴温泉を謳っています。

確かにナトリウム－塩化物・炭酸水素塩泉の源泉はかなり濃い黒色です。

加温浴槽は源泉が泡立っていて、浸かるとつるつるヌルヌル感を強く感じます。

ここは小さな浴槽に源泉浴槽があるのが素晴らしい点です。

源泉温度は26・4度だそうですが、それがそのままかけ流されています。

浸かった瞬間は冷たさを感じますが、そのうち身体が温まってきます。

地中から湧出した「生の源泉」には何か特別な効能があるように思います。

肌に吸い付くような泉質で、モール臭が香ばしく、浴槽から出たくなくなる泉質です。

泡々の恩湯

源泉浴槽

千葉県君津市豊田65

## 103 千葉県

# 七里川温泉 いろりの宿

しゃれた雰囲気の外観です。露天風呂と内風呂があり、少し黄色がかった弱アルカリ性硫黄泉の源泉です。

浸かるとヌルヌル感があります。

本来の硫黄泉らしさはあまりありませんが、微かに硫化水素臭がします。

湯上がりはしっとりすべすべになります。

露天風呂はワイルドで開放感があり、ぬる湯なので長湯ができます。

この露天風呂は大いに癒やされます。

内風呂には熱めの源泉がきちんとかけ流されています。

建物に入ると、煙がもくもくと立ちのぼっています。

「いろりの宿」の名前のとおり、皆さん、いろりで魚介類を焼いているようです。

ヌルヌルの露天風呂

いろりが名物の旅館

千葉県君津市黄和田畑921-1

## 104 千葉県

# 成田空港温泉　空の湯

成田空港から車で10分ほどです。

立派な外観で建物内に食事処があるほか、宿泊もできます。

地下1000メートルから湧出した化石海水を起源とする温泉です。

含ヨウ素－ナトリウム－塩化物強温泉です。

源泉は灰色に濁っていて、薬品のような匂いがします。

塩分濃度が高いため、浸かるとひりひり感があり、それからじんわりと温まります。

塩分濃度の高い、いわゆる高張性の源泉は全国にいくつかありますが、これほどひりひり感を感じる温泉は珍しいと思います。

温泉成分の濃さを実感します。

飛行機を間近に見ながら温泉に浸かれるのも魅力です。

塩分濃度の高い薬品臭の温泉

成田空港の近くに源泉かけ流しがあります

千葉県山武郡芝山町香山新田27-1

## 105 神奈川県

# 湯河原温泉　源泉上野屋

創業300余年の歴史のある旅館です。

木造4階建ての建物は国の登録有形文化財に指定されています。

館内は廊下や柱が黒光りしていて、歴史を感じます。

敷地内に2本の源泉があり、湧出した源泉をそのまま引いています。

写真は3階にある「洗心の湯」という貸切露天風呂で、写真のほかに小さめの露天風呂もあります。

ナトリウム・カルシウム－塩化物・硫酸塩泉です。

弱アルカリ性の肌に優しい泉質で、湯上がりは驚くほど肌がつるつるになります。

一般論ですが、このような歴史のある源泉かけ流しの温泉は、身体へのじんわり感が違うような気がします。

洗心の湯という貸切露天風呂

登録有形文化財の木造４階建て

神奈川県足柄下郡湯河原町宮上616

## 106 神奈川県
# 箱根高原ホテル

ナトリウム・カルシウム・マグネシウム－硫酸塩・炭酸水素塩泉です。

ホームページに「温泉の女神の見事な調合」と書かれていましたが、実に上手い表現です。

なるほど陽イオンと陰イオンがバランスよく配合されています。

そもそも地中から湧出する源泉の泉質はさまざまなイオンなどの絶妙な配合の賜だと思います。

ここは2種類の自家源泉を持っていて、それを加温・加水しないで内風呂と露天風呂にかけ流しています。

炭酸成分と鉄分の多い源泉で、薄い黄緑色です。

さらさらした肌触りで微かに金属臭がします。

泉質的には珍しい泉質だと思います。

さまざまな温泉成分が含まれています

温泉の女神の見事な調合

神奈川県足柄下郡箱根町元箱根164

## 107 神奈川県
# 箱根強羅温泉 箱根太陽山荘

国の登録有形文化財に指定されているしゃれた建物が旅情をかき立てます。

その建物の向かいに湯屋があり、写真の岩風呂のほか木風呂があります。

湯屋も浴槽も湯治場的で大変風情があります。

大涌谷の蒸気造成泉の混合泉で、酸性－カルシウム－硫酸塩・塩化物泉です。

泉温56・3度、pHは2・3です。

綺麗に白濁し、白い湯の華が大量に舞っています。

浴室には硫化水素臭が立ち込めていますが、浸かると意外にマイルドです。

あまり刺激はなく、つるつる感があります。

ここは強烈な硫化水素臭の割に刺激が少ないのが特徴です。

綺麗に白濁しています

しゃれた登録有形文化財の建物

神奈川県足柄下郡箱根町強羅1320-375

## 108 神奈川県

# 箱根湯の花プリンスホテル

箱根十七湯の一つ「湯の花沢温泉」です。

芦ノ湯温泉から駒ヶ岳に向かう方面にあります。

単純硫黄泉ですが、ここは地下から噴出する１３０度の蒸気を沢水と掛け合わせて造る蒸気造成泉です。

付近には湯煙がもうもうと立ち上がっています。

内風呂は循環風呂ですが、露天風呂がかけ流しになっています。

硫化水素臭が立ち込める浴場に、目を奪われるほど鮮やかなマリンブルーの源泉が映えます。日によっては、白濁することもあるようです。

実測ＰＭ４・３の強酸性の源泉です。

細かな粒子がたくさん浮遊しています。

湯上がりはしっとりすべすべです。

見事なマリンブルーの露天風呂

高級ホテルの源泉かけ流し

神奈川県足柄下郡箱根町芦之湯93

## 109 神奈川県

# 箱根湯本温泉 萬寿福《ますふく》旅館

小田急線箱根湯本駅のすぐ近くに建つ、昭和８（１９３３）年築木造３階建ての旅館です。

凛とした佇まいに圧倒されます。

こちらはアルカリ性単純泉です。

浴槽は３つあり、いずれも貸切で入れます。

写真はタイル造りが見事な「末広の湯」です。

浴室の床には大理石が敷かれています。

実に厳かな雰囲気の浴槽で歴史の重みを感じます。

浴槽の中から箱根湯本の混合泉が注入されています。

つるつる感とじんわり感が他の温泉に比べて強く感じます。

このほか、半月形の「半月の湯」、梅の葉をかたどった「梅の湯」などがあります。

見事なタイル造り

レトロな木造３階建て

神奈川県足柄下郡箱根町湯本638

## 110 神奈川県

# 箱根宮ノ下温泉 月《つき》廼《の》屋《や》旅館

温泉街の小高い場所にある、歴史を感じさせる旅館です。

　品質の高いアルカリ性単純泉の熱めの源泉がきちんとかけ流されています。

　微かに硫化水素臭もします。とろみのある泉質が肌によく馴染み、湯上がりがしっとりします。

　さすが箱根宮ノ下の源泉だと感心します。

　ここには秘密があり、〝ご神体〟が浴槽の周囲や館内にと置かれています。

　初めて来た人はおそらく驚かれると思います。

　特に宗教的な意味はないそうです。

　ご神体を祀っている温泉は全国にはいくつかあります。

　子宝祈願とかいろいろ由来があるようです。

　インパクトがあっていいのではないかと思っています。

源泉かけ流しの露天風呂

“ご神体”がある旅館

神奈川県足柄下郡箱根町宮ノ下413

## 111 新潟県

# 咲花温泉 一《いっ》水《すい》荘《そう》

含硫黄－ナトリウム・カルシウム－塩化物・硫酸塩泉です。

　源泉がかけ流されている方の浴槽は見事なエメラルドグリーンです。

　もう一つは少し温度が下がって緑白色に濁っています。

　浴室に入った瞬間、強烈な硫化水素臭に包まれます。

　浸かると、初めはピリッときますが、そのうち源泉が肌に馴染んできます。

　肌を弾くようなつるつる感がします。

　厳密に言えば循環していますが、これは源泉を使い回すための循環ではなく、糸くずや体毛を除去するための単なる撹拌です。

　旅館のホームページに「源泉かけ流しですか？」というQ＆Aがありますが、これが大変よくできています。

鮮やかなエメラルドグリーン

落ちついた佇まいの旅館

新潟県五泉市佐取7209

112
新潟県

## 角神温泉　ホテル角神《つのがみ》

阿賀野川を眼下にみる立派な鉄筋のホテルです。

本館と別館があり、それぞれ男女別の大浴場があります。

大自然の中の秘境にあります。

ナトリウム－硫酸塩・塩化物泉です。

地下千数百メートルを掘削して湧出した源泉です。

ここは、貸切風呂が加温加水なしの源泉かけ流しになっています。

ホテルの外に「一ノ湯」「二ノ湯」という2つの広大な貸切風呂があります。

緑色に濁っていて、浸かるときしきしした肌触りです。

温泉成分が凝固した細かな粒子が大量に舞っています。

本館の大浴場には内風呂と露天風呂があります。

半循環ですが、源泉が濃厚なので泉質は良いです。

広大な貸切風呂の一ノ湯

個性的で濃厚な泉質

新潟県東蒲原郡阿賀町鹿瀬11840

113
新潟県

## 瀬波温泉　木もれびの宿　ゆのか

明治37（１９０４）年に石油試掘中に発見された温泉で、源泉温度が92度、毎分１８００リットルの優良な温泉です。

ナトリウム－塩化物泉で、成分表を見るとそれぞれの項目の温泉成分が濃く、メタケイ酸を多く含んでいることが分かります。

ここは内湯が一つだけで、少し白濁していて油臭がします。

新潟県は1作目で紹介した新津温泉など石油系の温泉がいくつかありますが、ここもその一つです。

源泉が高温なので加水するところが多いのですが、ここは安易にそのようなことはせず、湯雨竹《ゆめたけ》という竹で編んだ物に源泉を流して温度を下げています。

じわーっと源泉の温泉成分が身体に染み込みます。

湯雨竹で源泉温度を下げています

油臭のする温泉

新潟県村上市瀬波温泉2-4-17

114
新潟県

## 目の温泉　貝掛温泉

1作目で取り上げた「微温湯温泉」（福島県）、「姥子温泉」（神奈川県）と並び、「日本三大目の温泉」と称されています。

ナトリウム・カルシウム－塩化物泉です。前の2つの温泉は泉質的には良いのですが、酸性なので目を洗うのは厳しいかもしれません。

しかしここは刺激がなく、少しとろみのある優しい泉質です。もしかすると、ドライアイにも良いかもしれません。36度くらいの源泉露天風呂は、長湯ができて湯上がりは肌がすべすべします。

飲泉すると癖がなく、飲みやすい泉質です。

癒やし効果抜群の露天風呂です。

内風呂にもきちんと源泉がかけ流されています。

刺激の少ない泉質

ぬるめの露天風呂

新潟県南魚沼郡湯沢町三俣686

115
新潟県

## 越後高瀬温泉　古川館

ここ高瀬温泉は「えちごせきかわ温泉郷」の5つある温泉地の一つで、自然豊かな農村にあります。

この温泉郷は鄙びた共同湯の多い温泉地です。のどかな雰囲気が郷愁を誘います。

ナトリウム－塩化物・硫酸塩泉です。

70度を超える源泉を、湯量を調整しながらそのままかけ流しています。

浴槽の中が熱いときは水で調整します。

浸かった瞬間は、少しピリッときます。

さらさらした肌触りで、身体の芯まで温まる感じがします。

ほんのりと硫化水素臭と金属臭がします。

一見地味ですが、なかなかパンチの効いた泉質です。

身体の芯まで温まります

田園地帯の中の旅館

新潟県岩船郡関川村大字湯沢231-24

116
新潟県

# 長岡温泉 湯元館

昭和の香りが漂うレトロな建物が郷愁を誘います。

浴槽は浴室のタイル張りが見事な楕円形の内湯が一つだけです。

弱アルカリ性単純泉の源泉温度は36・5度だそうです。

その源泉を少し加温して浴槽の底から注入しています。

浴槽内の泉温は40度弱くらいのぬるめです。

肌によく馴染む柔らかい泉質で、微かに温泉臭がします。

浸かっていると、ついうとうとしてしまうほどの心地よさです。

ここは不思議に癒やされる空間です。

正面の海岸の風景を描いたタイル張りもなかなか味があります。

全体的に湯治場の雰囲気です。

これぞ湯治場の浴槽

レトロを絵に描いたような温泉

新潟県長岡市高畑町42

117
新潟県

# 寺《じ》宝《ほう》温泉

ナトリウム-塩化物泉です。

源泉温度は40・7度で、湧出量は毎分３３０リットルと豊富です。

それもあってか、ここでは「かけ流し」ではなく「かけ捨て」という言い方をしています。

言い得て妙です。

泉質と温泉力が素晴らしい温泉ですが、最大の特徴は圧倒的な泡の量です。

源泉をタンクに溜めず、そのままかけ捨てにしているため、新鮮な源泉が浴槽に流れ込み、白く泡立つのです。

これはありそうでなかなかありません。

浸かった瞬間、泡で身体が浮き上がるような感じがします。

また、しっとり感がすごいのも嬉しい限りです。

泡付きがすごい

源泉かけ流しではなく、かけ捨て

新潟県長岡市寺宝町82

## 118 新潟県

# 松之山温泉 ひなの宿ちとせ

ナトリウム・カルシウム－塩化物泉です。

有馬温泉、草津温泉と並んで、日本三大薬湯の一つに数えられる温泉です。

太古の海水が地中に閉じ込められて長い間にマグマで熱せられて造られたという化石海水の温泉です。

源泉温度は90度以上なので、加水していますが、それでも濃厚です。

石油のような薬品のような鼻につんとくる独特の匂いがします。

浸かると、さらさらした感じですが、身体にまとわりつくようなパワーを感じます。

「雪見の湯」という露天風呂は風情を感じます。

このほか、大浴場の露天風呂と貸切風呂も源泉かけ流しです。

風情のある雪見の湯

本物の薬湯

新潟県十日町市松之山湯本49-1

## 119 富山県

# 黒薙温泉旅館

宇奈月からトロッコ電車で黒薙駅で下り、さらに20分ほど山道を歩いたところにあります。

当然のことながら秘湯です。

この山の中によくこれほど立派な建物を建てたものだと思います。

弱アルカリ性単純泉で無色透明のピュアな源泉です。

湧出量は毎分２０００リットルを誇るそうです。

しかも源泉の温度は90度以上ということですから半端ではありません。

源泉は宇奈月温泉に配湯しています。

浸かるとさらさらした感じで、肌によく馴染みます。

単純泉でありながら、かなり硫化水素臭がします。

ワイルド感のある露天風呂がおすすめです。

ワイルドな露天風呂

山の中にひっそり佇んでいます

富山県黒部市宇奈月町黒薙

## 120 富山県

# 法林寺温泉

46度のナトリウム－硫酸塩・塩化物泉は自噴泉で、これを加温・加水なしでかけ流しています。

内風呂は見かけよりも深く、最初入ったときは驚きました。

浸かると無色透明のさらりとした源泉で、不思議にじんわりと温まります。

地元の方も同じことを話していました。

ときどきこのように「不思議によく温まる温泉」があります。

特に温度が高いわけではありませんが、汗がなかなか引きません。

微かに金属臭がし、湯上がりはしっとりします。

源泉が濃いのは内風呂の源泉の注ぎ口が温泉成分で白く凝固していることからも分かります。

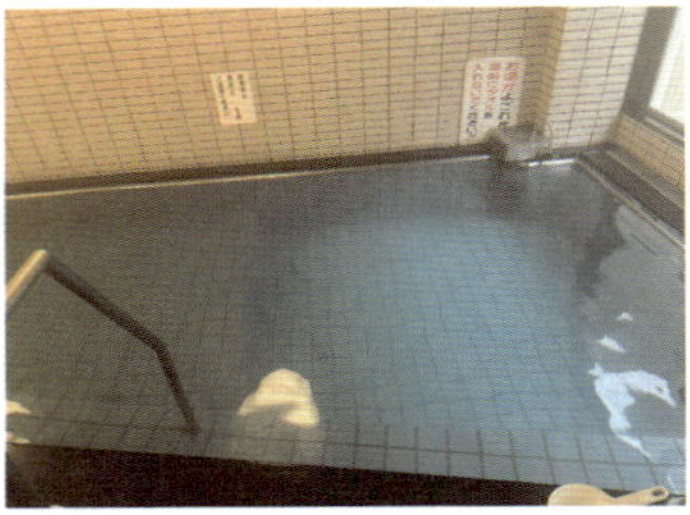

自噴泉のかけ流し

秘湯感があります

富山県南砺市法林寺4944

## 121 石川県

# 金沢温泉　金《かな》石《いわ》荘《そう》

ＪＲ金沢駅から車で20分ほど、漁港の近くにある街中の大きな銭湯といった趣です。

もともとは日帰り温泉施設でしたが、現在は素泊まりができるようです。

地下１３００メートルから湧出する65度のナトリウム－塩化物強塩泉です。

泉質が個性的で、黄色の薄濁りの源泉が内風呂と露天風呂にかけ流されています。

かなりしょっぱく、油臭と薬品臭がします。

浸かると、最初は塩分の刺激を感じて、次第にじんわりと温まってきます。

ヌルヌル感があり、湯上がりは驚くほど肌がしっとりします。

内風呂と露天風呂があります。

どちらも源泉が大量にかけ流されています。

油臭のする個性的な泉質

街中の源泉かけ流し

石川県金沢市金石本町二91

## 122 石川県

# 中宮《ちゅうぐう》温泉　湯宿くろゆり

金沢駅から車で約1時間半、白山の山懐に抱かれた秘湯です。

この温泉地には3軒の旅館と「薬師の湯」という共同露天風呂があります。

前作では「にしやま旅館」を紹介しました。

ナトリウム－塩化物・炭酸水素塩泉です。

源泉が熱いので、桶で浴槽に入る源泉量を調整して浴槽温度を自分好みにします。

ワイルドなやり方ですが、理にはかなっています。

源泉は緑がかっていて、きしきしした肌触りです。

金属と油が混じったような独特の匂いがします。

湯上がりは肌がつるつるすべすべになります。

この辺りの旅館は、冬場は長期間休業になるのでご注意ください。

桶で源泉量を調整します

アクセス困難な秘湯

石川県白山市中宮ク5-32

## 123 福井県

# 国民宿舎　鷹巣荘

日本海に面した国民宿舎です。

JR福井駅からバスで1時間ほどで着きます。

アルカリ性単純泉で源泉温度は49度、pHは9・13です。

福井県では珍しく加温・加水なしの源泉かけ流しです。

内風呂と露天風呂があり、露天風呂は内風呂の中から小さな階段を上って行きます。

日本海の荒波を眺めながらぬるめの源泉にゆったり浸かることができます。

肌によく馴染む泉質で、さらさらした肌触りです。

微かに温泉臭がします。

ぬるめですが、よく温まります。

内風呂は、少し熱めです。

源泉の注入口にコップがあり、飲泉もできます。

日本海を望む露天風呂

日本海に面した源泉かけ流し旅館

福井県福井市蓑町3-11-1

124
山梨県

# 甲府温泉 シャトレーゼホテル談露館

ＪＲ甲府駅から歩いて行ける、市内有数の老舗ホテルです。

この立派なホテルの1階奥に、源泉かけ流しの温泉がひっそりとあります。

浴槽はさほど大きくない内風呂が男女一つずつです。

目に鮮やかなワインレッドのナトリウム‐塩化物・炭酸水素塩泉です。

浸かるとつるつる感とヌルヌル感があり、微かに硫化水素臭がします。

じんわりと源泉が身体に染み込んでくるような感じがします。

湯上がりはしっとりすべすべになります。

甲府市には源泉かけ流しの温泉がいくつかあり、このような個性的な泉質が楽しめます。

ワインレッドの源泉

老舗ホテルの源泉かけ流し

山梨県甲府市丸の内1-19-16

125
山梨県

# 竜王ラドン温泉 湯ーとぴあ

ナトリウム‐塩化物・炭酸水素塩泉です。

浴室の中に「ラドン吸入室」という部屋があり、その中にいかにも効きそうな温泉が蓄えられた浴槽があります。

密室なので湿度が高いです。

ラドンを吸い込むことで、細胞が活性化されてアンチエイジングの効果があるとのことです。

やや黄色がかった湯は少しとろみがあります。

じんわり温泉成分が身体に染み込んでくるようです。

ラドン吸入室の外には、源泉が滝のように落ちてくる浴槽もあります。

貯湯槽に源泉を溜めずにそのまま源泉をかけ流しています。

これが正しい湯使いです。

温泉が新鮮なためか、浸かるとかなり疲れます。

ラドン吸入室

人目を引く大型のホテル

山梨県甲斐市富竹新田1300-1

## 126 山梨県
# 甲府昭和温泉 ビジネスホテル

見事な琥珀色のナトリウムー炭酸水素塩・塩化物泉です。日帰り温泉も受け付けています。

浴槽の中の湧出口から源泉が気泡とともに勢いよく湧いており、鮮度の良さを感じます。

源泉が湧出する光景はなかなか迫力があります。

源泉温度は48度あり、それが浴槽に大量に直接注入されるので、かなり熱いです。

それでも温度調整しないところが渋い。

金属臭を感じます。

よく温まる泉質で湯上がりはなかなか汗が引きません。

小さい方の浴槽は適温で、浸かるとつるつる感が強いです。

浴槽の中でずるっと滑るほどです。

湧出口から源泉が噴出

熱めの源泉をそのままかけ流し

山梨県中巨摩郡昭和町押越2223

## 127 山梨県
# 湯沢温泉 不二ホテル

下部温泉の近くにあり、下部温泉郷に含められる場合もあるようです。

アルカリ性単純泉で、28度の源泉です。

内風呂には源泉風呂と加温浴槽があります。

下部温泉と同様、浸かるとつるつる感がすごく、少し硫化水素臭を感じます。

そこが下部温泉にはない特色です。

加温浴槽よりも源泉浴槽の方がつるつる感が強いです。

露天風呂は混浴です。

源泉をそのままかけ流しているので、かなり冷たく感じます。

ここは湯治を売りにしています。

建物はしゃれていますが、湯治色が強い旅館です。

ぬるめの源泉浴槽

湯治色の強い旅館

山梨県南巨摩郡身延町上之平1525

## 128 山梨県

# 三富温泉郷 白龍閣

ハイキングで人気の西沢渓谷にあります。

ナトリウム・カルシウム－硫酸塩・塩化物泉です。

前作で紹介した川浦温泉山県館の手前にあります。

ここの内風呂は風情があり、浴槽の中の竹筒から源泉が大量にかけ流されています。

このかけ流しのやり方は珍しいと思います。

浸かると硫化水素臭と金属臭がしますが、感触はさらさらしています。

じんわりと温泉成分が染み込んでくる感じがします。

露天風呂は西沢渓谷を見下ろすように作られています。

建物は鄙びており、いかにも昭和の温泉ホテルといったイメージですが、泉質は折り紙つきです。

源泉ドバドバの内風呂

西沢渓谷の旅館

山梨県山梨市三富川浦297

## 129 山梨県

# 裂《さけ》石《いし》温泉 雲峰荘

大菩薩峠登山口の近くにある秘湯です。

アルカリ性単純泉で、源泉温度は約25度です。

内風呂には源泉浴槽もありますが、冬場はかなり冷たいです。

pHは9・9とかなりアルカリ度が高いのが特徴です。

巨石に挟まれるような感じで源泉に浸かります。

特筆すべきは巨石を配した露天風呂です。

全国的にも珍しい部類に入るでしょう。

ただ、閉所が苦手な人には厳しいかもしれません。

浸かるとつるつる感があり、身体にじんわりとくる泉質です。

アルカリ度の高さを実感するつるつる泉質です。

湯上がりは肌がしっとりします。

巨石を配した露天風呂

大菩薩峠登山口の近くの秘湯

山梨県甲州市塩山上萩原2715-23

## 130 長野県

# 田沢温泉　ますや旅館

明治元（1868）年建造の木造3階建てで、国の登録有形文化財に指定されている旅館です。

かの島崎藤村もここに逗留していたそうです。

建物だけでなく、入口やロビー、階段など大変趣があります。

昔の木造建築技術の高さに驚かされます。

温泉に入る前に建物内の造作に目を奪われてしまいます。

古き良き日本の旅館イメージにぴったりの佇まいで、映画『卓球温泉』の舞台にもなりました。

泉質はアルカリ性単純硫黄泉で、内風呂と露天風呂にかけ流されています。

柔らかくしっとりした肌触りで、微かに硫化水素臭がします。

小ぢんまりした浴槽にきちんとかけ流し

国登録有形文化財の重厚な建物

長野県小県郡青木村田沢2686

## 131 長野県

# 田沢温泉　富士屋

田沢温泉は5軒旅館があります。

1作目で紹介した「有乳湯《うちゆ》」という有名な共同浴場もあります。

狭い石畳の道と木造のレトロな旅館が並ぶ雰囲気のある温泉地で、歓楽的な要素はありません。

ここは温泉街の入口にあります。

単純硫黄泉です。

内湯は有乳湯の源泉を引いています。

泉質もさることながら、ひょうたん型の浴槽の青いタイルが目に鮮やかです。

浸かると芳しい硫化水素臭がします。

有乳湯独特の実に柔らかい泉質で、湯上がりはつるつるすべすべになります。

露天風呂は、仙人湯《やまどゆ》という不老長寿の湯を引いています。

青いタイルが鮮やかな内風呂

仙人湯の源泉を引いています

長野県小県郡青木村田沢温泉2689

132
長野県

# 松《まつ》代《しろ》温泉 黄金の湯 松代荘

ここ松代は真田信之の松代藩の城下町です。

松代大本営地下壕跡や、近くには川中島合戦地跡があります。

泉質が素晴らしく、ナトリウム・カルシウム－塩化物泉の源泉は透明ですが、空気に触れて茶褐色になります。

単なる茶褐色ではなく、クリーミーさを感じます。

浸かった瞬間に鉄錆と金属の匂いがするとともに、泉質の濃厚さ、源泉の比重の重さを感じます。

ひと言で言えば、こってりした泉質です。

しかし、肌触りはさらさらしていて、じわじわと温まってきます。

しばらく浸かっただけで、かなり疲れます。

湯上がりは身体の温もりがなかなか冷めません。

見事なくらい茶褐色に濁った源泉

いつも来客が多い温泉

長野県長野市松代町東条3541

133
長野県

# 浅間温泉 香蘭荘

落ちついたのどかな感じの温泉地です。

浅間温泉には7種類の源泉があるようですが、ここはその中の大下源泉の弱アルカリ性単純泉を引いている唯一の湯屋だそうです。

そうした源泉へのこだわりを持っているところが素晴らしい。

小ぢんまりした浴槽にはレトロ調のタイルが貼られ、雰囲気は抜群です。

少し熱めの源泉がこれでもかとかけ流されています。

無色透明の綺麗な源泉は、微かに温泉臭がします。

泉質は肌に滑らかで、じんわり温まってきます。

身体が蘇生するような幸福感に包まれます。

余談ですが、旅館の名は李香蘭とは関係がないそうです。

小さめの浴槽に源泉かけ流し

レトロな雰囲気の旅館

長野県松本市浅間温泉3-4-15

## 134 長野県

# 湯田中渋温泉郷 安代温泉 山崎屋旅館

安代温泉は、湯田中渋温泉郷にあり、湯田中温泉と渋温泉に挟まれた位置にある温泉です。

渋温泉との区切りが分かりにくいですが、住所地で分けられているのだろうと思います。

ナトリウム－塩化物・硫酸塩泉の源泉温度は90度を超え、湯口の源泉もかなり熱いです。

ここは、小ぢんまりした雰囲気のいい旅館です。

1作目では安代館をご紹介しました。

敷石も見事な浴室の木造りの浴槽に浸かると、とろみを感じます。

泉質が実に柔らかく、肌に馴染んでしっとりすべすべです。

微かに温泉臭がします。

壁にかかった絵も美しく、癒やされます。

木造りの浴槽

小ぢんまりした雰囲気のいい旅館

長野県下高井郡山ノ内町平穏2299

## 135 長野県

# 湯田中渋温泉郷 穂波温泉 湯の原旅館

湯田中渋温泉郷は、湯田中、新湯田中、渋、安代、角間、地獄谷、上林、穂波、星川、沓野の10の温泉地から成り、ここはそのうちの一つです。

温泉街から少し離れた小高いところにある、昭和レトロな風情がある建物です。

これぞ湯治場といった年季の入った木造の浴槽が渋くていいです。

ナトリウム－塩化物泉です。

浸かると、しっとり感のある源泉が身体を包み込みます。

至福の瞬間です。

旅館で穂波温泉大湯のカードを借りて、穂波温泉大湯に入ることもできます。

この辺りは温泉地の中心に大湯があるという、古くから続く温泉文化があります。

これぞ湯治場の浴槽

昭和レトロな風情

長野県下高井郡山ノ内町穂波1477-5

136
長野県

# 湯田中渋温泉郷 星川温泉 志なのや旅館

源泉かけ流しと湯治にこだわった旅館です。

小ぢんまりした2階建ての建物のすぐ隣で源泉が湧出しています。

浴室は半地下で薄暗く、温泉の湯気がもうもうとしています。

湯治場の雰囲気が強いです。源泉が新鮮なせいか、単純泉ですが刺激を感じます。熱めの源泉がじわーっと染み込んでくる感じがします。

身体にまとわりつくような、とろみのある濃厚な泉質です。

単純泉で濃厚というのは、さまざまな温泉成分が万遍なく含まれていてしっかりと地中で熟成されていることを意味します。

湯口の筒に温泉成分が凝固していることからも明らかです。

新鮮な源泉のかけ流し

湯治色が強い旅館

長野県下高井郡山ノ内町大字平穏2925-12

137
長野県

# 角間《かくま》温泉 ようだや旅館

角間温泉は湯田中渋温泉郷の中にあり、古き良き温泉地のイメージそのものの鄙びた雰囲気です。

旅館が数軒と共同湯が３つ点在します。

ここは共同湯の大湯の隣にあり、木造3階建ての歴史のある建物です。

ナトリウム−塩化物・硫酸塩泉です。

源泉温度は約86度と高温ですが、加水していないそうです。

男女別の浴槽が一つずつあり、シンプルですが風情のある浴室です。

タイルも年季が入っています。

浸かるととろみのある、実に柔らかい泉質です。

湯口は温泉成分が凝固していて、微かに金属臭がします。

シンプルですが風情がある浴槽

古き良き温泉地の旅館

長野県下高井郡山ノ内町佐野2348

## 138 長野県

# 野沢温泉 常盤屋旅館

1作目では、野沢温泉からは旅館さかやと13の共同湯を挙げました。

この旅館は野沢温泉のシンボルの大湯の隣にあります。

「千人風呂」には光明皇后像、「薬師の湯」には慈悲観音像が祀られており、厳かな雰囲気です。

単純硫黄泉・低張性アルカリ性高温泉です。

千人風呂には大湯と同じ源泉、薬師の湯には自家源泉がそれぞれかけ流されています。

少し薄濁りで、野沢温泉独特の苦味と渋みがあります。

ツルツルというよりもきしきしした感じのよく温まる泉質です。

日本全国に温泉は数あれど、やはり野沢温泉の泉質は独特で、かなりレベルが高いと思います。

ここは飲泉もできます。

厳かな千人風呂

効能のありそうな薬師の風呂

長野県下高井郡野沢温泉村大字豊郷9347

## 139 長野県

# 山田温泉 心を整える宿 風景館

高山村を流れる松川のほとりには、8つの温泉が存在し、信州松川温泉郷を形成しています。

1作目でご紹介した七味温泉、松川渓谷温泉などがあります。

ナトリウム・カルシウム−塩化物泉です。

とろみがあり、つるつるすべすべの柔らかい泉質です。

微かな硫化水素臭がします。

源泉温度が高いので加水しているようですが、泉質のレベルは高く、癒し効果の高い泉質です。

ここは貸切の露天風呂が格別です。

「天空の小鳥風呂」には丸風呂と角風呂があり、浴槽の大きさに比べて源泉湯量が多いです。

これを「独泉」できるのは有難いことです。

つるつるすべすべの内風呂

湯量の多い露天風呂

長野県上高井郡高山村大字奥山田3598

## 140 長野県

# 美ヶ原温泉 百日紅の宿 丸中旅館

JR松本駅から車で15分くらいのところにあります。

「日本書紀」に信濃の国の名湯として「束間の温湯」が挙げられており、それが浅間温泉か、ここ美ヶ原温泉を指すのかで説が分かれているようです。

温泉利用の効果が十分期待され、かつ健全な温泉地としての条件を備えているとして環境大臣から指定された国民温泉保養地ですが、残念ながら美ヶ原温泉は源泉掛け流しが多くありません。

そんな中、この旅館はひょうたんのような個性的な形の浴槽に源泉を誠実にかけ流しています。

弱アルカリ性単純泉です。

源泉温度が42度ほどなので、ちょうど適温です。

浸かると源泉が滑らかで肌によく馴染みます。

肌から引き締まるような感じがします

歴史のある名湯の源泉かけ流し

長野県松本市大字里山辺451

## 141 長野県

# 熊の湯・硯川温泉 硯川ホテル

前作で紹介した熊の湯ホテルとは別の自家源泉をかけ流しています。

見事な緑白色の硫黄泉です。温度によって乳白色から緑白色に泉色が変わります。

浸かるとクリーミーな肌触りです。

初めはピリッと刺激がありますが、そのうち源泉が心地よく肌に馴染んできます。じんわりと温泉成分が染み込んでくるのを感じます。

細かな湯の華が大量に舞っています。

硫化水素臭で頭がくらくらして、源泉の濃厚さを実感できます。

小ぢんまりした露天風呂にも緑白色の源泉がかけ流されています。

湯上がりはしっとりして、硫化水素臭がしばらく身体から抜けません。

緑白色の源泉

自家源泉のかけ流し

長野県下高井郡山ノ内町志賀高原硯川温泉

142
長野県

## 葛温泉 仙人閣

JR大糸線信濃大町駅から車で山に入った方にあります。

高瀬川沿いに、ここと高瀬館と湯宿かじかの3軒の旅館があります。

山の中の秘湯です。

単純泉で、湧出量は毎分1500リットルを超える湯量の多い温泉地です。

大町温泉郷などにも配湯しているそうです。

開放感がある岩造りの露天風呂が2つと、内風呂が2つあります。

露天風呂は無色透明ですが、微かに温泉臭がします。

とろみがあり、肌触りはさらさらした感じです。

内風呂は源泉の成分で浴槽の色が変色して、年季を感じさせます。

湯上がりは爽快で肌がシャキッとします。

岩造りの露天風呂

年季の入った内風呂

長野県大町市平2118

143
長野県

## 乗鞍高原温泉 青葉荘

乗鞍岳中腹に源泉があり、温泉地まで引湯しています。

白骨温泉の近く、旅館・ホテルのほか、ペンションも数多く存在する温泉地です。

ここは単純硫黄泉です。

露天風呂は温度の低下を防ぐため蓋がされていて、取ると青緑色の源泉が現れます。

浸かっているうちに白濁してきます。

浴槽の底に湯の華が溜まっているため、浸かると湯の華が舞い上がって白濁します。

硫化水素臭が立ち込める自然の中の露天風呂は、実に快適です。

内風呂は浸かる前は薄濁りで、実に濃厚な泉質です。

源泉は酸味と苦味があり、身体にじわーっと温泉成分が染み込んでくる実感があります。

湯の華が沈殿した露天風呂

見事に白濁した内風呂

長野県松本市安曇3952-2

## 144 長野県

# 有明温泉 国民宿舎有明荘

標高1380メートル、燕岳登山口の入口にあります。登山客が多く訪れる温泉です。

中房温泉の少し手前のロッジ風の建物です。

単純硫黄泉で、穂高温泉郷の温泉施設に配湯されているそうです。

ここは露天風呂が抜群に素晴らしい。

かなり大型の露天風呂で自然の中に上手く溶け込んでいます。

少し青みがかって見える湯はすべすべした肌触りで、芳しい硫化水素臭がします。

木造りの内風呂にも源泉がかけ流されています。

源泉を通した桶が浴槽の中ほどまで伸びています。

白い湯の華も舞っています。

自然の中の大露天風呂

ロッジ風の建物

長野県安曇野市有明中房

## 145 長野県

# 白骨温泉 湯元齋藤旅館

自家源泉4本を混合した源泉を提供する老舗の大型旅館です。

前作では、斉藤旅館別館を先にご紹介しました。

浴槽の形がユニークな野天風呂「鬼が城」には湯治場の雰囲気があります。

浴槽の形が実にユニークです。

半露天風呂の「竜神の湯」は林の中にあり、風情があります。

含硫黄－カルシウム・マグネシウム・ナトリウム－炭酸水素塩泉です。

源泉は、注入口では透明ですが、空気に触れて白濁します。

浸かるとこってりした感じですが、肌触りはきしきししています。

お湯の表面では温泉成分が凝固して漂っています。

野天風呂奥が城

半露天風呂の竜神の湯

長野県松本市安曇白骨温泉4195

## 146 長野県

# 鹿《か》の瀬《せ》温泉

JR中央本線木曽福島駅から車で30分ほど、御嶽ロープウェイの近くにあります。

ナトリウム・マグネシウム・カルシウム－炭酸水素塩・塩化物泉です。

約1000メートル掘削して湧出しています。

泉質の良さに加え、適温なので加水も加温もなしです。

湧出した源泉に全く手を加えないでかけ流しにしています。

さまざまな温泉成分をたっぷり含んだ濃厚な泉質で、浸かると身体にずっしりきます。

並の源泉でないことを肌が教えてくれます。

浴槽の床と縁に温泉成分が凝固しています。

飲泉は少し甘く感じました。

館内には、浮世絵や温泉掘削時の様子、2種類の湯の華などが展示されています。

身体にずっしりとくる源泉かけ流し

御嶽ロープウェイの近くの温泉

長野県木曽郡木曽町三岳1-8

## 147 長野県

# 来《くる》馬《ま》温泉 風《ざ》吹《ふき》荘《そう》

JR小糸線北小谷駅から歩いて行けます。

ナトリウム－炭酸水素塩・塩化物泉の内風呂が一つだけです。

湯口から勢いよく源泉がかけ流されていて、注入部は炭酸成分で少し白く泡立っています。

源泉の新鮮さがよく分かります。

源泉は茶褐色に濁っていて、鉄錆の匂いがします。

浸かるときしきしした感じの肌触りで、しばらくするとじわーっと温まります。

浴槽の縁や床には源泉が凝固しています。

掲示には、風吹荘源泉と北小谷源泉を混合していると書かれています。

加温・加水はせず、源泉にこだわっている姿勢に好感が持てます。

源泉の注入口は白く泡立っています

源泉にこだわった旅館

長野県北安曇郡小谷村北小谷1283-1

148
長野県

# 裾《すそ》花《ばな》峡《きょう》天然温泉宿 うるおい館

長野市内にあり、長野県庁からも近い場所にあります。ナトリウム－塩化物泉です。源泉温度が約46度なので、加温なしでかけ流ししています。

大きな露天風呂は茶褐色に濁っていて、つるつる感のある滑らかな肌触りです。

金属と薬品の混じったような匂いがします。

内湯には別の種類の源泉もかけ流されています。

湯上がりは肌が滑らかになった実感がします。

街中にこのような高品質な源泉かけ流し温泉があるのは驚きです。

全国的には函館市、青森市、弘前市、甲府市、大分市、鹿児島市など街中に源泉かけ流しの温泉があるところがありますが、長野市もその一つに入ると思います。

茶褐色の濁り湯です

街中の源泉かけ流し

長野県長野市妻科98

149
長野県

# 桟《かけはし》温泉旅館

「太田の渡し」「碓氷峠」と並び「中山道三大難所」の一つに数えられた「木曽の桟《かけはし》」の近くにあります。

赤い橋が川面に映える風光明媚なところです。

単純二酸化炭素冷鉱泉で、源泉温度は13度です。

写真の奥の方の浴槽が源泉浴槽です。

浸かった瞬間は手足が冷たさで痺れますが、そのうちじわーっと温まってきます。

そして手前が加温の浴槽です。

源泉浴槽と交互入浴を楽しめます。

源泉は鉄分をかなり含んでおり、鉄錆の匂いが強烈でずっしりとした重たい湯触りです。

どちらも茶色に濁っていますが、源泉浴槽の方が少し濁りが薄いです。

冷たい源泉浴槽があります

木曽の桟の近くの旅館

長野県木曽郡上松町大字上松1350-3

## 150 長野県

# 安曇野穂高温泉郷 富士尾山荘

この温泉郷には何軒か旅館がありますが、温泉は十数キロ奥の中房温泉や有明荘源泉などから引いた源泉を使っているようです。

蕎麦屋がついでに旅館もやっているといった感じで、鄙びた建物の看板はほとんどが蕎麦屋のものですが、その中に岩風呂大浴場の看板がひっそりと見えます。

30年以上の歴史のある九割蕎麦が有名なお店です。

目に鮮やかな浴槽の青いタイルと、浴槽の真ん中辺りの源泉が出てくるところにある不思議なモニュメントが個性的で、実にインパクトのある浴槽です。

泉質はアルカリ性単純泉で肌に優しく、湯上がりは驚くほどつやつやになっています。

居心地のいい温泉で、癒やされます。

インパクトのある浴槽

本業はお蕎麦屋さん？

長野県安曇野市穂高有明2184-104

## 151 長野県

# 戸倉上山田温泉 旬樹庵 湯本柏屋

戸倉上山田温泉らしい、最高レベルの単純硫黄泉です。

少し緑がかった源泉は日によって白濁します。

硫化水素臭が実に香ばしく、浸かると少しぴりっときますが、すぐ肌に馴染みます。

内風呂は御影石で造られており、レトロな雰囲気にひたれます。

露天風呂にも源泉がかけ流されていて、じっくりと単純硫黄泉を楽しめます。

ここは温泉地の中でも歴史があるようで、湯本とともに「開湯の宿」を名乗っています。

一つの温泉地の中に「ゆうざん」「若の湯」「ホテルプラトン」という3つの姉妹館があります。

同じグループなので、どこかに泊まると他の旅館の温泉にも入れます。

湯本にふさわしい泉質

眺望のいい露天風呂

長野県千曲市上山田温泉1-39-3

## 152 岐阜県

# 濁《にごり》河《ご》温泉 湯河温泉ロッジ

客室は全室8室の小ぢんまりした旅館です。

ナトリウム・マグネシウム・カルシウム－硫酸塩・炭酸水素塩泉です。

浸かるとさらさらした肌触りです。

濁河温泉はアクセス困難な秘湯ですが、数軒ある旅館はいずれも源泉かけ流しです。

ここは濁河温泉の中でも一番ワイルドな感じの旅館です。

露天風呂には4つの陶器風呂と1つの浴槽があり、浴槽の内と外は凝固物がびっしり付着していて歩くと足の裏が痛いほどです。

浴槽に浸かっても凝固物がとげとげになっていて身体に痛みが走ります。

茶色で金属臭がする湯はぬるめなので、じっくり長く入っていられます。

凝固物びっしりの温泉

アクセス困難な秘湯

岐阜県下呂市小坂町落合2376-1

## 153 岐阜県

# 奥飛騨温泉郷 平湯温泉 ひらゆの森

平湯バスターミナルの近くにある旅館です

露天風呂は男性用が7つ、女性用が9つもあります。

ほかにもレトロな雰囲気の内風呂や、貸切の鉄鍋風呂もあります。

いずれの浴槽も凝った造りで、浸かっていて飽きません。

カルシウム・ナトリウム・マグネシウム－炭酸水素塩・塩化物泉です。

源泉は白濁か薄濁りになっており、苦くて硫化水素臭がします。

白湯の「ひらゆの森の湯」と無色透明の「水石の湯」の2本の源泉を合わせて毎分600リットルの源泉を使用しています。

泉質が濃厚なせいか、すべての浴槽に浸かると、かなり疲れます。

薄濁りの露天風呂

森の中の白濁の露天風呂

岐阜県高山市奥飛騨温泉郷平湯763-1

## 154 岐阜県

# 奥飛騨温泉郷 新穂高温泉 槍見館

槍ヶ岳を望むことができる露天風呂が素晴らしい温泉宿です。

写真は「槍見の湯」と「まんてんの湯」で、いずれも混浴露天風呂です。

このほか貸切露天風呂が4つ、女性専用露天風呂が一つ、そして内風呂があります。

これほど露天風呂にこだわった旅館はなかなかありません。

浸かるととろみを感じる単純泉－炭酸水素泉です。

実に柔らかい泉質で、湯上がりはしっとりします。

泉質の良さもさることながら、ここはやはりロケーションが素晴らしく、泉質の良さがさらに引き立つ気がします。

建物も民芸調で落ち着きます。

同じ新穂高温泉の「野の花山荘」は姉妹館です。

槍ヶ岳を望む槍見の湯

歴史のあるまんてんの湯

岐阜県高山市奥飛騨温泉郷神坂587

## 155 岐阜県

# 稲荷温泉 不老荘

レトロな建物が印象的な旅館です。

最寄駅はJR中央本線瑞浪駅で、山の中腹にあります。

玄関の上の温泉マークが渋い。

階段を降りると浴室で、内風呂が一つだけです。

近くの稲荷神社から湧出する放射能泉の源泉温度は20度くらいなので、加熱してかけ流しています。

ちなみに源泉は薪を焚いて沸かしています。

柔らかい泉質で、浸かった瞬間、おっと驚くほどのつるつる感です。

湯上がりは肌がさらさらしています。

見かけは普通の泉質のようですが、実態は異なります。

何だか不思議な効能がありそうです。

不思議な効果の泉質

レトロな雰囲気の旅館

岐阜県瑞浪市稲津町小里555

## 156 静岡県

# 梅ヶ島温泉 泉屋旅館

静岡駅からバスで1時間50分ほど、安倍川の上流にある秘湯です。

自然豊かな温泉地です。

1700年以上の歴史がある温泉といわれています。

約10軒ほどの旅館が並びます。

よくこんな山奥にこれほどの温泉街があるものだと感心します。

鄙びてはいますが、活気のある温泉地です。

アルカリ単純硫黄泉で、浴室に入った瞬間、芳しい硫化水素臭に包まれます。

写真向かって右の浴槽が加温した源泉のかけ流しになっています。

浸かると強烈なヌルヌル感に驚きます。

皮膚が溶けるような感じがします。

加温の源泉浴槽があります

強烈なヌルヌル感の温泉宿

静岡県静岡市葵区梅ヶ島5258-10

## 157 静岡県

# 湯ヶ島温泉 川端の宿 湯本館

外観もさることながら、館内も大変レトロな雰囲気です。

ここは川端康成が『伊豆の踊り子』執筆の際に逗留した宿で、当時の部屋がそのまま残されています。

清流に面した露天風呂は風情があります。

木々の香りに包まれながらの入浴は実に清々しいです。

テレビドラマやCMによく使われている露天風呂です。

カルシウム・ナトリウム－硫酸塩泉です。

柔らかく、肌に滑らかな泉質です。

温泉臭が香り、つるつるすべすべの泉質です。

湯上がりは驚くほど肌がしっとりしています。

広めの内風呂にも柔らかい源泉がかけ流されています。

清流に面した露天風呂

川端康成の執筆の宿

静岡県伊豆市湯ケ島 1656-1

## 158 静岡県

# 伊東温泉 陽気館

館内専用登山電車があることに驚きます。

この登山電車で急な坂をゴトゴトと上って行くと、伊東市内や相模湾を望む見晴らしの良い露天風呂があります。

源泉を2本持っていて、深めの浴槽の露天風呂はナトリウム－塩化物泉です。

岩の間から源泉が惜しみなくかけ流されています。

肌に優しい、しっとりした肌触りで、いつまでも入っていたいという気持ちになります。

飲泉は甘みがあり美味しいです。

温泉臭も実に芳しいです。

露天風呂は一つだけなので、男女交代で入ります。

内風呂は1階にあり、こちらは単純泉をかけ流しています。

見晴らしのいい露天風呂

館内専用登山電車で上がって行きます

静岡県伊東市末広町2-24

## 159 静岡県

# 伊東温泉 ケイズハウス伊東温泉

国の登録有形文化財に指定されている旅館を改装したホステルです。

前作で紹介した「東海館」の隣にあります。

目の前を流れる松川の対岸から東海館とここを眺めると壮観です。

建物は3階建てで、望楼もあります。

館内の廊下、柱、階段などは見事な木造建築です。

そんな雰囲気も手伝ってか、宿泊者の8割以上が外国人だそうです。

泉質はカルシウム・ナトリウム－塩化物泉で、自家源泉2本をブレンドしてかけ流しているようです。

浴槽の石造りも見事で、湯は肌に優しい、しっとり感のある泉質です。とろみがあり、少し石膏臭がします。

老舗の高品質の源泉です。

歴史を感じる石造りの浴槽

外国人の宿泊が多い

静岡県伊東市東松原町12-13

160
静岡県

# 天城温泉 モダン宿坊 禅の湯

曹洞宗慈眼院の敷地内にある温泉です。

敷地内に湧出しているカルシウム・ナトリウム－硫酸塩泉をそのままかけ流ししているそうです。

お寺の境内にありますが、建物は中も外も大変モダンでしゃれていて、歴史のあるお寺の雰囲気とのギャップに驚きます。

浴槽は内湯と露天風呂があり、無色透明の実に柔らかい泉質です。

さらさらっと源泉が肌を滑っていく感じがして、浸かり心地のよい温泉です。

この温泉に入ると、どこか落ち着いた気分になれます。

癒やしの温泉といってもいいと思います。

禅の効果も感じるのは気のせいとばかりも思えません。

まさしくモダン宿坊

お寺のすぐ横が温泉

静岡県賀茂郡河津町梨本28-1

161
静岡県

# 熱海温泉 芳泉閣

熱海の市街地から少し山の中に入り、急な階段を上っていきます。

以前は国鉄の寮だったこともあって、新幹線の椅子などを使ったユニークな旅館です。

ご主人が大変気さくで親切です。

宿の近くから湧出する西山湯などの混合泉を使用しているようです。

熱海温泉の中でも泉質が特に素晴らしく、温泉成分の濃厚さを感じます。

ナトリウム・カルシウム－塩化物泉です。

夏場は加水することもあるようですが、通常は加温・加水なしでかけ流ししています。

浸かるととろみのある源泉が身体にまとわりつくような感じがして、濃厚な温泉成分が身体に染み込んでいきます。

熱海温泉の中でも泉質に濃厚さを感じます

急な階段を上っていきます

静岡県熱海市西山町16-6

## 162 愛知県

# 湯谷温泉　はづ木

ＪＲ飯田線湯谷温泉駅の目の前にある温泉地です。川沿いに旅館が点在しています。

はづグループはこの地で旅館を４軒経営しています。

露天風呂と内風呂を貸切で入れます。

露天風呂は川面を見ながらゆっくり癒されます。

自然に恵まれた良い環境です。

ナトリウム・カルシウム－塩化物泉です。

少し茶色に濁っていて、金属臭がします。

茶色の湯の華も舞っています。

つるつる感ときしきし感が同居したような肌触りです。

飽きのこない、いつまでも入っていたい露天風呂です。

名物の漢方薬膳料理も大変美味しいです。

川面に面した露天風呂

漢方薬膳料理のしゃれた旅館

愛知県新城市豊岡字滝上45-1

## 163 三重県

# アクアイグニス片岡温泉

田園の中に水に浮かんだような近代的な美術館のような建物が忽然と現れます。

「癒しと食」をテーマにした複合温泉リゾート施設です。

地下１２００メートルから湯口で約42度の源泉が毎分７８０リットル湧出するようです。

アルカリ性単純泉です。

少し黄色がかっていて、微かに硫化水素臭がします。

ヌルヌルつるつるの泉質です。

きゅっきゅっとした肌触りで、美肌効果がありそうです。

浴槽が凝っていて、竹林の露天風呂は癒されます。

温泉は泉質もさることながら、周りの風景が重要であることを再認識させてくれる温泉です。

スイーツや石窯パンなど食も充実しています。

少し黄色がかった泉質

竹林の露天風呂

三重県三重郡菰野町菰野4800-1

## 164 滋賀県

# 須賀谷温泉

戦国時代に築城された小谷城址の近くです。

戦国時代にお市の方や戦国武将が湯治に通ったといわれている温泉とのことで、男性用が「長政の湯」女性用が「お市の湯」となっています。

泉質はヒドロ炭酸鉄泉で、鉄イオンが基準を超えるので温泉法上の温泉に該当します。

県下初の「かけ流し式」を採用した温泉とのことです。

源泉温度は18・3度なので加温しています。

源泉の注入口は内風呂にあります。

内風呂は濃い茶色に濁っていて、浸かるとこってりした肌触りです。

鉄の臭いはあまりしません。じんわりとよく温まります。

露天風呂は透明の源泉で、ここもかけ流しです。

濃い茶色に濁った内風呂

小谷城址の近く

滋賀県長浜市須賀谷町36

## 165 兵庫県

# 城崎温泉　扇屋旅館

城崎温泉には約80軒もの旅館がひしめいており、共同湯も7軒あります。しかし、源泉かけ流しの温泉は残念ながらごくわずかです。

その貴重な1軒がこの風情のあるレトロな建物が特徴の扇屋旅館です。

浴槽は一つだけで、貸切で入ります。

ナトリウム・カルシウム－塩化物泉が立派にかけ流されていて希少価値が高いです。

本来の城崎温泉の源泉は滑らかで柔らかい泉質だということがよく分かります。

微かに金属臭がして、つるつる感があります。

源泉が肌に馴染む感じがします。

城崎温泉の他の循環風呂とは似ても似つかない肌触りです。

城崎温泉の貴重な源泉かけ流し

レトロないい雰囲気です

兵庫県豊岡市城崎町湯島243

## 166 奈良県

# 吉野温泉　元湯

近鉄線吉野駅から20分ほど、どこか懐かしい感じがするのどかな風景が広がる吉野の山あいの小径を歩いて行きます。

山里の一軒宿です。明治３（１８７０）年創業とのことですが、建物はしゃれています。

単純二酸化炭素冷鉱泉の源泉（冷鉱泉）が蛇口から出てきます。

源泉は透明ですが、加温すると茶色に濁ります。

浸かるとクリーミーできしきしした肌触りです。

窓から日本庭園を見ることができ、癒やされます。

じんわりと温泉成分が染み込んでくる感じがして温まります。

飲泉すると鉄分を含んだサイダーのようです。

浴槽の縁には源泉成分が凝固しています。

茶色に濁っています

山あいのしゃれた建物

奈良県吉野郡吉野町吉野山902-1

## 167 奈良県

# 湯《とう》泉《せん》地《じ》温泉　十津川荘

山あいののどかな地にある十津川温泉郷は、日本で初めて源泉かけ流し宣言をした温泉地です。

近くに楠正勝と佐久間信盛のお墓があります。

こちらは小ぢんまりした旅館ですが、露天風呂が２つ、男女の内風呂、家族風呂があります。

露天風呂は建物の外の少し小高いところにあり、きちんと源泉がかけ流されています。

内風呂も同様に源泉かけ流しで源泉湯量の多さを感じます。

単純硫黄泉でほんのり硫化水素臭がします。

つるつるすべすべ感がある肌に優しい硫黄泉です。

静かな環境で、心身ともに癒やされる温泉です。

旅館の外の露天風呂

日本初・源泉かけ流し宣言の温泉地

奈良県吉野郡十津川村武蔵701

168
和歌山県

# 那智勝浦温泉　ホテル浦島

神秘的な玄武洞

洞窟風呂の忘帰洞

2種類の源泉が楽しめる磯の湯

和歌山県東牟婁郡那智勝浦町勝浦1165-2

ＪＲ紀伊勝浦駅から徒歩5分ほどの観光桟橋から、送迎船でホテルまで渡ります。

含硫黄－ナトリウム・カルシウム－塩化物泉など、10の源泉を持っています。

順に「玄武洞」「忘帰洞」「磯の湯」です。

玄武洞は自然が創り出した神秘的な洞窟温泉です。

玄武洞の先には海に面した露天風呂もあります。

忘帰洞は、紀州の徳川頼倫が帰るのを忘れてしまったという逸話にちなんだ温泉です。

これほど海に近い洞窟風呂は珍しいです。

いずれも青みがかった泉質で、硫化水素臭もします。

磯の湯には2種類の源泉が大量にかけ流されています。

ほかにも「ハマユウの湯」「滝の湯」などの浴槽があります。

どの浴槽も浸かるとじんわりと温まってきます。

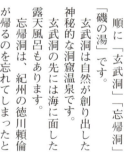

# 169 和歌山県
## 湯の峰温泉 民宿 てるてや

川の中から湯気が立ち上る、風情のある温泉地です。

熊野参りの湯垢離場《ゆごりば》として身を清めたとされる歴史のある温泉地です。

ここは2つの内湯があり、どちらも貸切で入れます。

約90度の含硫黄－ナトリウム－炭酸水素塩泉です。

1日の間に何度か色が変わるのが湯の峰温泉の特徴で、ここもそうです。


浸かるとじんわり温泉成分が染み込んできます。

浸透力の強い源泉です。

心地良い硫化水素臭が鼻をくすぐります。

湯上がりは体が蘇生したような感じがします。

ここは日帰り入浴はありません。

1作目で紹介した、一日に7度も色が変化するという「つぼ湯」からも近いです。

一日に７度も色が変わります

日帰りは受け付けていません

和歌山県田辺市本宮町湯峯97

# 170 和歌山県
## 湯の峰温泉 民宿 あずまや荘

1作目で紹介した旅館「あづまや」の姉妹館です。

環湯という92・5度の自然湧出の含硫黄－ナトリウム－炭酸水素塩・塩化物泉の源泉を使っています。

旅館あづまやの自家源泉とは泉質が異なり、湯の峰温泉独特の石膏臭の苦味のある香りがして微かに硫化水素臭もします。

強いて言えば、長野県の野沢温泉の泉質に似ています。

湯はマリンブルーに濁っていますが、一日の間に何度か色が変わるそうです。

写真は女性用の浴槽です。

男性用の浴槽よりもマリンブルーが綺麗だったので、こちらを挙げました。

このように同じ源泉でも温度などが微妙に異なるだけで色が全く変わります。

温泉は「生き物」です。

この日はマリンブルー

旅館「あづまや」の姉妹館

和歌山県田辺市本宮町湯峯71

## 171 和歌山県

# 南紀勝浦 湯川温泉 恵比須屋

明治時代創業の小ぢんまりした老舗旅館です。日帰り温泉施設の「きよもんの湯」の隣にあります。

pH9・8とアルカリ度がかなり高い単純硫黄泉です。

浴槽は2つあって、それぞれ貸切で入れます。

3、4人入るといっぱいになりそうな浴槽です。

浴槽の縁から源泉が溢れています。

浴室に入った瞬間、硫化水素臭に包まれます。

泉質が素晴らしく、浸かった瞬間にとろみとつるつる感を感じます。

源泉が身体にまとわりつくような感じがして、じんわりと温泉成分が身体に染み込んできます。

小ぶりの割に源泉注入量が多いので、高品質の泉質を提供できるという好例です。

硫黄泉の源泉かけ流し

小ぢんまりした旅館

和歌山県東牟婁郡那智勝浦町湯川1065

## 172 和歌山県

# 南紀白浜温泉 きくや旅館

1作目で紹介した「牟婁の湯」と柳屋の近くです。

階段を上ったところにある民家風の建物です。

浴槽は内風呂が2つあり、ナトリウム－炭酸水素塩・塩化物泉です。

酒井屋1号泉を使っています。

白浜温泉で使用している源泉名を明らかにしているところに好感が持てます。

ほかの白浜温泉の源泉に比べて、塩分が少ない代わりにカルシウム分が多い感じがします。

浴槽の中は源泉が凝固しています。

凝固分がとげとげになっているので、背中が当たると痛いです。

とろみとつるつる感の強い良質の源泉がちゃんとかけ流されています。

酒井屋1号泉のかけ流し

階段を上っていきます

和歌山県西牟婁郡白浜町2997-9

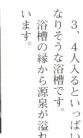

## 173 和歌山県

# 白浜温泉 ホテル 花《はな》飾《かざ》璃《り》

ナトリウム－炭酸水素塩・塩化物泉です。

垣谷第2号・第3号源泉を使っています。

露天風呂一つと内風呂2つがあり、いずれも貸切で入れます。

露天風呂は凝固物がびっしり付いていて、浴槽に身体が当たると痛いほどです。

温泉成分の濃厚さがよく分かります。

一方の内風呂は青く濁っています。

同じ源泉なのに、これほど違うのは、生きた源泉がなせる技です。

とろみがありますが、肌触りはさらさらしています。

飲泉すると甘塩っぱいテイストがします。

湯上がりは肌がしっとりして保湿効果の高さを実感します。

凝固物がすごい露天風呂

濃い青色の内風呂

和歌山県西牟婁郡白浜町1243

## 174 鳥取県

# はわい温泉 ゆの宿彩香

湯量が多く、源泉かけ流しの多い、いい温泉地です。

同じ鳥取県の皆生温泉や三朝温泉とよく比較されますが、かけ流しの割合はここ「はわい温泉」の方が高いです。

ナトリウム・カルシウム－塩化物・硫酸塩泉です。

この種の泉質だと濁りがあることも多いのですが、透明で綺麗な源泉です。

「ゆの宿」と銘打っているだけあって、内風呂と露天風呂が2つずつと貸切の露天風呂もあります。

飲泉すると少し甘塩っぱい感じの味です。

浸かるとじんわりと温まってしっとりします。

特筆すべきはやはり湯量の多さです。

湯量が少ないと多彩な浴槽にかけ流しはできません。

しゃれた雰囲気の内風呂

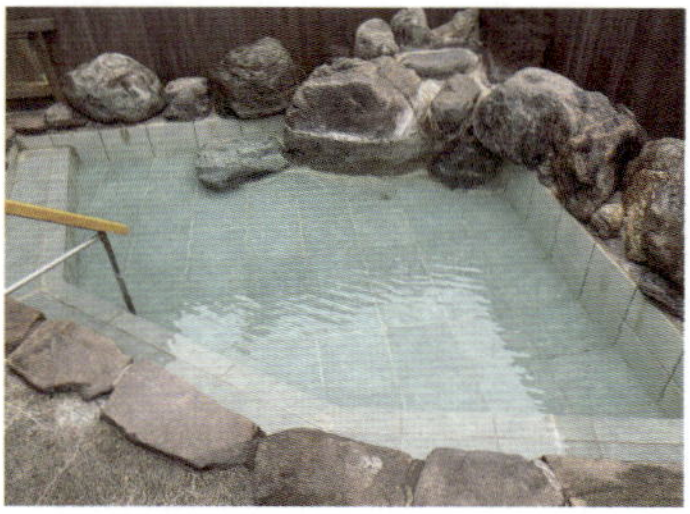

露天風呂もきちんと源泉かけ流し

鳥取県東伯郡湯梨浜町はわい温泉4-74

## 175 鳥取県

# はわい温泉　望湖楼

東郷湖のほとり、大型の旅館やホテルが立ち並ぶ温泉街にあります。

東郷温泉もすぐ近くです。

2つの温泉地に合計12軒の旅館、ホテルが立ち並ぶ中、ひときわ目を引くのがここ「望湖楼」です。

昭和6（1931）年開業の老舗旅館で、大型のホテルには珍しく、ナトリウム・カルシウム－塩化物・硫酸塩泉の源泉をかけ流しています。

湖上に張り出した露天風呂が快適です。

湖畔をわたる風を感じながらじっくりと源泉に浸かることができます。

また、内風呂も石をくり抜いた浴槽など工夫がなされています。

柔らかく肌に優しい温泉で、湯上がりは肌がしっとりします。

湖上に掘り出した露天風呂

石をくり抜いた浴槽

鳥取県東伯郡湯梨浜町はわい温泉4-25

## 176 鳥取県

# 三朝温泉　清流荘

高級系と湯治場の中間のような旅館といったところでしょうか。

ここは三朝温泉の中でも穴場だと思います。

浴槽が多く、しかも凝っています。

写真の大浴場「豆狸の湯」、露天風呂「かじかの湯」のほかにも浴槽があります。

「豆狸の夢」は上下二層の個性的な造りになっています。

岩を上手く組み合わせて、立体感のある雰囲気を造り上げています。

含放射能－ナトリウム－塩化物泉の自家源泉です。

露天風呂「かじかの湯」は自然の中の落ちついた雰囲気です。

三朝温泉の源泉らしい、さらさらした感じの肌触りです。

湯量が多いので、ホルミシス効果も期待できます。

2段階の豆狸の湯

露天風呂かじかの湯

鳥取県東伯郡三朝町三朝309

## 177 鳥取県

# 東郷温泉 旭旅館

JR山陰本線松崎駅から歩いて行けます。

住宅街の中にあり、「旭旅館ビジネス」という名前でも出ているようです。

ナトリウム－カルシウム－塩化物・硫黄塩泉です。

無色透明ですが、微かな塩味と金属臭がします。

源泉にこだわっている旅館です。

55度くらいの源泉をそのままかけ流しているので、水を入れて適温にすることができます。

少しとろみがあり、じんわりと温まってきます。

浸かった瞬間は熱さもあって少し刺激を感じますが、そのうち身体が慣れてきて、肌によく馴染む感じがします。

湯上がりは身体の芯まで温まっています。

現在は素泊まりだけです。

肌によく馴染む泉質

源泉かけ流しにこだわった旅館

鳥取県東伯郡湯梨浜町旭141

## 178 鳥取県

# 東郷温泉 湖泉閣養生館

湯量が豊富な温泉地です。

ここは浴槽が印象的で、写真は東郷湖を望むことができる「楽園の湯」という露天風呂です。

ロケーションがいいので、癒されます。

目隠しが「ぬりかべ」に見えて仕方がありません。

ナトリウム－塩化物・硫酸塩泉です。

さらさらした肌触りで、微かに温泉臭がします。

湯上がりはつるつるすべすべになります。

貸切風呂も3つあり、写真は「名月の湯」です。

少し階段を上がって東郷湖を見下ろすことができます。

これほど風光明媚な露天風呂はめったにありません。

茜色の夕陽が実に綺麗です。

楽園の湯

名月の湯

鳥取県東伯郡湯梨浜町大字引地144

## 179 鳥取県

# 岩井温泉　明石家

歴史を感じさせる老舗旅館らしい正統派の源泉かけ流しです。

元和元（１６１５）年に創業して、明治初期に再建された木造３階建ての建物は目をみはります。

内風呂の八角形の浴槽は、少し薄暗くてなかなか趣があります。

カルシウム・ナトリウム－硫酸塩泉です。

浸かると柔らかくて肌に優しい泉質です。

少しとろみがあり、湯上がりは肌がすべすべになります。

混浴の庭園露天風呂は少し浅いかなという感じがしますが、源泉の注入量は豊富です。

露天風呂の周りの庭園が見事で、高松宮が植樹された記念樹もあります。

八角形の内風呂

木造３階建ての老舗旅館

鳥取県岩美郡岩美町岩井536番地

## 180 鳥取県

# 吉岡温泉　湯守の宿　田中屋

住宅地の中に小ぢんまりした旅館が10軒ほど建ち並ぶ、鄙びた温泉地です。

木造の歴史ある旅館が多く、昭和にタイムスリップしたような感じがします。

開湯千年以上を誇る歴史があり、源泉かけ流しが多いのも特徴です。

単純泉です。

源泉は約50度あり、木造の風情ある浴槽に源泉がきちんとかけ流されています。

しっとりした柔らかい泉質で、浸かるとじわーっと温まってきます。

微かに温泉臭もします。

派手さはありませんが、しっかりした源泉かけ流しの旅館です。

「湯守の宿」にふさわしい、しっかりした湯使いの旅館です。

木造の風情ある浴槽

小ぢんまりした旅館

鳥取県鳥取市吉岡温泉町251

## 181 鳥取県

# 鳥取温泉 観水庭 こぜにや

鳥取市の街中にあり、料理も美味しくてリーズナブルな高級旅館です。

ＪＲ鳥取駅から歩いて10分ほどで行けます。

鳥取市は温泉が多く湧出していて、市内の銭湯の何か所かは温泉です。ただ、銭湯は源泉かけ流しではあるものの、塩素殺菌されているようです。

しかし、ここは自家源泉のナトリウム－硫酸塩・塩化物泉がたっぷりとかけ流されています。

少し黄色がかった色の源泉は適度な塩味にミネラルが含まれていて、飲むと美味しいです。

写真は露天風呂ですが、内風呂のほか、貸切の露天風呂と内風呂もあります。

しっとり感とつるつる感があり、湯上がりは肌が潤っています。

少し黄色がかったしっとり源泉

高級旅館の佇まい

鳥取県鳥取市永楽温泉町651

## 182 島根県

# 斐《ひ》乃《の》上《かみ》温泉 民宿たなべ

喜連川温泉（栃木県）、嬉野温泉（佐賀県）と並ぶ「日本三大美肌の湯」の一つです。

日本三大美肌の湯とは、藤田聡氏が選定したそうです。

1作目では、喜連川温泉郷から少し離れた喜連川早乙女温泉を紹介しています。

喜連川温泉と嬉野温泉は源泉かけ流しが少ない温泉地です。

ここはｐＨ９・２のアルカリ性単純泉の源泉かけ流しの温泉で、つるつる感とヌルヌル感があります。

こちらは入った瞬間、身体に膜が張ったようなヌルヌル感がして、思わず頬が緩んでしまいます。

湯がぬるめなので長湯ができます。

確かに「美肌の湯」の名に恥じない名湯です。

ヌルヌル感のある泉質

さすが日本三大美肌の湯

島根県仁多郡奥出雲町竹崎1844

## 183 島根県

# 湯の川温泉 湯元 湯の川

温泉成分を見ると、比較的保温性に優れたメタケイ酸を多く含みます。

そのためか浸かるとつるつる感とヌルヌル感があり、湯上がりは肌がすべすべになります。

さすが「歴史の力」のようなものを感じます。

ここは「湯元」という名前にふさわしく、立派に源泉をかけ流ししています。

川中温泉（群馬県）、龍神温泉（和歌山県）とともに「日本三大美人の湯」に数えられます。

日本三大美人の湯とは、大正9（1920）年に鉄道院によって作られた本の中で、「肌を白くする」という効能一覧にこの3つの温泉が含まれていたことが起源のようです。

弱アルカリ性冷鉱泉です。

確かにすべすべになります

日本三大美人の湯の一つ

島根県出雲市斐川町学頭1329-1

## 184 島根県

# かきのき温泉 はとのゆ

間欠泉で有名な木部谷温泉の近くにあります。

第三セクターですが、民間の方が運営されているようです。

含二酸化炭素－ナトリウム・カルシウム－塩化物・炭酸水素塩泉です。

茶色く濁った源泉がいい味わいです。

浴槽はこれ一つだけで、露天風呂はありません。

源泉が30度ないので沸かしていますが、かけ流しをするためにはあまりいくつも浴槽を作れないのでしょう。

安易に循環風呂にするのではなくて、源泉かけ流しをきちんとされているところが素晴らしい。

浸かると柔らかくクリーミーな源泉に癒されます。

茶色の細かい粒子がたくさん浮遊しています。

柔らかくクリーミーな源泉

温泉名の看板が印象的な建物の外観

島根県鹿足郡吉賀町柿木村柿木81

## 185 鳥取県

# さぎの湯温泉 竹葉

足立美術館のすぐ近くにある小ぢんまりした落ち着きのある旅館です。

前作では、すぐ近くの安来苑をご紹介しました。

含弱放射能－ナトリウム・カルシウム－塩化物・硫酸塩泉を加水・加温なしでかけ流しています。

内風呂と露天風呂があり、泉質名は仰々しいですが、くせのない柔らかい泉質です。

かすかにとろみがあり、肌にまとわりつくような感じがします。

浸かっていて飽きが来ない泉質で、湯上りは肌がしっとりします。

特定の温泉成分が多いという感じではなく、バランスの取れた上品な泉質です。

浸かっていると、知らず知らずのうちに時間が経っているという感じの温泉です。

木造の落ちついた浴槽

足立美術館のすぐ近くの旅館

島根県安来市古川町438

## 186 島根県

# 玉造温泉 湯陣 千代の湯

仕事で山陰に行くときの私の定宿です。

玉造温泉の中では、大変希少価値のある源泉かけ流しの旅館です。

旅館敷地内から湧出する約64度のナトリウム・カルシウム－硫酸塩・塩化物泉の自家源泉をかけ流しています。

浸かると、とろみとしっとり感を感じます。

じんわりと源泉が身体に浸透してくるようです。

これが本来の玉造温泉の泉質なんだなと思います。

写真は「千福の湯」という内風呂です。

男女交代制のもう一つの「薬師の湯」も桧造りで趣があります。

浴室と浴槽も大変レトロで凝っています。

このほか庭園を配した露天風呂もあります。

レトロな千福の湯

風情ある佇まい

島根県松江市玉湯町玉造1215-2

187
岡山県

## 奥津温泉 民宿瀬音

奥津温泉には1作目で紹介した「奥津荘」という横綱がいますが、ここは穴場です。

吉井川に面した民宿です。

地元の岡山でもあまり知られていません。

アルカリ性単純泉です。

自家源泉は38度ほどなので、冬場は少しだけ加温しています。

温泉分析書では、源泉名は城山温泉となっています。

浴槽は露天風呂と内湯が一つずつあり、露天風呂はぬるめです。

浸かると、いかにも奥津温泉的なつるつるすべすべの肌触りで、微かに硫化水素臭がします。

手で源泉をすくうととろみを感じます。

石造りの内湯は壁がコンクリート打ちっぱなしでワイルドな雰囲気です。

ぬるめのつるつる湯

湯治場の雰囲気の民宿

岡山県苫田郡鏡野町奥津22

188
岡山県

## 奥津温泉 池田屋 河鹿園

平成30（2018）年にリニューアルされ、建物も館内も洗練された雰囲気になりました。

館内には棟方志功の作品が展示されています。

写真は「かじかの湯」と大浴場です。

浴室が絵になります。

「かじかの湯」は厳かな雰囲気に浸ることができます。

大浴場は洗練された艶やかさに目を奪われます。

どちらも浴槽の縁から源泉が大量に溢れています。

奥津温泉らしい柔らかいアルカリ性炭酸水素塩泉です。

浸かるととろみを感じ、少し気泡が付きます。

鮮度のいい源泉です。

源泉温度は39度くらいでしょうか。

ぬるめの源泉が実に心地よいです。

厳かな雰囲気のかじかの湯

洗練された大浴場

岡山県苫田郡鏡野町奥津55

## 189 広島県

# 湯来温泉 国民宿舎 湯来ロッジ

広島市内とは思えないような山の中に佇む立派な建物です。

単純弱放射能温泉で、源泉温度は28・3度、pHは9・0です。

内風呂には源泉浴槽と加温かけ流し浴槽があり、右端の低温湯が源泉浴槽です。

源泉浴槽は浸かった瞬間は冷たいですが、次第にじんわりと温まってきます。

つるつる感としっとり感があり、湯上がりはしゃきっとします。

露天風呂は加温の源泉かけ流しで、浴槽から清流を望むことができます。

やはり冷たいものの、源泉浴槽が秀逸です。

つるつる感とすべすべ感が加温浴槽とは異なります。

何でもかんでも安易に加温してほしくないと思います。

右端の浴槽が源泉浴槽

露天風呂は加温の源泉かけ流し

広島県広島市佐伯区湯来町大字多田2563-1

## 190 山口県

# 川棚温泉 玉椿旅館

大正12（1923）年に大相撲の元十両力士、玉椿により創業された旅館です。

風格のある建物は国の登録有形文化財に指定されています。

川棚温泉は旅館が数軒ある、落ち着いた雰囲気の温泉地です。

大浴場と小浴場があり、いずれも大変レトロな雰囲気です。

貸切で入ることができます。

ナトリウム・カルシウム－塩化物泉です。

実に柔らかい泉質です。

肌に優しく滑らかで、じんわり温まります。

微かに塩味があります。

近くには、名物「瓦そば」のお店もあります。

立寄湯は、大相撲本場所開催期間の11時～14時（水・木定休）になっています。

レトロな大浴場

国の登録有形文化財の建物

山口県下関市豊浦町大字川棚5132

191
山口県

# 湯田温泉 松田屋ホテル

明治維新の志士ゆかりの宿として有名なホテルです。

松田屋といえば何といっても貸切の「維新の湯」に尽きます。

幕末の頃、高杉晋作、木戸孝允、西郷隆盛らがしばしば松田屋で倒幕の密議をしていたそうで、この浴槽に浸かったと言われています。

これは旅館の玄関辺りにあった幕末の頃の石造りの浴槽を移転して作ったものです。

「維新の湯」に浸かっていると、幕末の明治維新への想像力が掻き立てられます。

このほか、館内には維新の志士ゆかりの書状などが数多く飾られています。

泉質はアルカリ性単純泉で、湯田温泉のさまざまな泉質の混合泉です。柔らかくて、肌によく馴染む感じの優しい泉質です。

維新の志士ゆかりの浴槽

維新の想像力が掻き立てられます

山口県山口市 湯田温泉3-6-7

192
愛媛県

# 東予温泉 いやしのリゾート

西条市にあるアジアンテイストな温泉施設です。

宿泊もでき、部屋にも温泉があります。

バリ島のスパリゾートのイメージです。

露天風呂の「黄金の湯」が源泉かけ流しになっています。

ナトリウム‐塩化物泉です。少し緑色がかっていて、ぬるめの薄濁りです。

肌に優しい柔らかい泉質で、とても心地よい肌触りです。

つるつる感とすべすべ感があります。

身体が源泉に溶け込むような感じがします。

泉質名や温泉分析書には現れない独特の柔らかさです。

「日本でも数少ない多効能のある温泉です」と謳っていますが、肯けます。

湯上がりは肌がしっとりします。

黄金の湯という源泉かけ流し

アジアンテイストな温泉

愛媛県西条市周布687-1

193
愛媛県

# 仙遊寺　宿坊創心舎

阿防という仙人が昔ここで約40年修行をしたのち、雲と遊ぶように消えていなくなってしまったことから「仙遊寺」と名付けられました。

天智天皇の勅願により創建されたお寺です。

663年の白村江の戦いで唐と新羅の連合軍に敗れた朝廷が防御の意味を込めて創建したものだそうです。

ここには四国八十八ヶ所霊場の中で唯一源泉かけ流しの温泉があり、宿坊に泊まると入れます。

アルカリ性冷鉱泉で、源泉温度は20・2度、pHは9・1です。

単純泉ですが、炭酸水素イオンやメタケイ酸の含有量が多く、浸かるとつるつるすべすべ感があります。

いかにもご利益のありそうな泉質です。

四国八十八ヶ所の中の源泉かけ流し

仙遊寺でお遍路さん

愛媛県今治市玉川町別所甲483

194
愛媛県

# 道後温泉 湯の宿　さち家

有馬温泉（兵庫県）、白浜温泉（和歌山県）と並び、日本三古泉の一つに数えられる名湯で、実際歴史も古いのですが、源泉かけ流しが少ない印象があります。

ここと前作で紹介した「旅館常盤荘」は道後温泉の中の数少ない源泉かけ流しです。

「道後温泉本館」「椿の湯」「飛鳥乃湯泉」は源泉かけ流しですが、残念ながら塩素消毒されています。

ここは、男女それぞれ浴槽が一つずつあり、配湯される源泉を上手く使っています。

アルカリ性単純泉です。

浸かると柔らかな感触のつるつるした泉質で微かに硫化水素臭がします。

これが本来の道後温泉の歴史ある泉質なのだと思います。

道後温泉の源泉かけ流し

商店街の路地を入ったところにあります

愛媛県松山市道後湯之町13-3

## 195 愛媛県

# 山《やま》出《いだし》憩いの里温泉

ＪＲ予讃線宇和島駅からバスで1時間30分、さらにそこからタクシーで20分くらいのところにある秘境です。

アルカリ性冷鉱泉で、源泉温度は約20度です。

ｐＨは９・１なので、まあまあのレベルのアルカリ度です。

以前は町営だったそうですが、現在は第三セクターが運営しています。町営で冷鉱泉というと、大抵は循環風呂のイメージがありますが、ここは立派なかけ流しです。

加温された源泉が注入されています。

無色透明無臭ですが、浸かるとつるつる感があり、肌によく馴染みます。

温泉棟の隣にお城のような「やすらぎ交流館」があり、宿泊や食事ができます。

秘境の中の源泉かけ流し

やすらぎ交流館

愛媛県南宇和郡愛南町緑乙4082-1

## 196 高知県

# そうだ山温泉 和《やわらぎ》

秘境の中のしゃれた温泉施設です。

内風呂と露天風呂が２つありますが、木造の小ぶりの露天風呂だけがアルカリ性硫黄泉の源泉かけ流しになっています。

高知県では珍しい源泉かけ流しです。

冷鉱泉を温めているので、すべての浴槽を源泉かけ流しにするのはなかなか難しいと思います。

源泉浴槽に浸かると、その威力が分かります。

しっとり感、すべすべ感が循環風呂とは全く違います。

思わずにんまりとしてしまいます。

やはり皆さん、この源泉風呂に入りたがるようで、比較的多くのお客さんが入っています。

源泉かけ流しの小ぶりな露天風呂

秘境の中のしゃれた建物

高知県須崎市桑田山乙1122

## 197 高知県

# 香美温泉　湖畔游

秘境にありますが、建物はとても洗練されていて、館内に流れる音楽も心地よく、センスの良さを感じる温泉です。

田園の秘境によくこれだけの高級感のある旅館を創られたものだと思います。

敷地内から湧出のナトリウム－塩化物泉がかけ流されています。

源泉が24・5度なので沸かしてはいますが、泉質の良さを感じます。

茶色に濁っていて、温泉らしい金気臭がします。

きしきしした肌触りで湯上がりはしっとりします。

温泉分析書では、湧出量が毎分23リットルですが、安易に循環風呂にせず、少しでも本物に近い源泉を提供しようという姿勢が素晴らしいと思います。

源泉かけ流しを追求した内風呂

自然の中の高級感あふれる建物

高知県香美市香北町有瀬100

## 198 高知県

# 四万十源流癒しの里　郷麓温泉

高岡郡津野町のアクセス困難な秘境にあります。

山の中の一軒宿です。

しゃれた外観の建物で、建物内も快適です。

浴槽は「ひのきの湯」と「離れの湯」の2か所あり、どちらも貸切です。

宿泊者は時間を予約して入ることになります。

アルカリ性単純硫黄泉です。

さらさらした肌触りで、しっとり感があります。

微かに硫化水素臭がします。

湯上がりはつるつるで爽快です。

時間制の貸切なので、源泉に浸かる有り難みがあります。

ただ、私のように好きなときに好きなだけ源泉かけ流しの温泉に入りたいという人には少しフラストレーションがたまるかもしれません。

貸切の源泉かけ流し

山の中のしゃれた建物

高知県高岡郡津野町北川8308

## 199 高知県

# 海癒

土佐くろしお鉄道の中村駅からバスで行けます。

ちなみに、中村市は西土佐村と合併して現在は四万十市になっています。

ナトリウム－塩化物・炭酸水素塩泉です。

30度弱なので加温しています。

浴槽の中のバルブを捻ると加温された熱めの源泉が出てきます。

浴槽は貸切のものが一つだけです。

浸かった瞬間、とろとろでヌルヌルの肌触りを感じます。

底がずるっと滑るほど濃厚で、レベルの高い個性的な泉質です。

海を眺めながら贅沢な気分を味わえます。

湯治目的の方が多いそうで、湯治場とゲストハウスが合体したようなイメージです。

湯治場の風情がある浴槽

ゲストハウス的な建物

高知県土佐清水市大岐の浜2777-12

## 200 福岡県

# 博多温泉 富士の苑

カルシウム・ナトリウム－塩化物泉です。

45・5度の源泉が毎分100リットル湧出しています。

微かな薄濁りのまったりした泉質です。

肌触りはきしきしした感じで、微かに硫化水素臭がします。

この旅館では、お客さんが来てから源泉を一気に9分目まで溜める「一気風呂」という独特の方法で温泉を提供しています。

そのため、新鮮な源泉に入ることができます。

新鮮な源泉は最初は肌に刺激がありますが、そのうち馴染んできます。「一気風呂」は密室の源泉かけ流しなので、源泉のエネルギーと香りを身体で吸収できます。

街中とは思えないような源泉力のある旅館です。

新鮮な源泉かけ流しの内風呂

建物の入口

福岡県福岡市南区三宅3-19-7

201 福岡県

## 筑後川温泉 ふくせんか

近くの原鶴温泉と同様、源泉かけ流しが多く、大好きな温泉地です。

アルカリ性単純硫黄泉で、源泉温度は45・5度、pHは8・7です。

露天風呂からは筑後川が望めます。

浸かった瞬間、源泉のとろみを感じます。

「ミルキィの湯」と名乗るだけのことはあり、つるつる感とヌルヌル感が強いです。

化粧水代わりになるということにも十分頷けます。

また、飲泉はたまご臭がして、濃厚なたまごスープのような味です。

白い湯の華もたくさん舞っています。

内風呂もあり、大きめの浴槽に源泉が惜しげもなくかけ流されています。

化粧水のような源泉

温泉街に佇む建物

福岡県うきは市浮羽町古川1099-8

202 福岡県

## 二日市温泉 大観荘

『万葉集』に謳われた歴史のある温泉です。

3階展望浴場と地下大浴場があり、どちらも源泉かけ流しです。

アルカリ性単純泉で、しっとりすべすべの泉質です。

微かに硫化水素臭がし、湯の華も舞っています。

二日市温泉は、ある旅館が浴槽水を条例に従って替えていなかったことが問題になりました。

そこの大浴場はいわゆる半循環だったので、7日に1回以上は換水しないといけなかったのです。

ここは入浴は24時までで、そこから湯を抜いて清掃をして源泉を貯めます。

朝一番に浸かった源泉はとろとろで感動しました。

3階展望浴場

地下大浴場

福岡県筑紫野市湯町1-12-1

## 203 福岡県

# 吉井温泉　ニュー筑水荘

原鶴温泉の近くですが、泉質は異なり、こちらはナトリウム－炭酸水素塩泉です。

昭和31（1956）年に発見された比較的新しい温泉地です。

昭和の香りがするレトロな雰囲気の旅館は、建物こそ少し年季が入っていますが、きちんとメンテナンスされています。

富士山と河童の絵が渋い内風呂の広めの浴槽に、加温・加水なしの源泉が勢いよくかけ流されています。

泉質が個性的で、深緑色に濁っています。

浸かるときしきし感とつるつる感を同時に感じ、硫化水素臭がします。

泉質が濃厚なので、長湯をすると疲れます。

露天風呂は石造りで、ここも深緑色に濁っています。

大きめの内風呂

深緑色に濁っています

福岡県うきは市吉井町千年596

## 204 佐賀県

# 古湯温泉　つかさ

この温泉地には、前作で紹介した「東京家」のように源泉かけ流しの旅館がいくつかあります。

アルカリ性単純泉でpHが9・5です。

かなりのアルカリ度です。

源泉は約38度ですが、それをそのままかけ流しています。

ぬる湯が実に快適です。

長湯ができて、源泉のパワーを身体でじっくりと吸収できます。

浸かるとトロみがあって、つるつる感がすごい。

なかなか出たくないと思わせる泉質です。

湯上がりは心身ともにリフレッシュできています。

さすが！　と唸らせる泉質です。

浴室の浮世絵も渋いです。

小ぢんまりした旅館で、もてなしが素晴らしいです。

ぬる湯の源泉浴槽

建物の外観

佐賀県佐賀市富士町大字古湯865

## 205 長崎県
# 小浜温泉　伊勢屋

この温泉地は素晴らしいです。

なんと言っても湯量が多い。加えて湯煙がたくさん上がっています。

別府温泉に次ぐ湯煙ではないかと思います。

ナトリウム－塩化物泉です。

源泉温度が105度あるため、加水しているところが多いのですが、ここは湯雨竹《ゆめたけ》を通して温度を上手く下げています。

また、よくある薄っぺらい塩化物泉ではなく、ミネラル豊富な塩味で、飲泉すると実に美味い。

しっとりつるつるで、よく温まります。

露天風呂から轟々と源泉が溢れるさまは感動を覚えます。

つぼ湯からも源泉が溢れて浴室の床に溜まっています。

湯雨竹を通した源泉かけ流し

つぼ湯の足元にも源泉が流れています

長崎県雲仙市小浜町北本町905

## 206 長崎県
# 小浜温泉　旅館　山田屋

小浜温泉の中では、比較的小ぢんまりした感じの旅館です。

展望露天風呂の「落日《いりひ》の湯」から眺める夕陽が絶景です。橘湾に沈む夕陽は1秒ごとに色彩が変化し、思わず目を奪われます。

一日の終わりと同時に、人生の儚さのようなものを感じてしまいます。

このほか「ギヤマンの湯」という内湯もあります。ガラス細工の美しさに目を奪われます。

小浜温泉のとろみのあるナトリウム－塩化物泉をきちんとかけ流しています。

つるつる感とじんわり感を同時に感じることができます。

コンパクトに源泉かけ流しの温泉が楽しめる、好印象の旅館です。

展望露天風呂の落日の湯

ギヤマンの湯

長崎県雲仙市小浜町北本町905-7

## 207 長崎県

# 雲仙温泉 丸登屋旅館

温泉街から少し離れた共同湯の小地獄温泉館の入口にあります。

ちなみに、雲仙温泉には「雲仙よか湯」「新湯温泉館」「湯の里温泉共同浴場」の共同湯があります。

温泉力の高い温泉地で、灰色に濁った単純硫黄泉（硫化水素型）がかけ流されています。

しばらく人が入っていないと表面に硫黄分の白い膜が張るほど濃厚な泉質です。

シンプルな浴槽が男女一つずつあります。

浴室に入った瞬間、強烈な硫化水素臭に包まれます。

少し熱めで、浸かるとさらさらした肌触りながら、ピリッと刺激を感じます。

建物も浴槽も鄙びていて、いい湯治場の雰囲気のある、いい旅館です。

濃厚な硫黄泉

湯治場風の建物の外観

長崎県雲仙市小浜町雲仙467

## 208 長崎県

# 湯ノ本温泉 国民宿舎壱岐島荘

建物や浴槽は国民宿舎らしく、控え目というより簡素です。

昭和44（１９６９）年9月10日に当時の皇太子殿下と妃殿下が宿泊されました。

そもそもここ湯ノ本温泉には、神功皇后が三韓征伐のときに立ち寄って応神天皇の産湯に使ったという逸話があります。

写真でお分かりのとおり、源泉の湯量が半端ではありません。

ただ、常時この状態ではなく、源泉を枡に溜めてそれがいっぱいになるとドバドバとなります。

大体15分おきに5分ほどドバドバが続きます。

ナトリウム－塩化物泉の源泉です。

鉄分と塩分を多く含んだ濃厚な泉質です。

本物のドバドバ感

皇太子殿下もお泊まりになられました

長崎県壱岐市勝本町立石西触101

209
長崎県

## 九十九島温泉　九十九島シーサイドテラスホテル&スパ　花みずき

西海国立公園の中にある大型のホテルです。

含鉄−ナトリウム・カルシウム・マグネシウム−塩化物冷鉱泉です。

温泉分析書を見るとナトリウムなどすべてのイオンの濃度が高いことに驚きます。

源泉温度約20度の源泉浴槽があります。

これほど濃いこげ茶色の源泉は珍しいです。

浸かると温泉成分がじわーっと身体全体から染み込んでくるようで、あまり冷たさを感じません。

錆の匂いが強烈で、塩分濃度もかなり強いです。

身体がひりひりするくらいの塩分が濃厚な泉質です。

ほかに加温浴槽もありますが、これもかけ流しです。

さらに「潮湯」という、海水を温めた浴槽もあります。

濃いこげ茶色の源泉浴槽

加温浴槽も濃厚です

長崎県佐世保市鹿子前町1129

210
長崎県

## 島原温泉　ホテル　南風楼

創業100余年の歴史を誇るゴージャスな老舗ホテルです。

廊下に偉人の格言を並べています。

マグネシウム・ナトリウム−炭酸水素塩泉です。

元池源泉と観音島源泉の混合泉を用いているようです。

有明海を眼下に望む露天風呂が格別です。

まるで海に浮かんでいるような感じになります。

心地よい海風に当たりながら浴槽に浸かると、つるっとした肌触りです。

湯上がりのしっとり加減に上品な泉質であることを実感します。

露天風呂以外にもさまざまな浴槽があります。

これほどの大型ホテルで、きちんと高品質の源泉かけ流しをしていることに驚きます。

有明海を望む露天風呂

ゴージャスなホテル

長崎県島原市弁天町2-7331-1

## 211 熊本県

# 菊池温泉 栄屋旅館

菊池神社の参道の横にあります。

本館と別棟に浴槽があり、いずれもアルカリ性単純泉のとろっとろの泉質です。

pH9・33で、源泉温度は44・9度です。

本館の浴槽は小さめの浴槽に源泉が大量にかけ流されています。

これぞ菊池温泉の源泉というつるつる感がたまりません。

うとうとするくらい心地良い温泉です。

飲泉は少し甘い感じがします。

別棟の展望風呂は大きめで、半円形で浮風呂（ジェットバス）があります。

ここも源泉かけ流しです。

個人的には、浴槽に比べて源泉量が多い本館の浴槽の方が好きです。

とろっとろの泉質

菊池神社の参道の隣にあります

熊本県菊池市隈府1373

## 212 熊本県

# 天草下田温泉 泉屋旅館

明治17（1884）年創業の老舗旅館です。

小ぢんまりした素朴な旅館です。

「泉屋旅館」という名前は全国に何か所かありますが、源泉かけ流しが多い印象があります。

本書でも「梅ヶ島温泉泉屋旅館（静岡県）」、「菊池温泉泉屋旅館（熊本県）」を紹介しています。

自家源泉の単純泉に浸かると、とろみがあり、まったりと肌にまとわりつきます。

微かに硫化水素臭がします。

湯上がりは肌が生き返ったような感じがします。

良質の源泉をお客に提供するという、当然のことをきちんと行っている好印象があります。

良質の源泉をきちんとかけ流し

小ぢんまりした素朴な旅館

熊本県天草市天草町下田北1297-1

## 213 熊本県

# 植木温泉 和風旅館 鷹《たか》の家《や》

落ちついた感じの和風旅館で、癒されます。
薄濁りのアルカリ性単純硫黄泉です。
植木温泉はかけ流しが多く、泉質が滑らかないい温泉地です。
ここは、その中でも特に泉質が素晴らしく、浸かった瞬間ヌルヌル感に驚きます。
鳴子温泉郷の中山平温泉のような独特のヌルヌル感があります。

身体に膜が張ったような感じさえします。
全国でも屈指ののヌルヌル感です。
硫化水素臭と石膏臭がします。
あまりの心地よさに時間が経つのを忘れます。
湯上がりは肌が引き締まり、若さを取り戻したような感じがします。

全国有数のヌルヌル感

落ちついた感じの旅館

熊本県熊本市北区植木町米塚26-2

## 214 熊本県

# 平山温泉 すやま温泉

平山温泉元湯から少し奥に入った、橋を渡った閑静なところにあります。
自家源泉の旅館が多い、のどかで雰囲気の良い温泉地です。
アルカリ性単純硫黄泉です。
ここは中でも一番源泉が濃い感じがします。
「美肌の湯」といわれるだけあって、つるつるヌルヌル感が強いです。

大袈裟なようですが化粧水のような感じがします。
浸かると、身体に泡が付きます。
源泉の新鮮さがよく分かります。
硫化水素臭は実に芳ばしく、飲泉も美味いです。
浴室に飲泉用のコップがかけられています。
飲泉すると身体の中から綺麗になる感じがします。

平山温泉の中でも泉質はぴかいち

閑静なところにあります

熊本県山鹿市平山56-2

## 215 熊本県

# 三浦屋温泉 ビジネスホテル

ナトリウム－炭酸水素塩・塩化物泉です。

人吉温泉とは名乗っていませんが、人吉市にあり、泉質的にも人吉温泉です。

球磨川のほとりにあります。

外観は普通のビジネスホテルで、このような本格的な温泉があるようには見えません。

浴室へはホテルの外から入ります。

階段を降りると地下に3つに仕切られた浴槽があります。

見事なまでの黒色のモール泉です。

湯量豊富な上につるつる感がすごく、湯上がりはしっとりすべすべです。

人吉温泉の中でも源泉の色の濃さとつるつる感は現在復興中の新温泉と同じくらいのレベルです。

見事なまでの黒色のモール泉

外観はビジネスホテル風です

熊本県人吉市五日町17

## 216 熊本県

# 杖立温泉 葉隠館

ナトリウム－塩化物泉です。

源泉温度が98度で、pH9・0の源泉です。

湯量の多さと源泉の力を感じます。

杖立川の川沿いの温泉街の一番奥にあります。

浴槽が斬新で、前方後円墳型の浴槽にミロのビーナスが立っています。

浸かると、しっとりすべすべの泉質です。

メタケイ酸の含有量の多さを感じ、源泉にとろみを感じます。

木造4階建てのレトロな建物で、作家・火野葦平ゆかりの宿です。

ここは薬膳料理にも凝っています。

杖立温泉は温泉地としての侘び寂びが素晴らしい。

心が疲れたときに行くと、本当に癒されます。

かなり個性的な浴槽

川沿いの温泉街の奥にあります

熊本県阿蘇郡小国町下城3336

## 217 熊本県

# 杖立温泉 純和風旅館 泉屋

杖立温泉は開湯1800年を誇る歴史のある温泉地です。

杖立川の両岸に旅館が立ち並ぶ風情のある温泉地で、温泉力の高いエリアです。

湯量豊富で源泉かけ流しも多いので、好きな温泉地です。

ナトリウム－塩化物泉で、源泉温度は98度もあります。

浸かると源泉がしっとり肌に馴染みます。

メタケイ酸が多く、保湿効果が高いので肌はつるつるになります。

写真は「岩の湯」と名付けられた風情のある浴槽です。

和のテイストがあり、癒されます。

このほか巨石を配した「石の湯」、貸切風呂、蒸し風呂もあります。

源泉温度の高さと湯量の多さを上手く生かしている温泉です。

風情ある岩の湯

和風のしゃれた旅館

熊本県阿蘇郡小国町下城4179

## 218 熊本県

# はげの湯温泉 旅館 山翠

すぐ近くの岳の湯温泉と同様、湯煙があちらこちらで噴き上げている温泉力の高い温泉地です。

1作目でははげの湯温泉から「豊礼の湯」を、前作では「湯宿小国のオーベルジュわいた館」を紹介しました。

ここは浴槽の種類が多く、それぞれナトリウム－塩化物泉がかけ流されています。

洞窟風呂も内湯も露天風呂もなかなか趣があり、とりわけ男湯露天風呂のブルーが綺麗です。

露天風呂に太陽光が当たって、源泉に多く含まれているメタケイ酸のコロイドが波長の短い太陽光を反射するのだと思います。

洞窟風呂もなかなか凝った造りです。

このほか、混浴露天風呂「仙人の湯」などがあります。

ブルーの男湯露天風呂

凝った造りの洞窟風呂

熊本県阿蘇郡小国町西里3044

219
熊本県

## 黒川温泉　黒川荘

黒川温泉の中では高級感のある旅館です。

「天ケ瀬温泉山荘天水」と同じ経営といえばお分かりいただけるかもしれません。

湯量豊富なナトリウム－塩化物・炭酸水素塩・硫酸塩泉です。

内風呂と露天風呂が2か所ずつで、家族風呂が3つあります。

露天風呂の青白く濁った湯が綺麗です。

びょうぶ岩の絶景を見ることができます。

温泉成分が濃いとこういう感じの色合いになります。

もう一つの露天風呂のきり湯は源泉が異なるのか、色が茶色でした。

泉質が濃いと少し条件が異なるだけで源泉の色が変わることがあります。

青白く濁ったびょうぶ岩露天風呂

きり湯は茶色でした

熊本県阿蘇郡南小国町満願寺6755-1

220
熊本県

## 黒川温泉　南城苑

黒川温泉は各旅館が自家源泉を持っており、個性的な泉質を楽しめます。

その中でも、こちらの泉質は折り紙付きです。

黒川温泉の中心部にあります。

小ぢんまりしたように見える旅館ですが、中は結構広いです。

黄緑色に濁ったナトリウム－塩化物・硫酸塩泉です。

きしきしした肌触りで、温泉成分がじんわりと染み込んでくるようです。

金属と焦げたゴムの混じったような独特の匂いがあります。

黒川温泉の中では珍しい泉質です。

内風呂では源泉が凝固していて、温泉成分の濃厚さを感じます。

黄緑色に濁った露天風呂

温泉成分が凝固した内風呂

熊本県阿蘇郡南小国町満願寺6612-1

## 221 熊本県

# 黒川温泉 湯本荘

黒川温泉は、約30軒の旅館と7つの泉質を持つ温泉地で、単純鉄温泉（含鉄泉）はここだけです。

「かじかの湯」という川を見下ろす露天風呂のロケーションが格別です。

石風呂と木製の浴槽があり、湯は少し黄色がかっています。

さらさらした感触と身体にまとわりつくような重みが同居しています。

鉄の香りも感じます。

身体にじんわりと温泉成分が染み込んでくるのが分かります。

このほか、「あじさいの湯」という山里の雰囲気が味わえる露天風呂もあります。

さらには、内風呂と3つの貸切風呂もあります。

源泉の泉質と趣向を凝らした浴槽にこだわった実力派の旅館です。

黄色がかった「かじかの湯」

黒川温泉で唯一の単純鉄温泉

熊本県阿蘇郡南小国町満願寺6700

## 222 熊本県

# 幸徳温泉

山鹿市にありますが、山鹿温泉街からは少し離れています。

建物は少し鄙びたレトロな感じです。

24時間営業でカプセルホテルもあるそうです。

自販機で入浴券を買いますが、カウンターに誰もいないとそこに置いて入ります。

館内には演歌が流れています。

アルカリ性単純泉です。

内風呂は熱めからぬるめまで3段階に分かれていて、手前から順に熱め、普通、ぬるめになっています。

露天風呂はぬるめでした。

山鹿市の温泉特有のヌルヌルつるつる感があります。

肌を滑らかに滑るような心地よさです。

皆さん、源泉にじっくり浸かっています。

ぬる湯のつるつる湯

露天風呂もぬるめ

熊本県山鹿市長坂117

## 223 熊本県

# 小田温泉　山しのぶ

昭和50（1975）年に開湯された比較的新しい温泉地です。

黒川温泉から車で5分ほどの山の中にあり、6軒の個性的な旅館や民宿のほか、蕎麦処や物産館もあります。

ここは自然環境に恵まれた高級感のある旅館です。

泉質はメタケイ酸の含有量が多いナトリウム－炭酸水素塩・塩化物・硫酸塩泉です。

広めの露天風呂は、自然の中に溶け込むように造られていて風情があります。

浸かるときゅっきゅとしたつるつる感があり、湯上がりは肌がしっとりします。

微かに硫化水素臭もします。

木々の中でゆっくり癒される広々とした露天風呂のほか、内風呂と4か所の貸切風呂があります。

木々の中の露天風呂

高級感のあるエントランス

熊本県阿蘇郡南小国町満願寺5960

## 224 大分県

# 宝泉寺温泉　民宿　たから温泉

川沿いに旅館が点在する山間ののどかな温泉地です。

全体的に鄙びていて、癒されます。

温泉地の中に70か所を超える泉源があり、毎分2000リットル以上もの源泉が湧出する源泉かけ流しの多いところです。

ここは風情のある露天風呂のほか、家族風呂が何か所かあります。

無色透明のアルカリ単純泉はさらさらした肌触りで、微かにとろみとつるつる感があります。

微かに温泉臭もします。

実に肌に優しい泉質です。

泉質自体に強烈な特徴はありませんが、それがかえって落ち着きます。

周りの自然環境の良さも癒しに貢献していると思います。

肌に優しい泉質

風情のあるエントランス

大分県玖珠郡九重町大字町田1906-4

## 225 大分県

# 川底温泉　螢《けい》川《せん》荘《そう》

名前のとおり川底から単純泉が湧出していて、浴場が源泉の上に建てられています。

菅原道真が刺客から逃れて身を隠したときに発見されたと言い伝えられる、歴史のある温泉です。

浴室の床が石造であることに加え、浴槽に玉石を敷いていて、玉石の間から源泉が湧いています。

写真は「上の湯」で、ほかに「中の湯」もあります。

以前は浴槽が段々になっていましたが、リフォームされました。

建物は綺麗になりましたが、秘湯感はそのままです。

浸かると身体にまとわりつくような泉質の濃さを感じます。

きしきしした肌触りで、湯上がりはさっぱりします。

玉石の間から源泉が湧出

秘湯感のある温泉

大分県玖珠郡九重町菅原1453

## 226 大分県

# 湯坪温泉　御宿　泉水

のどかな田園地帯にあります。

昭和50（1975）年代に地元の農家が民宿を始めたのがきっかけで、約20軒の民宿があります。

どこか心が癒される温泉地です。

ここには5つの貸切風呂があります。

写真は「浴房夢泉水」という湯小屋の左側にある「檜の湯夢きぶん」と名付けられた浴室です。

少し薄暗くて、民芸調の独特の雰囲気です。

その名のとおり檜造りで風情のある浴槽です。

単純硫黄泉で、つるつる感がありじんわりと温まります。

微かに硫化水素臭がします。

時間の経つのを忘れてしまうくらいの心地よい温泉です。

檜造りの風情ある貸切風呂

「浴房夢泉水」という湯小屋

大分県玖珠郡九重町大字湯坪1037

## 227 大分県

# 別府温泉 松《まつ》亀《き》荘

JR別府駅から歩いて10分ほどのところにあります。

別府温泉は鉄輪温泉や明礬温泉など8つの温泉地から成りますが、ここは別府温泉の中心になります。

街中の旅館です。

ナトリウム−塩化物・炭酸水素塩泉です。

大正時代から続く歴史のある旅館です。

浸かると、身体にまとわりつくような泉質の力強さを感じます。

さすが別府の湯という感じの温泉力です。

浸かると、少し潮の香りがします。

飲泉すると甘苦いテイストです。

きしきしした肌触りです。

湯上がりは驚くほど肌がしっとりしています。

歴史を感じさせる浴槽

別府市内の街中の旅館

大分県別府市北浜2-12-21

## 228 大分県

# 筋湯温泉 朝日屋旅館

ここは「岩ん湯」や「薬師湯」などがある温泉街から少し坂を上ったところにあります。

筋湯温泉は「筋の病に効く」ということからそう呼ばれるようになった歴史のある温泉です。

ここは浴槽が凝っていて、洞窟温泉岩風呂のほか、展望風呂、露天打たせ湯、石風呂、五右衛門風呂など7つもあります。

特に、洞窟温泉岩風呂は露天風呂の中の岩が洞窟になっていて、珍しい造りです。

初めて行くと何が出てくるか分からない面白さがあり、湯巡り感覚で楽しめます。

浴槽の多さはとりも直さず湯量の多さがなせる技です。

源泉は肌に滑らかな柔らかい塩化物泉です。

洞窟温泉岩風呂

野趣あふれる石風呂

大分県玖珠郡九重町湯坪761

## 229 大分県

# 別府鉄輪温泉 旅館 さくら屋

別府八湯の中でも、ここ鉄輪温泉は湯煙が至るところで立ち上っていて、温泉力が強いエリアです。

小ぢんまりとした旅館ですが、古き良き旅館のイメージです。

温泉密集地の中にあって、ひときわ存在感を示しています。

2つの浴槽があり、いずれも貸切で入れます。

小さめの浴槽ですが深さはあり、ナトリウム－塩化物泉をそのままかけ流しています。

初めは刺激を感じますが、すぐに慣れてきます。

鉄輪の源泉らしい、肌を溶かすようなヌルヌル感がします。

少し浸かっただけで、身体がぐにゃっとなるような疲労感を感じます。

鉄輪の湯力を実感します。

温泉のパワーを感じます

鉄輪の小ぢんまりした旅館

大分県別府市鉄輪229-2

## 230 大分県

# 別府鉄輪温泉 御宿温泉閣

鉄輪温泉が湯治場として発展する礎を築いた一遍上人の開いた宿坊が前身という、なんとも有難い温泉です。

鉄輪温泉の中でも屈指の老舗旅館です。

それでいて宿泊料金がリーズナブルなところも魅力です。

自家源泉のナトリウム－塩化物泉をそのままかけ流しています。

鉄輪温泉自体、身体にまとわりつくようなパワーのある泉質ですが、中でもここは群を抜いています。

浸かった瞬間、身体が浄化されるような独特の感触があり、湯上がりは心地よい疲労とさっぱり感がします。

内風呂と露天風呂がありますが、内風呂のレトロさがたまりません。

窓のすぐ外に源泉があり、そこから源泉を引いています。

レトロな内風呂

歴史を感じさせる佇まい

大分県別府市鉄輪風呂本1組

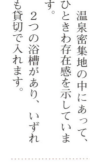

231
大分県

## 別府みょうばん温泉
# 別府温泉保養ランド

過去2冊の自著では紹介していない、全国的に有名な泥湯です。

単純硫黄泉で、温度は42・4度、pHは3・3です。

混浴の鉱泥露天風呂、屋内鉱泥風呂、コロイド浴槽があります。

名物の泥湯のもとになる鉱泥は、適度な噴気、腐食粘土質、ミネラル水の3つの条件が合わさって生み出されます。

鉱泥風呂は温泉成分の比重が高いせいか、身体が浮くような感じがします。

鉱泥露天風呂は以前は膝の上までぐにゃっと泥に埋まるような感覚がありましたが、最近はそこまで泥が溜まっていません。

コロイド浴槽は泥湯ではありませんが、濃厚な硫黄泉です。

混浴の鉱泥露天風呂

コロイド浴槽

大分県別府市明礬5

232
大分県

## 由布院温泉
# 野《の》蒜《びる》山荘

温泉街からは少し離れた山の方にあります。

しゃれたエントランスはインパクト大です。

暖簾をくぐって少し階段を歩くと本館です。

由布院温泉は単純泉が多いのですが、ここは「東ノ間」や「ゆふいん泰葉」などと同じナトリウム－塩化物泉で、少しコバルトブルーがかっています。

浸かると肌がつるつるし、少し生臭いような独特の温泉臭がします。

由布院のいわゆる青湯の特徴です。

小ぢんまりした旅館ですが、露天風呂と内湯のほかに、貸切風呂が3つあります。

露天風呂は周りに植物が植えられていてしゃれています。

コバルトブルーがかった源泉

山の中のしゃれた建物

大分県由布市湯布院町川上786-6

## 233 大分県

# 天ヶ瀬温泉 山荘天水

天ヶ瀬温泉は、令和2（2020）年7月の水害で多大なダメージを被りましたが、地域住民や観光客らの支えにより、力強く復興しています。

川沿いに露天風呂が点在する最高の温泉地の一つです。

ここは川沿いの温泉街から少し離れた山の中にある高級旅館です。

ただ、高級旅館の割にはリーズナブルです。

単純泉ですが、硫黄の香りのするすべすべの泉質です。

露天風呂を2つ挙げましたが、その源泉を上手く使って、合計9つの風情のある浴槽にかけ流されています。

高級旅館は、往々にして泉質でがっかりすることが多いのですが、ここは源泉を大切にしていると感じます。

すべすべの泉質

しゃれたエントランス

大分県日田市天瀬町桜竹601

## 234 宮崎県

# 京町温泉 玉泉館

京町温泉は温泉地としては少し鄙びていますが、源泉かけ流しが多い大好きな温泉地です。

中でもここは有数の老舗で、建物もてなしも洗練されています。

とんがり屋根の建物が印象的です。

「すっぽんぽん風呂」と名付けられた洞窟露天風呂が素晴らしい。

アルカリ性単純泉です。少し青みがかって見え、目にも鮮やかな露天風呂です。浸かると少しとろみを感じます。

肌に滑らかな泉質です。写真では分かりにくいですが、浴槽の縁から大量に源泉が溢れています。

このほか、内湯と貸切風呂もあります。

源泉湯量の多さを感じます。

すっぽんぽん風呂

洗練された旅館

宮崎県えびの市向江647-1

## 235 宮崎県

# 白鳥温泉　上湯

征韓論に敗れて下野した西郷隆盛が約3か月逗留したという温泉地です。

単純酸性泉です。

近くの山で温泉蒸気が噴き上がる「地獄」があり、そこから引いている源泉です。

展望露天風呂は眺望が素晴らしく、えびの市の風景が眼下に広がります。

茶色く濁った弱酸性の源泉です。

硫化水素臭がして、酸味と苦みがあります。

浸かるときしきしした肌触りですが、湯上がりはしっとりします。

近くに、「地獄」の蒸気を利用した天然蒸し風呂もあります。

歩いて15分くらい下ったところに下湯があります。

眺望のよい露天風呂

上の湯の外観

宮崎県えびの市末永1470

## 236 鹿児島県

# 湯之尾温泉　民宿ガラッパ荘

入口で出迎えてくれるガラッパ（土地の言葉で「カッパ」のことです）のインパクトに加え、独特の雰囲気があります。

ナトリウム-炭酸水素塩泉です。

少し黄緑がかっていて、とろみがあってまったりした泉質です。

源泉は配管から勢いよくかけ流されています。

浸かると肌触りはきしきししています。

石膏臭がします。

浴槽の縁には温泉成分が凝固しています。

個性的な泉質です。

内風呂のほか混浴露天風呂があり、ゴールデンウィークにはたくさんの鯉のぼりが泳いでいます。

とろみがありまったりしています

ガラッパがいます

鹿児島県伊佐市菱刈川北2713-11

## 237 鹿児島県

# 指《いぶ》宿《すき》温泉　休暇村指宿

ナトリウム－塩化物泉です。ここは、他の指宿温泉の源泉に比べて、ミネラルが豊富で、緑白色に濁っています。内風呂と露天風呂、砂むし温泉があります。

きしきしした肌触りです。

じんわりと温まってきて、なかなか汗が引きません。

海水とゴムを焦がしたような匂いがします。

飲泉すると出汁が利いたような感じでなかなかの美味です。

露天風呂からは錦江湾が見えます。

また、砂むし温泉は広くて快適です。

じんわりと地熱が伝わってきて、汗びっしょりになります。

源泉湯量が多い、好印象の旅館です。

緑白色に濁った露天風呂

砂むし温泉

鹿児島県指宿市東方10445

## 238 鹿児島県

# 指宿温泉　温泉宿　元屋

この鄙びた感じはなかなかありません。

本物の湯治場です。

湯屋は建物の外にあり、男女一つずつ浴槽があります。

風情のある浴槽に、深い緑色がかったナトリウム－塩化物泉の源泉がかけ流されています。

湯の華が舞っています。

指宿温泉の源泉は単にしょっぱいだけでなく、甘みも感じます。

飲んで美味しい源泉です。

浸かるとしっとり感が強い。

指宿温泉独特のしっとり感です。

身体の奥までじんわり温まってきます。

源泉が熱いので、冷ますために湯口のところに扇風機が置かれています。

鄙びた浴場の極み

旅館入口に湯屋があります

鹿児島県指宿市湯の浜5-19-4

## 239 鹿児島県

# 吹上温泉 湖畔の宿 みどり荘

鄙びた温泉地の中のしゃれた建物です。

自家源泉と源泉かけ流しにこだわりのある旅館です。

湖畔に佇む露天風呂が素晴らしく、実に開放感があります。

浸かるとピリッとした刺激を感じますが、すぐに慣れてきます。

とろみのある濃厚な単純硫黄泉です。

さまざまな温泉成分が溶け込んでいる感じがします。

じわーっと温泉成分が身体に染み込みます。

日によってはエメラルドグリーンなど色が変わります。

白と黒の湯の華も舞っています。

自家源泉2本と配当源泉1本を加温・加水なしで、社長自ら湯量を調整してかけ流しています。

濃厚な源泉かけ流し

しゃれたエントランス

鹿児島県日置市吹上町湯之浦910

## 240 鹿児島県

# 吹上温泉 もみじ温泉

吹上温泉にはいくつかの旅館がありますが、どこもかけ流しで、いい温泉地です。

かの西郷隆盛も湯治に訪れたそうです。

エメラルドグリーンの単純硫黄泉で、少し緑がかっています。

白濁はしていませんが、硫黄泉の王道と言っていいと思います。

源泉はオレンジ色のタイルの浴槽にかけ流されていて、浸かると初めはピリッと刺激を感じて肌がひりひりします。

湯触わりはきしきしした感じで、しばらくすると皮脂が溶けるような感じがするくらいの強烈な温泉です。

温泉成分が身体に染み込む感じがして、湯上がりは身体が引き締まったような感じがします。

エメラルドグリーンの源泉

湯治場のいい雰囲気が出ています

鹿児島県日置市吹上町湯之浦2503

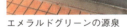

## 241 鹿児島県

# 岩戸温泉

住宅街の中にあり、入口が少し分かりにくいです。

入口の温泉マークとその下の岩戸の文字が印象的です。

素泊まりもできて、家族風呂もあるようです。

微かに緑色がかったナトリウム－炭酸水素塩泉です。

浸かるとヌルヌル感としっとり感に驚きます。

源泉にとろみを感じ、実に柔らかくて滑らかな肌触りです。

芳しい温泉臭もします。

内風呂と露天風呂があり、内風呂は岩が上手く配置されていて、なかなか趣があります。

浴室の中は広くて、地元の方で賑わっています。

湯量が多く、シャワーまで温泉です。

岩が見事に配置された内風呂

地元の方で賑わっています

鹿児島県霧島市国分姫城3261

## 242 鹿児島県

# 季《とき》一《いち》湯《ゆ》

JR日豊本線隼人駅から妙見温泉に行く少し手前にあります。

このエリアは「かれい川の湯」などの家族湯がいくつかあります。

自然湧出した約45度のナトリウム・カルシウム－炭酸水素塩泉をそのままかけ流しています。

家族風呂は9つあり、それぞれ趣向を凝らしています。

私が入った家族風呂は内湯と露天風呂があり、ご主人から「露天風呂に滑り台があるよ」と言われていました。

しかし、滑り台というよりも口径の大きな配管がありました。

台に上がって滑ろうとしましたが、身体が挟まって動けなくなりそうだったのでやめました。

滑り台？のある露天風呂

良質の源泉かけ流し

鹿児島県霧島市隼人町嘉例川4475

高品質の源泉かけ流しの内風呂

243
鹿児島県

# 妙見温泉 素泊まりの宿 きらく温泉

「一番好きな温泉はどこですか？」と聞かれることがあります。

「たくさんあるので分からないですね」などと答えることが多いのですが、頭の中ではいくつかイメージしている温泉があり、ここはその一つです。

何より泉質が良いです。

炭酸水素塩泉、ナトリウム・カルシウム－塩化物泉です。

ひと言で言えば、濃厚でまとわりつくような泉質です。

緑白色に濁って、金属臭とゴムの焦げた匂いがしますが、しっとりすべすべです。

温泉成分が濃いので、源泉がそこら中で凝固しています。

建物は老朽化していますが、なかなか風情があります。

素泊まりの湯治場です。

ちなみに、妙見温泉と隣の安楽温泉はおそらく紹介率（温泉地の温泉旅館の中で私が書籍などで紹介する率）が一番高い温泉地だと思います。

ワイルドな露天風呂

湯治場の雰囲気です

鹿児島県霧島市隼人町嘉例川4385

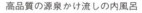

244
鹿児島県

# 妙見温泉 湯治の宿　妙見館

「楽園荘」とともに妙見温泉の中でも湯治場の雰囲気が残るところです。

素泊まりだけで、まさに湯治の宿です。

名前に「湯治の宿」とあるのは最近では珍しいと思います。

ナトリウム・カルシウム・マグネシウム－炭酸水素塩泉です。

源泉は緑色がかっていて、鉄とゴムの焦げたような匂いがします。

いかにも妙見温泉らしい泉質できしきしした肌触りです。

約50度の源泉が毎分300リットルも湧出しており、それが大量にかけ流されています。

浴槽は2階と階段を降りて川に面したところに男性用・女性用が2か所あり、どちらも大変風情があります。

風情のある素朴な内風呂

湯治場の風情があります

鹿児島県霧島市牧園町宿窪田4235

245
鹿児島県

# 湯之元温泉 旅館　江楽園

ここ湯之元温泉からは1作目で「田の浦温泉」を、前作で「元湯　打込湯」をご紹介しましたが、ここも泉質がかなり良いです。

館内の内湯と別棟の内湯を挙げていますが、これ以外に露天風呂もあります。

いずれも貸切で入れます。

単純硫黄泉です。

浴室に入ると、ほんのり硫化水素臭がします。

浸かると肌に優しい硫黄泉でつるつる感があります。

これまでで紹介した同じ温泉地の「田の浦温泉」や「元湯　打込湯」よりもむしろ硫化水素臭ととろみが優っているように思います。

女将さんも泉質にこだわっておられ、泉質の良さで勝負できる旅館です。

貸切の硫黄泉

源泉かけ流しにこだわった旅館

鹿児島県日置市東市来町湯田2294

## 246 鹿児島県

# 上山温泉　渓谷苑

鹿児島市内から車で約30分ほどの、山の中にある秘湯です。

少し派手な感じの建物の中では地産地消のさまざまなものや弁当などが売られています。

リーズナブルで美味しかったです。

名前のとおり渓谷沿いにあります。

約70度のナトリウム－塩化物・硫酸塩泉が内風呂と露天風呂にかけ流されています。

広々とした内風呂はガラス張りで明るく、開放感があります。

少し金属臭がして、つるつるすべすべのいい泉質です。

露天風呂は渓谷に面していて爽快です。

じんわり温まる高品質の温泉です。

高品質な源泉かけ流しの内風呂

秘境にあります

鹿児島県鹿児島東佐多町710-2

## 247 鹿児島県

# 霧島温泉　旅行人山荘

5万坪の自然林に囲まれた旅館です。

「大隅の湯」と「錦江の湯」があり、それぞれ露天風呂と内風呂があります。

2種類の源泉があり、露天風呂には硫黄泉が、内風呂には単純泉がかけ流されています。

露天風呂は霧島の大地を見下ろす眺望が抜群です。

硫化水素臭が鼻をくすぐり、じんわりと温まります。

内風呂はつるつるすべすべになります。

ここは貸切露天風呂が充実していて、「赤松の湯」など4か所あり、うち2つは硫黄泉がかけ流されています。

これほど浴槽に趣向を凝らしている旅館はなかなかお目にかかれません。

眺望の良い露天風呂

貸切の赤松の湯

鹿児島県霧島市牧園町高千穂3865

## 248 鹿児島県

# 加治木温泉ホテル

街中のビジネスホテルの中の温泉です。

「金泉湯」と「銀泉湯」があります。

59・4度のナトリウム－塩化物泉が「金泉湯」にかけ流されています。

「金泉湯」はしょっぱくて鉄分が濃厚です。

濃い茶色に濁っていてきしきしした肌触りは、有馬温泉に似た泉質です。

茶色の細かい粒子が大量に浮遊しています。

じんわりと温まって、保湿効果の高い温泉です。

「銀泉湯」は金泉湯を濾過したもので、少し塩味があり、つるつる感もあります。

肌に優しくて長湯ができます。

鹿児島の温泉力を感じる温泉です。

有馬温泉に似た金泉湯

街中のビジネスホテル

鹿児島県姶良市加治木町木田2041-4

## 249 沖縄県

# ちゃたん恵み温泉 美浜の湯テルメ ヴィラ ちゅらーゆ

「ザ・ビーチタワー沖縄」の隣にある、沖縄県では珍しい源泉かけ流しです。

ナトリウム－炭酸水素塩泉です。

少し黄色がかっています。

地下1400メートルから汲み上げているそうです。

これを太陽がさんさんと降り注ぐ露天風呂にかけ流しています。

かなり塩っぱく、浸かると初めはひりひりしますが、じんわりと温まってきます。

湯上がりはさっぱりします。

令和4（2022）年度の数字ですが、沖縄県は源泉数と湧出量ともに47都道府県中高知県に次ぐワースト2位です。

沖縄県の温泉は、温泉というよりもスパの感覚ですが、泉質は良いです。

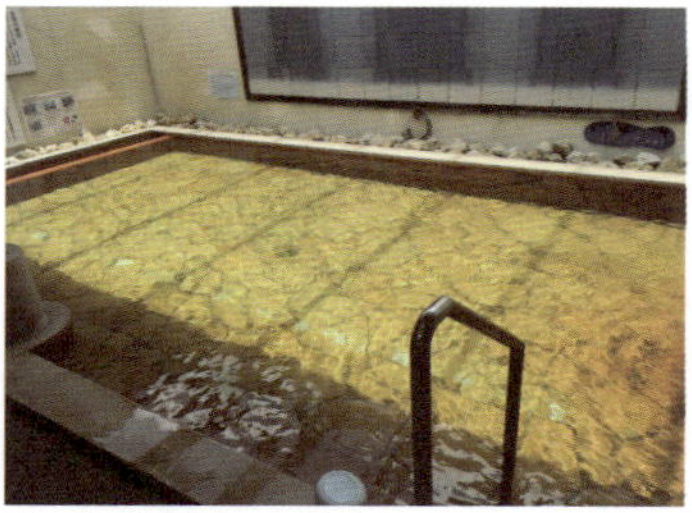

少し黄色がかった泉質

沖縄っぽい建物の外観

沖縄県中頭郡北谷町字美浜2

250
沖縄県

# 天然温泉さしきの「猿人の湯」ユインチホテル南城

沖縄県は温泉不毛地帯のような印象を抱きがちですが、なかなかいい温泉があります。

こちらは那覇空港から車で40分くらいのところにある、加温・加水、循環なしのナトリウム－塩化物強塩泉かけ流しです。

源泉温度は58度です。

約5400万年前と約500万年前の異なる地層の化石海水のブレンドだそうです。


全国いろいろな温泉に行きましたが、これはすごいとしか言いようがありません。

茶褐色の濃厚な泉質で、浸かった瞬間身体にガツンときます。

それから塩分が身体に染み込んで、じわーっと温まります。

少し浸かっただけで、喉が渇いて疲れます。

ガツンとくる濃厚な泉質

建物の外観

沖縄県南城市佐敷字新里1688

## 特別編10選

ここに挙げる10軒の旅館は、いずれも歴史があり、かつ高級感のある旅館です。

歴史や高級感がある旅館だから良質の源泉かけ流しというわけではありませんが、ここに挙げた旅館はいずれも源泉かけ流しにこだわった、上質な泉質を誇る名湯です。

251
秋田県

# 夏瀬温泉　都わすれ

特別編1

肌に優しく柔らかい泉質

秘境の中にしゃれた建物

入口にも源泉がドバドバ

秋田県仙北市田沢湖卒田字夏瀬84

ナトリウム・カルシウム－硫酸塩泉です。

かなり山の中の秘境にありますが、目を見張るような高級感溢れるしゃれた建物です。

ここは泉質が素晴らしく、浸かると実にしっとりします。

中庭を抜けると湯屋があり、その中に木造の浴槽がありま す。

無色透明の源泉が静かにかけ流されています。

肌に優しく、とろみのある柔らかい泉質です。

---

あまりにも心地よいので、浸かっているとついうとうとしてしまいます。

源泉の注入口には温泉成分が凝固しています。

石膏臭がして、上品な泉質です。

建物も内装もしゃれています。

もともと廃屋だった旅館を再生したそうです。

乳頭温泉の「妙乃湯」の女将も務める女将さんのセンスの良さが窺えます。

大理石造りの「一円の湯」

扇の湯の露天風呂

川向こうから見た建物の外観

神奈川県足柄下郡箱根町湯本643

252
神奈川県

特別編2

# 箱根湯本温泉 萬《ばん》翠《すい》楼《ろう》 福《ふく》住《ずみ》

寛永2（1625）年創業の、自家源泉を持つ老舗旅館です。

明治時代に横穴掘削で開発した湯本第3号泉というアルカリ性単純泉の自噴泉を使っています。

ちなみに現在のご主人は16代目だそうです。

「明治棟」と「昭和棟」があり、明治棟は国の重要文化財に指定されています。

天井や襖、階段などの建築に見とれてしまいます。

「一円の湯」と名付けられた大理石造りの丸い浴槽は見事です。

ほか、「扇の湯」には扇形の小さめの浴槽と木造りの露天風呂もあり、こちらも源泉がかけ流されています。

さまざまな温泉成分がバランスよく含まれている源泉で、旅館のホームページにも書かれていますが、「真綿にくるまれるような」泉質です。

源泉が身体を滑らかに滑っていくような感覚がします。

253
神奈川県

特別編3

# 箱根塔ノ沢温泉
# 元湯　環翠楼

布袋様がいる大正風呂（男性用）

皇女和宮終焉の場所として広く知られる旅館です。天璋院篤姫も和宮を偲んでここを訪れたそうです。

旅館の創業は400年前に遡ります。

現在の建物は大正8（1919）年に建てられた木造3階建てで、国の登録有形文化財に指定されています。

建物に入った瞬間「気」を感じます。

そもそも「環翠楼」という名は私が尊敬する伊藤博文が名付けたもので、博文公直筆の書もあります。孫文や李鴻章など多くの有名人がここに宿泊しています。

本物の源泉かけ流しで浸かるととろみを感じます。

とりわけこちらのアルカリ性単純泉は肌によく馴染む、上品で柔らかい泉質です。

特に「大正風呂」が素晴らしい。

1900年代初頭によくこれだけの風呂を造ったものだと感服します。

川を望むことができる露天風呂

歴史と風格のある木造３階建て

神奈川県足柄下郡箱根町塔之沢88

254
神奈川県

# 箱根塔ノ沢温泉　福住楼

特別編4

赤松の幹をくり抜いた大丸風呂

明治23（1890）年創業の老舗旅館です。

夏目漱石をはじめ多くの文人墨客が宿泊したそうで、明治末期に建築された現在の建物は国の登録有形文化財に指定されています。

玄関に足を踏み入れた瞬間、空気が一変します。

館内の様式美や調度品に目を奪われます。

赤松の幹をくり抜いた「大丸風呂」は温泉芸術そのもので、見事のひと言に尽きます。

近くから湧出するアルカリ性単純泉の源泉は61度あるため、湧き水で温度調整しています。

貸切家族風呂はタイルと敷石が素晴らしく、部屋風呂の石造りの寝湯もしゃれています。

ほかに岩風呂もあります。浸かるとじんわりしっとり感が強く、泉質の良さを感じます。

源泉が濃いため、湯上がりは心地よい疲れを感じます。

趣のある貸切風呂

歴史を感じさせる登録有形文化財

神奈川県足柄下郡箱根町塔之澤74

高品質の源泉かけ流し

255
神奈川県

特別編5

# 箱根芦ノ湯温泉　松坂屋本店

快適な貸切露天風呂

皇室ゆかりの老舗旅館で、創業は寛文２（１６６２）年です。

明治期には木戸孝允と西郷隆盛の会見もここで行われたそうです。

館内にはそうしたさまざまな歴史的遺産が展示されています。

含硫黄－カルシウム・ナトリウム・マグネシウム－硫酸塩・炭酸水素塩泉です。

敷地内から毎分２００リットル湧出するそうです。

歴史とモダンの最高レベルの調和

大浴場のほかに５か所の貸切風呂があります。

浴室に入ると芳醇な硫化水素臭に圧倒されます。

浸かると驚くほどのつるつる感で、温泉成分がじんわりと身体に染み込んできます。

浴槽内には湯の華が大量に沈澱しています。

日によって湯の色がグリーンや白濁になることもあるそうです。

もてなしも食事も最高レベルの旅館です。

神奈川県足柄下郡箱根町芦之湯57

256
山口県

特別編6

# 湯田温泉　名勝　山水園

上品で高貴な内風呂

湯田温泉はアルカリ性単純泉が多く、ここもそうなのですが、ここはかなり硫化水素臭がして、温泉成分が濃いようです。

昭和天皇皇后両陛下をはじめ、岸信介元総理大臣が来訪した際に「仁寿の湯」と命名されたなどの逸話が残ります。また、安倍晋太郎氏・晋三氏と親子三代で訪れたそうです。

浸かると歴史ある湯田温泉の本来のつるつるすべすべ感がはっきりと分かります。

高貴さを感じさせる源泉です。

経営者の方は本物の湯田温泉の源泉の還元力を少しでも多くの人に知ってもらいたいと、隣に「翠山の湯」という日帰りの温泉施設も作ったそうです。

庭園も実に綺麗に管理されています。

源泉かけ流しを重視した高級旅館です。

源泉の還元力へのこだわり

綺麗に管理された庭園

山口県山口市緑町4-60

257
熊本県

特別編7

# 白川温泉　山荘　竹ふえ

竹林の湯

洞窟露天風呂

建物のしゃれた外観

熊本県阿蘇郡南小国町満願寺5725-1

予約の取りにくい高級旅館です。

石の門をくぐった瞬間から空気が変わり、非日常的な空間です。

もてなし、料理、館内の工夫、夜のショー、どれをとっても温泉旅館の極みで、時間が過ぎるのが惜しい気がします。

こういったところはどうしても温泉が今一つということが多いのですが、ここは泉質も優れています。

ナトリウム－塩化物・炭酸水素塩泉、硫酸塩泉です。

緑白色に濁った濃い泉質で、程よい塩味と金気臭があります。

写真は「竹林の湯」「洞窟露天風呂」で、どちらも貸切です。

このほか各部屋にも立派な浴槽があります。

「竹林の湯」は温泉にお盆を浮かせて日本酒を飲むことができます。

インスタ映えします。

258
熊本県

# 滝の上温泉 お宿花風月

特別編8

滝見の湯

部屋の露天風呂

落ちついた感じの入口

熊本県阿蘇郡南小国町満願寺滝の上5890-1

黒川温泉の近くにあり、小田温泉からも歩いて行けます。

全室離れで内湯露天風呂がある高級旅館です。

とりわけ滝を望む「滝見の湯」という露天風呂が素晴らしいです。

これほど美しい滝湯はなかなかありません。

絶景の中で癒されること請け合いです。

ナトリウム－炭酸水素塩・塩化物・硫酸塩泉です。

肌に馴染む優しい泉質です。

源泉は熱めなので、水を入れて入ります。

この旅館の上品さに相応しい泉質で、湯上がりはしっとりします。

部屋の内風呂と露天風呂も実に趣向が凝らされています。

部屋の内風呂と露天風呂を〝独泉〟できることに無上の幸福感を感じます。

気配りともてなしが最高レベルの旅館です。

料理は食べきれないほどたくさん出てきます。

# 259 熊本県

## 特別編9 白川温泉　藤のや

部屋の露天風呂と源泉プール

川沿いの露天風呂と源泉プール

田んぼをイメージした離れ

黒川温泉の近くの白川温泉です。

とにかく第一印象のインパクトの大きな旅館です。

各部屋に、露天風呂があります。

大きい方の浴槽は源泉プールで、大体30度くらいです。90センチの深さで、十分泳げます。

小さい方が源泉浴槽です。

小さめの浴槽には熱めの源泉がかけ流されています。

泉質は単純泉となっていますが、少し黄緑色がかって見えます。

金属臭と鉄分の匂いがします。

浸かった感じはさらさらしていますが、湯上がりは驚くほど肌がしっとりしています。

時間制で貸切できる川沿いの露天風呂と源泉プールもあります。

「田んぼの中の離れ」をイメージさせる独特の雰囲気です。

幸福感を感じる旅館です。

熊本県阿蘇郡南小国町満願寺6069-1

260
鹿児島県

特別編10

# 妙見温泉 忘れの里 雅叙苑

巨大な岩をくりぬいた建湯（たけるゆ）

足元湧出のラムネ湯

敷地内を鶏が歩いています

鹿児島県霧島市牧園町宿窪田4230

言わずと知れた高級旅館です。

茅葺きの建物、敷地内を歩く鶏、炭を焼く匂い、夜の囲炉裏での竹筒の日本酒、どれをとっても温泉旅館の極みです。

そして何より泉質が素晴らしい！

浸かることができるだけで無上の幸福感に包まれます。

部屋風呂も立派ですが、岩をくり抜いて造った建湯《たけるゆ》は、洗練された温泉芸術です。

ナトリウム・マグネシウム・カルシウム－炭酸水素塩泉は、妙見温泉特有のゴムの焦げたような匂いです。

温泉成分がじっくり身体に染み込みます。

肌触りはきしきしした感じですが、湯上がりは保湿感がすごい。

「ラムネ湯」は足元湧出です。源泉が新鮮すぎて刺激を感じます。

すべてが完璧すぎる旅館です。

1
北海道

## ニセコ湯本温泉
## 蘭越町交流促進センター雪秩父

町営の日帰り温泉施設です。まるで沼全体が温泉のような大湯沼から湧出する単純硫黄泉の源泉を使っています。

源泉は濃い灰色に濁っていて、浴槽の底には泥が溜まっています。

源泉にも泥がかなり溶け込んでいるようです。

浴槽に近づくと強烈な硫化水素臭がします。

pHは3・8ですが、それ以上にピリッとした刺激があります。

浸かるとずっしりときて、それからじんわりと温泉成分が染み込んでくる感じです。

露天風呂から上がると、身体に泥が付いているため、シャワーで洗い流す必要があります。

女性風呂の露天風呂には泥湯があり、泥パックができるそうです。

泥が溜まっています

大湯沼から湧出する源泉を使っています

北海道磯谷郡蘭越町湯里680

2
北海道

## 標《しべ》茶《ちゃ》温泉　富士温泉

JR釧網本線標茶駅から歩いて行けます。

標茶町は人口7200人ほどの小さな町ですが、何軒か温泉があります。

1作目で紹介した「味幸園」もこの近くです。

銭湯のような外観ですが、宿泊もできます。

アルカリ性単純泉の芳しいモール泉です。

自分の身体がよく見えないほどの真っ黒な湯は、表面が泡立っており、源泉の新鮮さが分かります。

丸い方の浴槽が少しぬるめです。

つるつる感が強く、浴槽の中でずるっと滑ります。

浸かると、肌に気泡が付きます。

カランからも真っ黒な源泉が出てきます。

泡立ちのある源泉

素朴な建物

北海道川上郡標茶町富士5-26

## 3 北海道
# コタン温泉

屈斜路湖畔にある、大自然の中の野湯です。

ナトリウム－炭酸水素塩泉です。

温泉が湖面に面しているので、湖と一体になったような、荘厳な雰囲気が味わえます。

浴槽は岩で分かれていますが、基本的には混浴のようです。

脱衣場もあります。

浸かると、とろみとつるつる感があり、源泉の新鮮さを感じます。

湯上がりは肌がしっとりします。

写真は秋頃に撮ったものですが、湖面に浮かぶ靄が幻想的です。

野湯ですが、かなり綺麗に管理されていて有難い限りです。

湖面に面しています

湖面の霧が幻想的です

北海道川上郡弟子屈町屈斜路コタン

## 4 北海道
# 岩尾別温泉 三段の湯

ホテル「地の涯」の敷地内にある野湯です。ホテルにお断りして入れていただきます。

ここは普通に熊が出るところです。

名前のとおり、三段の浴槽があります。

着替えるところはありません。

足が泥だらけになります。

ホテルの温泉と同じ源泉なら、ナトリウム・カルシウム－塩化物・炭酸水素塩泉です。

一番上の浴槽はエメラルドグリーンが綺麗ですが、熱すぎて入れません。

二段目の浴槽に入っているところをたまたま撮ってもらいました。

肌にまとわりつくような濃厚な泉質です。

微かに硫化水素臭がします。

熊を恐れているためか、かなり疲れます。

エメラルドグリーンの一段の湯

白濁した二段の湯

北海道斜里郡斜里町遠音別村

## 5 北海道

# 相《あい》泊《どまり》温泉

知床半島の羅臼町側、道が行き止まりになっているところの手前にあります。

前作で紹介したセセキ温泉のさらに奥です。

冬場は砂石に埋もれてしまうそうで、夏場だけ入ることができます。

温泉分析書はありませんが、おそらくナトリウム－塩化物泉だろうと思います。

熱めの源泉で、浸かるとピリッときます。

海風が実に爽快です。

小屋がシートで覆われて、男女別に分けられていることが多いです。

写真は２０２１年８月当時のものです。

波浪や台風などで浴槽が砂石で埋まることがあるそうですが、このような素晴らしい温泉を管理していただいている地元の方に感謝です。

絵になる野湯です

行き止まりの手前にあります

北海道目梨郡羅臼町相泊

## 6 北海道

# 花園温泉

函館市の市街地にあります。

湯の川温泉からも近いですが、泉質は異なり、こちらはナトリウム・カルシウム－塩化物泉です。

源泉は敷地内から湧出していて、加温・加水なしとのことです。

本館と新館があり、それぞれ異なる源泉をかけ流しています。

本館の内風呂は黄色に濁っています。

一方、新館の露天風呂は薄緑色です。

本館の源泉の方が濃厚な感じがします。

浸かるとさらさらした感じで、よく温まります。

飲泉すると、昆布のスープの味がします。

男性用は本館と別館とに分かれているので、両方入る際は入浴料金が倍かかります。

本館の内風呂

新館の露天風呂

北海道函館市花園町40-34

## 7 北海道

# ローマノ福の湯

レトロでノスタルジックな外観の建物が、いい味を出しています。

帯広市の住宅街の中の温泉です。

昭和56（1981）年開業ですが、当時のままだそうです。

帯広市の温泉らしい、アルカリ性単純泉のモール泉ですが、モール泉というよりも硫化水素臭を感じます。

地下1200メートルから汲み上げた源泉注入量も多いです。

見事なコーヒー色の湯はつるつる感とヌルヌル感が強く、浸かると微かに泡が付きます。

ぬるめなのでじっくり入れます。

「ローマの泉温泉」という家族湯のほか、1階には「ローマの泉食堂」という食堂があります。

コーヒー色のモール泉

レトロな日帰り温泉

北海道帯広市東9条南12丁目4

## 8 青森県

# 下風呂温泉　海峡の湯

本州最北端に近い鄙びた温泉地です。

以前は共同湯の「大湯」と「新湯」があったのですが、建物の老朽化により令和2（2020）年12月に「海峡の湯」を作りました。

向かって右が大湯で、左が新湯です。

一つの施設で大湯にも新湯にも入れるようにして、サウナ室と食堂と文人たちの展示室をひとまとめにしたという感じです。

大湯が含硫黄・ナトリウム－塩化物・硫酸塩泉で、新湯はそこから硫酸塩泉を除いた泉質です。

大湯が白濁で新湯が透明といわれますが、この日はどちらも透明に近い色でした。

浸かると硫黄と酸と熱さが効く感じがします。

大湯と新湯のどちらにも入れます

2020年開業の日帰り温泉

青森県風間浦村大字下風呂字下風呂71-1

9
青森県

# 鷹の羽温泉

平川市は新屋温泉や古遠部温泉など個性的な温泉が多いところです。

ここは平賀駅近くの日帰り温泉です。

少し緑色がかったナトリウム－塩化物泉で、かなりレベルの高い泉質です。

内風呂も露天風呂もなかなか風情があり、内風呂の方がやや熱めです。

ヌルヌル感が強く、しかも身体の表面に泡が付きます。

微かに硫化水素臭がして、飲泉するとたまごスープのような味がします。

温泉成分が濃厚で、しばらく浸かっただけでぐったりします。

内風呂は源泉の濃厚な成分で浴槽内のタイルが変色しています。

ヌルヌル感のあるレベルの高い泉質

建物の外観

青森県平川市本町村元228-3

10
青森県

# せせらぎ温泉

弘前市は源泉かけ流しの個性的な日帰り温泉が多いところです。

ここは名前は普通ですが、泉質は普通ではありません。

ひと言で言えば濃厚です。

浴室の床の凝固物を見ただけでも、源泉の濃さが分かります。

ナトリウム－塩化物・硫酸塩泉が見事に茶色く濁っています。

浸かるときしきしした肌触りです。

塩分濃度が高く、微かに金属臭もします。

身体にまとわりつくような重たい感じの泉質です。

鉄錆の臭いと金属臭がします。

じんわりと温まり、出てもなかなか汗が引きません。

床の凝固物がすごい

濃厚な源泉かけ流し

青森県弘前市大字原ヶ平字奥野5-5

## 11 青森県

# 小国温泉
# 小国町会保養所

アクセス困難な秘湯です。民家がまばらなところにポツンと建っていて、そこが温泉かどうか分かりにくいです。

本来は地元の方のための共同浴場ですが、地元の方に了解を得て料金を支払い、お湯を借りることができます。

コンクリート打ちっぱなしの建物は、地元の高校生が描いたというお猿さんの絵がインパクト抜群です。

4、5人も入ればいっぱいになりそうな小さな浴槽には、熱めの単純泉がかけ流されています。

共同浴場らしいシンプルな浴槽です。

少し金属臭がして、きしきしした感じの肌触りです。

よく温まる源泉で、しばらく汗が引きません。

共同浴場らしいシンプルな浴槽

アクセス困難な共同浴場

青森県平川市小国川辺149-3

## 12 青森県

# 花咲温泉

ここは浴槽が多く、源泉浴槽のほか、楕円形を端で切ったような形の大浴場があります。

モール成分を含んだ熱めのナトリウム－塩化物泉で、薄い琥珀色です。

つるつる感が強く、油臭がします。

源泉浴槽は向かって右が深めで結構熱いです。

その左は浅めになっていて、ややぬるめです。

その奥の水風呂に見えるところも温泉でそこそこ熱めです。

メインの大浴場は泡がボコボコ出ています。

このほか、サウナの近くに一人入れるくらいの水風呂があります。

地下水をかけ流しているそうですが、30度くらいで、少し黄色で硫化水素臭がします。

源泉浴槽

源泉かけ流しの大浴場

青森県弘前市津賀野字浅田987-1

## 13 青森県

# 大白温泉

西目屋村村営の日帰り温泉施設です。

りんご園のそばにあります。建物は新しくて綺麗に管理されています。

岩木山神社から車で15分くらいですが、公共の交通手段はありません。

かなりの秘境ですが、のんびりした雰囲気の温かみのある山村です。

公共施設にありがちな循環風呂ではなく、茶褐色の少し熱めのアルカリ性単純泉がきちんとかけ流されています。

見るからにつるつるした感じの源泉ですが、浸かってみると期待どおりでした。

微かに金気臭もして、温泉成分がじんわりと身体の芯に届きます。

5月から10月は露天風呂も楽しめます。

茶褐色のつるつる源泉

のんびりした村の村営温泉

青森県中津軽郡西目屋村白沢字白沢口1-1

## 14 青森県

# 高増温泉 不動乃湯

高増神社に隣接する地元の公衆浴場です。

もともとは旅館の浴室だったそうですが、旅館が建て直されたので、地元の公衆浴場として残ったそうです。

入口に売店があります。

昭和を感じさせる鄙びた外観ですが、浴室はリフォームされたようです。

写真では分かりにくいのですが、浴槽は長靴の形をしています。

浴室の隅には不動明王像が鎮座しています。

ここは泉質が素晴らしく、薄い茶褐色のナトリウム－炭酸水素塩・塩化物泉が優しく身体を包み込んでくれます。

つるつる感とヌルヌル感がすごく、身体に泡が付きます。お湯の表面が白く泡立っています。

硫化水素臭もします。

泡付きのつるつるヌルヌル源泉

鄙びた建物の外観

青森県北津軽郡板柳町大字大俵字和田422-3

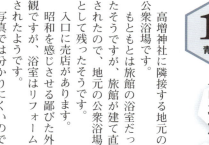

## 15 青森県

# 出町温泉

ＪＲ青森駅から車で数分の温泉銭湯です。

アルカリ性単純泉です。

大きな浴槽と小さな浴槽が一つずつあり、浴槽の中の円筒から源泉がこんこんと湧出しています。

浴槽のバックには、かつての定番・富士山の絵が描かれています。

また、温水と水の出るカランで「ケロリン」の洗面器にお湯を溜めるなど、昔の銭湯を思い出させるレトロ感がたまりません。

浸かるととろみを感じる肌触りのいい泉質で、湯上がりはしっとりします。

微かに温泉臭がします。

青森県は源泉かけ流しの日帰り温泉が多く、ここと同じく朝6時から営業しているところも多くあります。

とろみのある源泉がこんこんと湧出

レトロな日帰り温泉

青森県青森市西滝2-6-23

## 16 青森県

# 三陸温泉

三沢市は人口が4万人弱ですが、源泉かけ流しの多いエリアです。

市内に10か所ほどあります。

ちなみに、三沢空港にも源泉かけ流しの温泉があります。

三沢市からは前作で「三沢保養センター」など何か所か紹介しました。

ここは海岸に近いせいか、ナトリウム・カルシウム－塩化物泉です。

岩の間から勢いよく質の良い源泉がかけ流されています。

毎分５００リットルの源泉湯量とのことですが、やはり湯量は重要なポイントになります。

少し熱めですが、加温・加水は一切ないようです。

浸かるとしっとりした感じで、肌によく馴染む泉質です。

程よい塩分で、飲泉も美味です。

しっとりした塩化物泉の源泉かけ流し

鄙びた風情の建物

青森県三沢市三川目3-912-1

**17** 青森県

# 星野リゾート 青森屋元湯

青い森鉄道三沢駅から歩いて行けます。
広大な星野リゾート青森屋の中にある日帰り温泉です。
以前は古牧グランドホテルでしたが、経営が変わって今の名前になっています。
よくこのような日帰り温泉施設をリニューアルされたものだと思います。
地元の方に愛されている公衆浴場です。

浴室に入ると、ステンドグラスが温泉の表面に綺麗に反射しています。
星野リゾートらしいしゃれた演出です。
レトロモダンという言葉がぴったり当てはまります。
肝心の泉質ですが、アルカリ性単純泉で浸かると泉質にとろみを感じます。
メタケイ酸の含有量が多い高品質な源泉です。

ステンドグラスが美しい浴場

星野リゾート青森屋の中の日帰り温泉

青森県三沢市字古間木山56

**18** 青森県

# ひばの湯 ぽぷら

上北郡東北町は良質の源泉かけ流しが多いエリアです。
こちらは食堂や野菜売り場のある「みちの駅ぽぷら」の中にあります。
44・3度のアルカリ性単純泉です。
薄茶色の源泉がたっぷりかけ流されています。
浴室に入るとモール臭とひばの香りが上手くコラボしています。

浸かると驚くほどのつるつる感です。
温泉分析書には表れない、独特のつるつる感とヌルヌル感です。
ひばの浴槽内でずるっと滑りそうになります。
内湯はぬるめで長湯ができ、リラックス効果が高い温泉です。
開放感のある露天風呂もあります。

ひばの香りに癒されます

みちの駅に併設された温泉

青森県上北郡東北町往来ノ下31-3

## 19 青森県

# 玉勝温泉

上北郡東北町は源泉かけ流しが多い温泉地で、1作目で姉戸川温泉、東北温泉、八甲温泉を紹介しました。

この辺りはそれぞれが自家源泉を持っていて、泉質が異なります。

ここはアルカリ性単純泉で、少し緑色がかっています。

青森県の日帰り温泉によく見られる、浴槽の中央にある大きめの浴槽に源泉がかけ流されています。

とろみのある、身体にまとわりつくような泉質です。

浸かると源泉に身体が圧迫されるような感じがします。

温泉臭も芳しいです。

浴槽内には超音波流水機があります。

これほど優れた泉質と湯量なので不要な気もしましたが、地元の方には好評だそうです。

身体にまとわりつくような泉質

建物の外観

青森県上北郡東北町上北南1-31-1088

## 20 青森県

# 奥薬研温泉 元祖かっぱの湯

約1100年前に恐山を開山した慈覚大師が怪我をしたときにかっぱが温泉に入れてくれて治ったという伝説のある温泉です。

渓流沿いに元祖かっぱの湯と夫婦かっぱの湯があります。

弱アルカリ性単純泉です。

入口から階段を降りていくと、露天風呂が現れます。

ブルーの浴槽に透明な源泉がかけ流されています。

実に絵になる無料の露天風呂です。

写真には写っていませんが、かっぱの像があります。

浴槽は一つだけです。

以前は混浴でしたが、現在は時間制で男女に分かれています。

肌に馴染むとろみのある柔らかい泉質です。

心も体も軽くなる、癒される温泉です。

川沿いの風情ある露天風呂

居合わせた人に撮ってもらいました

青森県むつ市大畑町赤滝山

## 21 青森県
# さかた温泉

上北郡は源泉かけ流しの多いエリアで、前作までにもいくつかの温泉施設を紹介しています。

ここは「スローライフ忘れかけていた昭和の湯ここにあります」のキャッチフレーズを掲げています。

上手い表現だと思います。

アルカリ性単純泉で、奥の浴槽に48度の熱めの源泉がかけ流されています。

目に鮮やかな薄茶色でつるつる感がすごく、浴室を歩いていると床で滑りそうになります。

源泉は浴槽の中から豪快に噴出しています。

飲泉すると胃に優しい感じがします。

建物や浴槽はレトロですが、綺麗に清掃されています。

ずるっと滑る温泉

建物の外観

青森県上北郡七戸町字東上川原20-20

## 22 青森県
# 六戸温泉

十和田市と八戸市の間にある六戸町は、宝温泉などの鄙びたかけ流し温泉の多いエリアです。

入口に大きく書かれた「六戸温泉」の看板が目を引きます。

単純泉という表示ですが、少し塩味を感じます。

少し緑がかった源泉です。

浸かるととろみがあり、まったりした感じがします。

身体の芯からじんわりと温まってきて、湯上がりは肌がしっとりすべすべになります。

さまざまな温泉成分が溶け込んでいることがよく分かる、レベルの高い単純泉です。

これほどの泉質の源泉をかけ流しで提供しないと、温泉大国の青森では厳しいのかもしれません。

とろみとまったり感のある泉質

看板が目立ちます

青森県上北郡六戸町犬落瀬押込93-4

## 23 青森県
# 熊ノ沢温泉

ＪＲ八戸駅から車で5分くらいのところの小高い山の中にあります。

ナトリウム－塩化物・炭酸水素塩泉です。

源泉は26・7度なので加温していますが、立派なかけ流しです。

モール泉を上手く表現した「古樹の湯」という名称で、確かに太古の樹木のような香りがします。

いかにもモール泉らしい見事な茶褐色です。

浸かるとつるつる感とヌルヌル感が強く、浴槽内でずるっと滑ります。

モール臭が実に芳しいです。

植物性腐植質の泉質は肌に優しいです。

鉱物性の泉質よりもリラックス効果があるような気がします。

太古の樹木の香り

古樹の湯

青森県八戸市尻内町熊ノ沢34-251

## 24 青森県
# 虹の湖温泉　食堂

「ランプの宿」として有名な青荷温泉に行くときに降りる終点のバス停「虹の湖前」から車で5分ほどです。

看板は「虹の湖温泉　食堂」となっていますが、現在は食堂は営業していないようです。

「食堂」という名前の温泉は珍しいと思います。

浴槽は男女一つずつだけで、2、3人入るといっぱいくらいの大きさです。

蛇口につないだホースから熱めのナトリウム－塩化物・硫酸塩泉が注入されています。

浸かるときしきしした感じです。

源泉が熱めなためか、じわーっと来る感覚が強く、よく温まります。

微かに金属臭もします。

浴室の壁もかなりひび割れていて、それがいい味になっています。

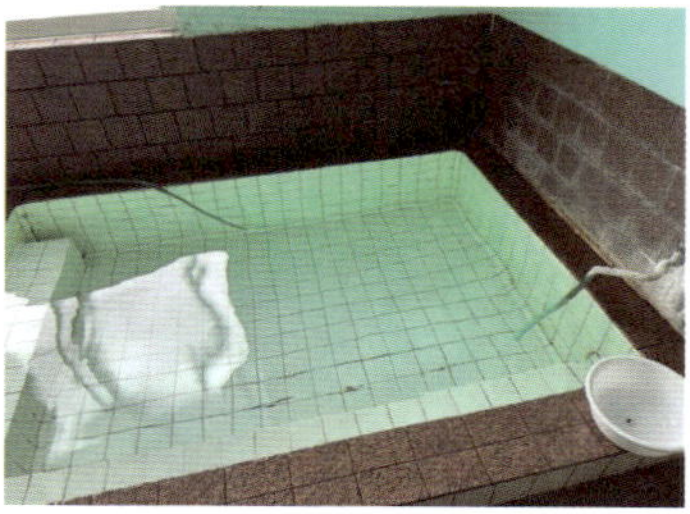

いい味を出している秘湯温泉

食堂はやっていないようです

青森県平川市切明山下29-20

## 25 青森県

# 田舎館村老人憩の家

ナトリウム−塩化物泉です。田んぼアートと城郭を模した村役場の建物で有名な、人口約7700人の小さな村・田舎館村にある施設です。鄙びた外観がなかなか味があります。

名前のとおり地元のご老人の方々のサロンのようなところです。

源泉の注入口が泡立っていて、浸かると少しきしきしした肌触りです。

石膏臭か、それに似た匂いがします。

じんわりと身体の芯から温まり、湯上がりはしばらく汗が引きません。温泉成分の濃さを表しています。

源泉が新鮮なためか、浸かると結構疲れます。

ありそうでなかなかない、個性的な泉質です。

注入口が泡立っています

鄙びた外観

青森県南津軽郡田舎館村畑中藤本169

## 26 青森県

# 平川温泉

「平川温泉」とありますが、平川市ではなく南津軽郡田舎館村にあります。

建物はレトロな外観ですが、アルカリ性単純泉のしっかりした温泉です。

大きな浴槽に熱めの源泉が勢いよく投入されています。

水で薄めて何とか入れるほどですが、地元の方は熱い源泉に普通に入っています。

湯は少し緑色がかっていて、硫化水素臭と石膏臭がします。

浸かった瞬間は熱さもあってピリッと感じますが、しばらくすると身体によく馴染んできます。

とろみとつるつる感があります。

湯上がりは身体が火照ってなかなか汗が引きません。

青森県の日帰り温泉の底力を感じます。

熱めの源泉かけ流し

地元の公衆浴場

青森県南津軽郡田舎館村大袋樋田3

27
岩手県

## 一関温泉郷 真湯温泉センター交流館

カルシウム・ナトリウム－硫酸塩泉です。

一関市内にありますが、栗駒国定公園の中にあり、一ノ関駅からは車で50分ほどかかります。

コテージなどがある複合施設の中の日帰り温泉です。

内風呂は残念ながら循環風呂ですが、露天風呂が源泉かけ流しになっています。

ブナの原生林と渓流を望むことができます。

茶褐色に濁っています。

クリーミーな肌触りです。源泉にとろみがあります。微かに金属臭がします。刺激のない、肌に優しい泉質です。

じっくり浸かっていると、身体の芯までじんわりと温まってきます。

湯上がり後もなかなか温もりが冷めません。

茶褐色のクリーミーな露天風呂

山の中の複合施設

岩手県一関市厳美町字真湯1番地

28
岩手県

## 東和温泉

JR釜石線土沢駅から歩いて10数分のところにあります。

「ホテルフォルクローロ花巻東和」に併設された日帰り温泉施設です。大型の施設ですが、ちゃんと源泉かけ流しにされています。

単純泉ですが、少し緑色がかっていて金属臭がします。

見かけよりもずっと濃厚な泉質であることが分かります。

肌に優しいぬるめの温泉で、つるつる感が強いです。

湯上がりは、肌がしっとりとなります。

広めの内風呂とコンパクトなサイズの露天風呂があります。

本来、北上山系には温泉は出ないと言われていたそうですが、ふるさと創生事業で温泉を掘ったところ、このような良質の源泉が湧出したそうです。

緑がかった源泉

ホテルに併設された日帰り温泉

岩手県花巻市東和町安俵6-135

29
岩手県

# 踊《おどろ》鹿《か》温泉 天乃湯

単純放射能冷鉱泉です。

洞窟などの民話で有名な遠野市にある鄙びた風情の外観の日帰り温泉です。

加温の循環風呂と源泉浴槽があります。

温泉分析書では、源泉温度は11・6度となっていましたが、源泉浴槽の温度計は16度になっていました。

源泉浴槽では薄茶色に濁っていて、黒い湯の華が浮遊しています。

浸かった瞬間はかなり冷たいのですが、そのうち身体の芯からじんわりと温まってきます。

放射能の効果かどうかは分かりませんが、少し不思議な感触です。

加温浴槽の方はさらさらした肌触りです。

飲泉もできますが、形容し難い不思議な味でした。

薄茶色の単純放射能冷鉱泉

鄙びた風情の外観

岩手県遠野市青笹町糠前9地割4-1

30
宮城県

# 黄金川温泉 白鳥荘

「蔵王町老人憩いの家」にある日帰り温泉施設です。

公共施設ですが、民間会社が指定管理を受けて運営しているようです。

ナトリウム－塩化物泉です。

十数人は入れそうな大きめの浴槽が一つだけです。

濃厚な茶褐色で、パンチの効いた源泉が大量にかけ流されています。

浴室に入った瞬間、鉄分の香りに包まれます。

少し熱めの源泉は浸かるとひりひりします。

熱い上に塩分などの温泉成分が非常に濃いので、長湯は厳しいかもしれません。

高張性の温泉なので、温泉成分が身体に浸透しやすいです。

数分浸かっただけでぐったりします。

ひりひりするくらいの濃厚な泉質

老人憩の家の中の温泉

宮城県刈田郡蔵王町宮字中野129

31
宮城県

# 豆坂温泉　三峰荘

JR古川駅から車で10分ほどの日帰り温泉施設です。

源泉温度は47・3度で毎分540リットルもの大量の源泉が湧出しています。

シンプルな内風呂と露天風呂が一つずつあり、単純泉の加温・加水なしの源泉かけ流しです。

単純泉ですが少し黄色がかっていてなかなか個性的です。

炭酸ガスを含んでいるため、浸かると微妙な刺激があります。

微かに金属臭がし、じんわり身体に染みてくる感じがします。

メタケイ酸の含有量が多いため、湯上がりは身体がつるつるすべすべになります。

施設内で本格中華料理を食べることもできます。

炭酸ガスを含んだ個性的な泉質

小ざっぱりした建物

宮城県大崎市三本木新沼字中谷地屋敷4

32
秋田県

# かみのゆ温泉

にかほ市の海岸沿いにあります。

ナトリウム－塩化物・炭酸水素塩泉ですが、いわゆるモール泉です。

1作目では青森県の東北温泉を日本一黒い温泉と紹介していますが、ここもかなりの黒さです。

洗面器にすくっても源泉の色は黒く、ヌルヌルしています。

モール泉の香ばしい香りと金属臭がします。

湯上がりは肌がつるつるになります。

「かみのゆ」とは「神の湯」のことで、神様のお告げにより掘削したとのことです。

「神の湯」は熊本県の紫尾温泉や山梨県甲府市、愛媛県の道後温泉本館など、実は全国にたくさんあります。

モール泉の加温浴槽

源泉かけ流しの露天風呂

秋田県にかほ市平沢字家の後2番

33
秋田県

# 小坂町立老人憩の家 あかしや荘

町立の老人福祉施設に併設された日帰り温泉施設です。

館内はくつろぎのスペースがあって、アットホームな感じです。

ナトリウム・カルシウム－硫酸塩・塩化物泉です。目に鮮やかなオレンジ色です。

源泉温度は36・1度なので加温しています。

温泉分析書を見るとさまざまなイオンの濃度が高く、濃厚な泉質です。

濃厚な金気臭がします。

肌触りはきしきしした感じで、じわーっとよく温まります。

浴槽の中が2段になっていることをちゃんと書いてくれています。

湯上がりにタオルで身体を拭くとオレンジ色に染まってしまいます。

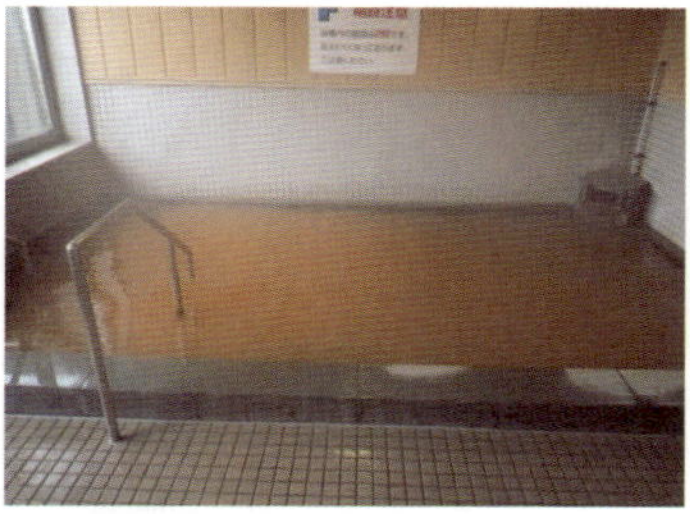
オレンジ色が目に鮮やか

町立の日帰り温泉旅館

秋田県鹿角郡小坂町小坂鉱山渡ノ羽58

34
秋田県

# 十和田大湯温泉　白山荘

ここはアパートの中に温泉がある、全国的にも珍しい形態です。

管理人室の小窓の料金入れにお金を入れて入ります。

石造りの内湯が一つだけで、アパートの住人でなくても入れます。

浴室と浴槽の鄙びた具合が素晴らしいです。

ナトリウム－塩化物泉がホースで注入されています。

かなりワイルドです。

浴槽の中は少し熱めです。

薄濁りで硫化水素臭がします。

十和田大湯温泉は湯量の多い温泉地です。

共同湯が4軒ほどありますが、ここの泉質は少しとろみを感じます。

湯上がりは肌がつるつるすべすべになります。

ホースで源泉を注入

アパートの中の温泉

秋田県鹿角市十和田大湯荒瀬56

35 山形県

## 健康天然温泉 八百坊

ナトリウム－硫酸塩・塩化物泉です。

　JR山形駅から車で10数分、木々に囲まれたところにある八角形のしゃれた建物です。ピラミッドパワーを取り入れるため八角形にしているそうです。

　湯殿山神社に由来する温泉だそうです。

　岩の間から豪快に熱めの源泉が滝のようにかけ流されています。

　湯量はかなり多く、浴槽の縁から源泉が溢れています。

　微かに茶色がかっていて、金属臭がします。

　ヌルヌル感があり、湯上がりはしっとりします。

　源泉を冷ました小さな水風呂との交互入浴が爽快です。

　リフレッシュと癒しを売りにしていますが、確かにリフレッシュできます。

岩の間から源泉がドバドバ

木々に囲まれたしゃれた外観

山形県山形市東青田5-1-1

36 山形県

## 百《ど》目《め》鬼《き》温泉

　JR山形駅から車で20分ほどの田んぼの中にあります。

　源泉かけ流しの本物の温泉には人が集うもので、いつも大勢の人で賑わっています。

　ナトリウム－塩化物泉です。

　ここは泉質が非常に良く、内風呂は緑色に、露天風呂は緑白色に濁っています。

　田んぼの中でよくぞこれほど良質な源泉が湧出するものだと思います。

　内風呂はやや熱めで身体にがつんときます。

　温泉成分の濃度が高い証です。

　塩分濃度もかなり高く、金属臭と油臭がします。

「3分以上は入らないように」という注意があります。

　確かに長湯は危険そうです。

　3分以内の入浴でも十分満足できる温泉です。

金属臭で油臭のする珍しい泉質

いつも大勢の人で賑わう温泉

山形県山形市百目鬼42-1

# 37 山形県

# かみのやま温泉　下大湯

かみのやま温泉には4つの共同浴場がありますが、中でも一番古い共同浴場で建物も浴室もレトロな雰囲気です。

以前は7つの共同浴場があったのですが、だんだん減っているようです。

ここは寛永元（1624）年に上山藩主が開放した町方では初の共同浴場だそうで、現在の建物は昭和32（1957）年に建てられたものです。

街中にあり、地元の方で賑わっています。

向かって右側の大きな浴槽が熱めの浴槽です。

浴室の壁に描かれた上山城とお釜に目を奪われます。

ナトリウム・カルシウム－塩化物泉で、浸かるとさらさらした肌触りで微かに金属臭がします。

じんわりと温まり、湯上がりは肌がしっとりします。

浴槽の壁に風情を感じます

共同湯らしい佇まい

山形県上山市十日町9-30

# 38 福島県

# 会津みなみ温泉　里の湯

食堂や道の駅など、いろいろな施設に併設された温泉はありますが、ここはなんと電気屋の建物の中の1階にあります。

これは相当珍しいです。

外から温泉の表示が見えにくく、まず温泉があるとは思えません(^^)。

外観は普通の電気屋さんにしか見えません。

ましてや、本物の源泉かけ流しとは夢にも思えません。

知らずに行くと完全に見過ごしてしまいます。

ナトリウム－塩化物泉です。

塩味が利いて、肌にしっとりとまとわりつく感じがします。

茶色で、少し鉄錆の臭いがします。

日常生活の中に何気なくレベルの高い源泉かけ流しが存在しています。

肌にしっとりとまとわりつく泉質

外観は電気屋さん

福島県南会津郡南会津町山口字村上798-9

## 39 福島県

# 岳《だけ》温泉 岳の湯

岳温泉の温泉街の入口近くにある日帰り温泉です。大きな「ゆ」の暖簾にインパクトがあります。

温泉分析書では酸性泉となっていました。

pHが2・5なので、かなりの強酸です。

約8キロ先の安達太良山の頂上付近から湧出した源泉を引いてきているそうです。

薄く白濁した湯面から、白い湯の華が大量に舞っています。

硫化水素臭が強烈ですが、浸かると思ったよりも刺激が少なく、肌が溶けるようなヌルヌル感があります。

源泉を引く過程で揉まれてマイルドになったのかもしれません。

じんわりと温まって、湯上がり後もなかなか汗が引きません。

肌が溶けるようなヌルヌル感

温泉街の入口近くにある共同湯

福島県二本松市岳温泉1-270

## 40 福島県

# 飯坂温泉 大門の湯、十綱湯

飯坂温泉には9つの共同湯があり、いずれもアルカリ性単純泉です。

それぞれ個性的ですが、泉質自体は似たり寄ったりです。

この温泉地の共同湯はいつも地元の方で賑わっていますが、とにかく熱い。

共同湯によっては外部者が熱いと感じることをよくご存知で、「水を入れていいですよ」と親切に導いてくれます。

泉質はさらさらしています。じんわりと身体にまとわりついてくる感じがして、湯上がりは汗が引きません。

熱いからではなく、良質の源泉かけ流しだからだと思います。

それぞれの共同湯が地域に根づいていて、生活の一部になっているようです。

日本の素晴らしい温泉文化を感じられる温泉地です。

大門の湯

十綱湯

福島県福島市飯坂町字大門1、
飯坂町字下川原36-7

41
福島県

# 中津川温泉 藤屋旅館 ザクの湯

郡山市内ですが、山の中のかなりの秘境です。

JR郡山駅からは車で40分ほどかかります。

どこから見ても民家風の建物です。

「ザクの湯」という珍しい名称は、地元の「サク」という地名に由来すると旅館の方から聞きました。

「下滝鉱泉」という別名もあるそうです。

単純放射能冷鉱泉で、源泉温度は14度なので加温してかけ流ししています。

レバーを捻ると冷たい源泉を浴槽に入れることができます。

ラドンの濃度は10・41マッヘです。

1kgあたり8・25マッヘ以上が療養泉なので、効能がありそうです。

浸かるとポカポカします。

単純放射能冷鉱泉の加温かけ流し

秘境の中の秘湯

福島県郡山市田村町糠塚下滝405

42
福島県

# 中川温泉 福祉センター ゆうゆう館

ナトリウム－硫酸塩・炭酸水素塩泉です。

大沼郡金山町は良質な温泉が多く、1作目で「玉梨共同浴場」と「湯倉温泉鶴亀荘」、前作で「八町温泉亀の湯」「金山町温泉保養施設せせらぎ荘」を紹介しています。

いずれも源泉かけ流しが当たり前の温泉エリアです。

金山町の人口は2000人に満たず、高齢化率は60％近くにも上っています。

加えて豪雨災害でJR只見駅と会津川口駅が10年以上も不通になっていたため、休廃業の温泉施設が増えています（令和4〔2022〕年10月、11年ぶりに開通しました）。

お湯は緑白色に濁り、金気臭がします。

きしきしした肌触りで、温泉成分の濃さを感じます。

見るからに濃厚な泉質

地元の福祉センター内の温泉

福島県大沼郡金山町大字中川字沖根原1324

## 43 福島県

# いわき湯本温泉 さはこの湯

一般に愛媛県の道後温泉、兵庫県の有馬温泉、和歌山県の白浜温泉を「日本三古湯」と称しますが、白浜温泉の代わりにここいわき湯本温泉を挙げる人も少なくありません。

いずれにしても、延喜式神名帳の「佐波古（現在の三函）の御湯」の歴史をくむ古湯であることは間違いないようで、源泉かけ流しが比較的多い、いい温泉地です。

そのシンボル的な共同湯がこちらです。建物は江戸時代末期の建築様式だそうです。

八角形の浴槽に熱めの単純硫黄泉がかけ流されています。

硫化水素臭が実に香ばしく、じんわりと身体に浸透する感じがします。

写真の檜風呂と岩風呂が毎日男女交代になります。

昼間に入ったときは、源泉が緑色がかって見えました。

八角形の浴槽に硫黄泉の源泉かけ流し

歴史を感じさせる外観

福島県いわき市常磐湯本町三函176-1

## 44 福島県

# 桧原ふれあい温泉 湖望

地元の方によって管理されている村営の日帰り温泉です。

3人入ればいっぱいになりそうな小さな浴槽に、46度のアルカリ性単純泉の源泉がかけ流されています。

少し黒みがかっています。

浴槽の縁から源泉が大量に溢れています。

また、源泉には大量の気泡があり、浸かると身体に気泡が付きます。

微かにつるつる感がありま す。

泡付きの温泉はそれだけで価値があります。

源泉の新鮮さの証です。

無色無臭ですが、新鮮な源泉をきちんとかけ流していま す。

大きな窓から望む桧原湖の眺めもいいものです。

泡付きの源泉かけ流し

桧原湖を望めます

福島県耶麻郡北塩原村桧原字道前原1131-54

## 45 栃木県 日光山温泉寺

全国にはお寺の中に温泉施設があるところがいくつかありますが、ここは天台宗日光山輪王寺別院内にあります。

ここと別府柴石温泉「長泉寺」（大分県）、五頭温泉郷出湯温泉「華報寺共同浴場」（新潟県）を、「三大お寺温泉」と勝手に命名しています。

含硫黄－カルシウム・ナトリウム－硫酸塩・炭酸水素塩泉です。

源泉は71・4度あり、注ぎ口の源泉はとても熱いです。浸かるとピリッときて、その後身体がじんじん熱くなります。

これほど濃厚で強烈な源泉は珍しいです。

近くの奥日光湯元温泉の旅館の温泉よりも濃厚な感じがします。

薬師瑠璃光如来様にお参りしました。

お寺の中のご利益のある温泉

日光山輪王寺

栃木県日光市湯元2559

## 46 栃木県 那須塩原駅前温泉

駅前温泉という名前ですが、JR那須塩原駅から30分ほど歩かなくては行けません。

簡易で素朴な建物ですが、泉質は折り紙付きです。

ナトリウム・カルシウム－塩化物泉です。

目に鮮やかなエメラルドグリーンに濁っています。

金属臭のような薬品のような独特の匂いがします。

浸かるときしきしした肌触りです。

温泉成分の濃さを実感します。

源泉が約70度とのことですが、安易に加水せず熱交換器で温度を下げているあたり、湯使いの素晴らしさも高評価です。

露天風呂の深さが約1メートルあるので注意が必要です。

深さ１メートル５センチの露天風呂

簡易で素朴な外観

栃木県那須塩原市唐杉字曽根林41-5

47
群馬県

# 京塚温泉 しゃくなげ露天風呂

温泉は草津温泉から尻焼温泉に行く手前にあります。

カルシウム－塩化物・硫酸塩泉です。

道路沿いの「喜久豆腐店」か、坂を下りたところにある「民宿くじら屋」という旅館で、お金を払って鍵をもらって橋を渡って行きます。

さすが温泉天国の群馬県です。

この辺りは源泉かけ流しの良質な温泉が実に多くあります。

ここは開放感抜群の混浴露天風呂で、湯量が多いです。

それにしても広い露天風呂で、これは湯量の多さがなせる技です。

自然の中で川のせせらぎを聞きながら入れます。

浸かると芳しい温泉臭に包まれ、まったりした肌触りです。

開放感抜群の混浴露天風呂

源泉の湯気が立ち込めています

群馬県吾妻郡中之条町大字入山3257

48
群馬県

# 応徳温泉 くつろぎの湯

道の駅六合《くに》に隣接した「お宿 花まめ」別館の日帰り温泉施設です。

JR長野原草津口駅から尻焼温泉に行く途中にあります。

含硫黄－ナトリウム・カルシウム－硫酸塩・塩化物泉です。

緑灰色に濁っていて、硫化水素臭と石膏臭がします。

黒い湯の華が舞っていますが、これは大変珍しいです。

浸かるととろみときしきし感を同時に感じます。

口に含むと苦味と渋みと塩味を感じます。

似た泉質の温泉が思いつかないくらい珍しい泉質です。

掲示板を見ると、平成4（1992）年に当時の皇太子殿下が登山の後にご入浴されたそうです。

黒い湯の華が舞う珍しい泉質

しゃれた建物の奥に湯屋があります

群馬県吾妻郡中之条町大字小雨21-1

49
群馬県

## 伊香保温泉 伊香保露天風呂

カルシウム・ナトリウム－硫酸塩・炭酸水素塩・塩化物泉です。

伊香保温泉街の３６５段の石段を上り、さらに10分ほど山道を歩いて辿り着きます。

山奥の秘湯感があります。

伊香保といえば茶色く濁った「黄金《こがね》の湯」のイメージがありますが、ここは緑色がかっています。

源泉に近く新鮮な感じがします。

浸かると金気臭がして、きしきしした肌触りです。

湯上がりは肌がしっとりします。

脱衣場はなく、半円形の浴槽のすぐ横で着替えるワイルド感も一興です。

自然の中の静かな露天風呂なので、心身ともに癒やされます。

緑色の新鮮な源泉

山の中の共同湯

群馬県渋川市伊香保町伊香保581

50
群馬県

## 川原湯温泉 王湯

八ッ場ダム建設のため、平成26（２０１４）年7月に移転しました。

以前の温泉街は八ッ場あがつま湖に沈んでいます。

ＪＲ川原湯温泉駅から歩いて15分くらいのところにありますが、駅も道も新しくて綺麗です。

以前の源泉がダム湖に沈んだので、新しく掘削したそうですが、ちゃんと高品質の含硫黄－カルシウム・ナトリウム－塩化物・硫酸塩泉が湧出しています。

ダム湖を望む浴槽に浸かると、少し緑色がかっていて硫化水素臭が芳ばしいです。

さらさらした肌触りですが、源泉がガツンと身体に染み込む感じがします。

湯上がりはさっぱり、すべすべになります。

ダム湖を望む露天風呂

移転しても良質の源泉かけ流し

群馬県吾妻郡長野原町川原湯491-6

51
群馬県

# 鈴森の湯

水上温泉から少し山道に入った方にあります。

2000万年前の太古の地層から湧出しているそうで、酸化還元率にもこだわりのある品質の高い泉質です。

内風呂の一つが源泉浴槽で、深めの浴槽にカルシウム－硫酸塩泉の源泉がかけ流されています。

源泉温度は約35度です。浸かった瞬間は思ったよりも冷たく感じますが、そのうち身体がじんわりと温まってきます。

さらさらした肌触りで、硫化水素臭に近い温泉臭がします。

露天風呂は加温された源泉がかけ流されています。

清流を見下ろしながら入ることができ、ロケーションが抜群です。

深めの浴槽にぬるめの源泉かけ流し

清流を見下ろす露天風呂

群馬県利根郡みなかみ町阿能川1009-2

52
群馬県

# 湯の小屋温泉 ハレルヤ山荘

JR水上駅からバスで1時間ほどかかり、山の中の秘境の雰囲気があります。

山小屋のような佇まいです。

廃業した旅館を教会が引き取って経営しているようです。

湯小屋には誰もおらず料金箱にお金を入れて入ります。

シンプルな浴槽が一つだけで、源泉はかなり熱く、水を入れて何とか入ることができます。

せっかくの源泉かけ流しなので、あまり水を入れたくはないのですが、この熱さには耐えられません。

単純泉ですがとろみがあり、身体にまとわりつくような感じがします。

熱伝導がよいのか、身体が温まります。

微かに温泉臭がします。

湯上がりはさっぱりして心地よい感触が残ります。

熱めのとろみのある温泉

協会が経営する日帰り温泉

群馬県利根郡みなかみ町藤原6289-4

53 群馬県

## 八千代温泉 芹の湯

かなりアクセスが困難なところにある、山の中の秘境の一軒宿です。

含二酸化炭素－ナトリウム－塩化物・炭酸水素塩冷鉱泉で、源泉温度は10・8度とのことです。

加温していますが、立派にかけ流しています。

泉質が素晴らしく、ヌルヌル感が強い。

木造の浴槽がぬるっとします。

化粧水をつけたことはありませんが、おそらくこんな化粧水もあるのだろうと思うほどです。

湯上がりは肌が生き返ったような感覚です。

塩味が利いていて飲泉も美味いのが嬉しい限りです。

現在は宿泊は受け付けていないそうですが、食事はできます。

化粧水のような温泉

山の中の秘境の一軒宿

群馬県甘楽郡下仁田町西野牧12809-1

54 群馬県

## 水上温泉 温泉センター諏訪ノ湯

水上温泉の温泉街からは少し離れたところにある、昔ながらの素朴な風情のある建物です。

敷地内から湧出しているカルシウム－硫酸塩泉の源泉をそのままかけ流しています。

4、5人入ればいっぱいになりそうな石造りの小さな浴槽と飲泉場があります。

岩の間から熱めの源泉がとろとろ出ています。

浸かるとまったりした肌触りで、お湯がきゅっきゅっと肌を弾くような感じがします。

源泉が新鮮なためか、じんわりと身体に染み込んでくる感じがします。

微かに温泉臭がします。

素朴な佇まいですが、さすが群馬県の実力派の日帰り温泉といったところです。

まったりしてじんわりとくる泉質

素朴で風情のある建物

群馬県利根郡みなかみ町高日向448-30

## 55 群馬県

# 白根温泉 大露天風呂薬師之湯

湿原でお馴染みの尾瀬の近くにあります。

時代劇に出てきそうな建物はインパクト大です。

その入口には温泉たまごの茹で釜や足湯もあります。

弱アルカリ単純泉です。

風情のある石造の内風呂と、開放感たっぷりの露天風呂に源泉が大量にかけ流されています。

露天風呂は熱めとぬるめの2つに分かれています。

浸かるとさらさらした肌触りですが、しっとり感があります。

柔らかく肌に優しい滑らかな泉質です。

微かに硫化水素臭がして、じんわりとよく温まります。

湯上がりはなかなか汗が引きません。

石造りの内風呂

時代劇に出てきそうな建物

群馬県利根郡片品村東小川4667

## 56 埼玉県

# 百観音温泉

ＪＲ東鷺宮駅から歩いて行けます。

ナトリウム‐塩化物強塩泉ですが、ナトリウムの濃度がかなり高いようです。

前作では埼玉県からは「森のせせらぎ　なごみ」という良質のかけ流し温泉を紹介しましたが、ここも同じ久喜市の温泉です。

57度の源泉が毎分１０００リットルも自噴で湧出するとのことです。

源泉の露天風呂はとにかく熱い。

加水していないので、軽く45度を超えていると思います。

覚悟を決めて入らなければいけません。

しかも塩分濃度が高いので、身体にガツンと染みます。

皮膚がひりひりします。

水を入れることもできません。

熱めのガツンとくる源泉露天風呂

街中の温泉

埼玉県久喜市西大輪2-19-1

## 57 埼玉県

# 早稲田天然温泉 めぐみの湯

地下1500メートルから汲み上げたナトリウム－塩化物強塩泉です。

約45度の源泉が毎分300リットル湧出しています。

温泉分析表を見ると、それぞれのイオンの濃度が濃く、メタケイ酸やメタホウ酸の含有量も多いことが分かります。

内風呂に源泉かけ流し浴槽が2つ、露天風呂にも源泉かけ流し浴槽が2つあります。

源泉の注ぎ口は透明の源泉ですが、その後茶色に濁ります。

浸かった瞬間は、高濃度の塩分がピリッときて、じんわりと温まります。

露天風呂では、外で身体をクールダウンしている人もいます。

埼玉県で加温・加水、循環、塩素殺菌すべてなしの温泉は珍しいと思います。

茶褐色の源泉かけ流し

加温加水循環なし

埼玉県三郷市仁蔵193-3

## 58 千葉県

# 濃《のう》溝《みぞ》温泉 千寿の湯

重炭酸ソーダ泉の源泉は温度が15・5度なので加温しています。

湧出量が毎分22リットルと多くはありませんが、浴槽を小さくしてきちんと源泉かけ流しにしています。

加水、循環、消毒なしのかけ流しは千葉県では珍しいです。

しかも、加温源泉を木の枠を通して浴槽に広くかけ流す工夫をしています。

君津市の他のモール泉とは泉質が異なり、淡いコーヒー色でつるつる感があります。

金属臭とゴムが焦げたような匂いがして、微かに泡が付きます。

湯上がりは肌がしっとりします。

源泉の湯量が少なくてもちゃんと源泉かけ流しにできる見本のような温泉です。

湯使いの上手い温泉

源泉湯量が少なくても源泉かけ流し

千葉県君津市笹1954-17

59
東京都 八丈島

# 八丈島の温泉 裏見ヶ滝温泉、末吉温泉みはらしの湯

八丈島には泉質のいい温泉が何か所かあり、温泉だけでも十分楽しめます。

1作目では、海岸近くの洞輪沢温泉を紹介しました。

泉質はそれぞれ異なりますが、基本はナトリウム－塩化物強塩泉です。

裏見ヶ滝温泉は熱帯植物に囲まれた混浴露天風呂で、どこか異国情緒を感じさせます。水着着用で無料で入浴できます。

駐車場から階段を下りて更衣室で水着に着替えます。

一方の末吉温泉みはらしの湯は名前のとおり太平洋を見下ろせる眺めのいい温泉です。どちらも緑色に濁っていて金属臭がします。

また、塩分が強く濃厚な泉質なので、少し浸かっただけでぐったりしします。

裏見ヶ滝温泉

末吉温泉みはらしの湯

東京都八丈島八丈町末吉581-1

60
東京都

# 武蔵小山温泉 清水湯

東急目黒線武蔵小山駅から歩いて行けます。

源泉温度が18・6度の冷鉱泉ですが、重炭酸ソーダ等の成分が基準を超えているので、温泉になります。

琥珀色のモール泉で、特有のつるつる感があります。

モール泉は内風呂と露天風呂に使用しています。

露天風呂にはナトリウム－塩化物強塩泉のかけ流しもあります。

こちらは1500メートルの深さから湧出しているそうで、茶色に濁っています。

塩っぱくて苦い源泉です。

東京で2種類の品質の高い源泉かけ流しに浸かることができるのは想定外の幸福です。

いつもお客さんが多いのが肯けます。

モール泉の源泉かけ流し

2種類の源泉に浸かることができます

東京都品川区小山3-9-1

## 61 神奈川県

# 箱根湯本温泉 かっぱ天国

箱根登山鉄道箱根湯本駅の裏山にあります。

急な石段を上って行くと、箱根湯本の温泉街を見下ろせます。

以前は宿泊も受け付けていたそうですが、現在は日帰り入浴だけです。

建物と脱衣場はワイルドです。

男女別の屋根付きの広めの露天風呂が一つだけです。

浴槽の中からナトリウム－塩化物・硫酸塩泉の源泉が注入されています。

空気に触れないので源泉の新鮮さが維持されています。

浴槽の壁の岩に小さな河童がいます。

つるつるすべすべの泉質で、じんわりと温まります。

湯上がり後もなかなか汗が引きません。

つるつるすべすべの高品質の温泉

長い階段を上っていきます

神奈川県足柄下郡箱根町湯本777

## 62 神奈川県

# 箱根湯本温泉 和《い》泉《ずみ》

現在する箱根最古の源泉「惣湯」を含めて7本の源泉を用いています。

「早雲の湯」と「権現の湯」が男女入れ替わりになります。

「早雲の湯」の内風呂には、はるか昔から存在するという「古来湯」があります。

これはなかなかいい表現です。

昭和2（1927）年に温泉台帳を整備したときよりも以前に存在した9号泉のアルカリ性単純泉を使っています。

とろみとしっとり感があり、湯上がりは肌が生き返ったような心地です。

浴室も大変レトロで風情があります。

外湯には7つの源泉をブレンドした半洞窟の「つづみの湯」と「合わせ湯」があります。

古来湯の浴槽

半洞窟のつづみの湯

神奈川県足柄下郡箱根町湯本657

## 63 新潟県
# 桂温泉

JR長岡駅から車で20分ほどの田んぼの中にあります。内風呂が2つと露天風呂があります。

茶褐色のアルカリ性単純泉のモール泉です。

モール泉の中でも泉質が濃厚で、良質だと思います。

黒光りして見えます。

つるつる感が強く、浴槽の中で滑ります。

モール臭も実に香ばしいです。

じんわりと温まって、湯上がりのつるつる感が持続します。

いつも地元の方で賑わっているところも泉質の良さを物語っています。

長岡市には、本書でご紹介した長岡温泉、寺宝温泉といったレベルの高い源泉かけ流しがあります。

高品質のモール泉の源泉かけ流し

地元の方で賑わっています

新潟県長岡市桂町1527

## 64 新潟県
# 越後湯沢温泉　神泉の湯

越後湯沢温泉の温泉街から少し離れたところにある日帰り温泉施設です。

浴槽は男女一つずつで、42.1度のアルカリ性単純泉の源泉をそのままかけ流しています。

無色無臭のさらさらした癖のない泉質です。

とはいえ、循環風呂とは全く異なります。

浸かった瞬間、じわーっと源泉に包まれる感じがします。

源泉が「生きている」という実感があります。

湯上がりは肌がすべすべになっています。

最近は、派手さはないものの、温泉としての堅実な中身があるこうした温泉にはまっています。

ここは名物の温泉あんパンがおすすめです。

「生きている」源泉のかけ流し

源泉100%かけ流しと明記

新潟県南魚沼郡湯沢町大字神立字七谷切3448-1

## 65 新潟県

# えちご川口温泉リゾート

「ホテル　サンローラ」に併設された温泉です。

露天風呂の小さい方の浴槽は、源泉注入口から源泉温度52・1度の熱いナトリウム－塩化物強塩泉の源泉がかけ流されています。

源泉浴槽は茶色に濁っていて、実に濃厚な泉質であることが分かります。

浸かった瞬間は身体がひりひりします。

かなり塩分濃度が濃く、身体にずっしりときます。

数分浸かるだけで相当疲れます。

露天風呂の大きい方の浴槽は源泉を薄めた浴槽でこちらは笹濁りです。

それにしても風光明媚な露天風呂で、信濃川や山々を見下ろすことができ実に快適です。

茶色に濁った濃厚な泉質

ホテル　サンローラ併設の日帰り温泉

新潟県長岡市川口中山2515-3

## 66 新潟県

# 岩室温泉　だいろの湯

含硫黄－ナトリウム・カルシウム－塩化物泉です。

岩室温泉は個性的な泉質の穴場的な温泉地で、こちらは旅館の「めんめん亭　わたや」が経営する日帰り温泉施設です。

1号泉から3号泉の3本の源泉をそれぞれ50畳の大庭園露天風呂、内風呂、岩風呂にかけ流しています。

大庭園露天風呂と岩風呂の緑色の源泉の色が鮮やかです。

浸かるとつるつる感があり、硫化水素臭と薬品臭が混じったような香りがします。

岩風呂はぬる湯なので、じっくりと入れます。

内風呂は湯の華が舞っていて、こちらはさらさらした肌触りです。

ちなみに「だいろ」とは、地元でカタツムリのことです。

大庭園露天風呂

白濁した内風呂

新潟県新潟市西蒲区石瀬3250

67
新潟県

## 出湯《でゆ》温泉 華《け》報《ほう》寺《じ》共同浴場

出湯温泉は村杉温泉、今板温泉とともに五頭温泉郷の一角をなします。

ここは華報寺境内の中にある、大変風情があって有難い共同湯です。

「弘法大師お授けの湯」を標榜していて、男女の仕切りに弘法大師の像が安置されています。

アルカリ性単純泉です。

源泉温度が37度なので少し加温していますが、立派なかけ流しです。

浸かると実にマイルドな肌触りで、肌を源泉が滑っていくような感じがします。

微かに金属臭がします。

湯上がりは肌がつるつるになります。

すぐ近くに出湯温泉共同浴場もありますが、ここもきちんとした源泉かけ流しです。

弘法大師様の像が安置されています

華報寺境内の有難いお湯

新潟県阿賀野市出湯794

68
新潟県

## かのせ温泉 赤湯

キャンプ場の手前にある温泉施設です。

一時期休業していましたが、民間の会社が経営を引き継いでいるようです。

ナトリウム・カルシウム－硫酸塩泉です。

源泉温度は59度で、その源泉がかけ流されています。

源泉は鮮やかな赤茶色に濁っています。

源泉が注入されている向かって右側の浴槽は非常に熱く、左側の浴槽は何とか入れるかな、という感じです。

温泉の成分が濃厚なので、熱さがこたえます。

浸かるときしきしとというよりもごしごしした肌触りで、鉄分を相当含んでいることが分かります。

源泉には赤茶色の粒子がたくさん浮遊しています。

鮮やかな茶色に濁っています

熱湯で有名な温泉

新潟県東蒲原郡阿賀町鹿瀬11540-1

69
富山県

# 天然温泉 海王

純生源泉

地下1200メートルから湧出しているナトリウム－塩化物強温泉の源泉をそのままかけ流ししています。

源泉浴槽に入るためには、350円追加料金が必要ですが、十分その値打ちがあります。

建物の外にはたくさんの幟がたち、中に入るとお面などがたくさん飾られています。

樽風呂は塩素殺菌なしの純生な源泉で、文字どおり樽型の浴槽に勢いよく適温の源泉がかけ流されています。

温泉成分が大変濃厚で、源泉の注ぎ口が白く泡立っています。

浸かると少し化学薬品のような匂いがします。

身体にまとわりつくような優しい泉質です。

露天風呂は塩素殺菌をしたうえでのかけ流しで、こちらは少し黄色く濁っています。

最近行った中では、ここの純生源泉の樽風呂は一番の泉質です。

塩素殺菌のかけ流し露天風呂

派手な外観

富山県射水市鏡宮361

## 70 石川県

# 松任千代野温泉

「松任」と名前が付いていますが、白山市にあります。いつも地元の方で賑わっている人気スポットです。

さまざまな浴槽がありますが、露天風呂が源泉かけ流しになっています。

源泉は真っ黒のナトリウム−塩化物泉です。

源泉温度は40・8度とのことですが、露天風呂に入るとそれよりも冷たく感じます。

いわゆるモール泉で、肌触りはつるつるです。

モール臭も実に芳しく、浴槽内で思わず笑みがこぼれます。

湯上がりは肌が引き締まります。

内風呂は加温循環していますが、それでもモール成分は残っています。

まっ黒のモール泉の源泉かけ流し

建物の外観

石川県白山市米永町275-1

## 71 山梨県

# 山口温泉

甲斐市内の住宅地の中に佇んでいます。

ナトリウム−炭酸水素塩・塩化物泉です。

源泉は41・6度で、毎分686リットルの自噴です。

ここの泉質は折り紙付きです。

特筆すべきはその泡付きのすごさです。

浴槽が白く泡立っているのがお分かりいただけるでしょうか。

これほど泡立つ源泉は全国的にも珍しいです。

しかも圧倒的な湯量です。

浸かるとぬる湯で、つるつるすべすべ度を強烈に感じます。

全国屈指の総合力の高い泉質です。

今作で満を辞して紹介させていただきました。

最高の泡付き温泉

甲斐市内の住宅地の中の温泉

山梨県甲斐市篠原477

## 72 山梨県

# 山宮温泉

JR甲府駅から車で約15分ほど、甲府市山宮町にあります。

日帰り温泉施設ですが、食事もできます。

山梨県はぬる湯の宝庫です。

こちらはいかにも山梨県の温泉らしい、素晴らしいぬる湯です。

37度くらいのナトリウム－塩化物泉がかけ流されていて、浴槽の縁から大量に溢れています。

浸かると、ザブーンと源泉が溢れます。

真ん中の浴槽が源泉浴槽で、肌に滑らかでつるつるした泉質です。

微かに気泡も付着します。

新鮮な源泉であることが分かります。

湯上がりはすべすべになります。

泡付きぬる湯の源泉かけ流し

建物の外観

山梨県甲府市山宮町2532-1

## 73 山梨県

# 新遊亀温泉

甲府市内には何軒か源泉かけ流しの公衆浴場があり、ここは住宅街にあります。

昭和レトロの建物は趣があります。

ナトリウム－炭酸水素塩・塩化物泉です。

源泉は黄褐色で、微かに油臭がします。

源泉が音を立ててかけ流されています。

このドバドバ感が温泉の醍醐味です。

浸かるとつるつる感が強く、源泉が身体にまとわりついて幸福感に浸れます。

熱めとぬるめの浴槽があり、浴槽の縁から源泉が溢れ出ています。

湯上がりはべたつきがなく、さっぱりします。

甲府市内の温泉はレベルが高いです。

油臭のするドバドバかけ流し

甲府市内の公衆浴場

山梨県甲府市太田町11-5

74
山梨県

# 正徳寺温泉 初花

外観は少し派手めの日帰り温泉です。

源泉温度34度のアルカリ単純泉です。

地下945メートルから自噴しているそうです。

露天風呂ではぬるめのモール泉に浸かることができます。薄めの琥珀色でとろみとヌルヌル感があります。

実に肌に滑らかな泉質です。微かに身体に泡が付きます。


内風呂にも源泉浴槽があります。

どちらもぬるいので長湯ができます。

山梨県にはぬる湯の源泉かけ流しが多くあります。

暑い時期にここのぬる湯にじっくり浸かって、名物の鰻をいただくのは至福のひとときです。

琥珀色のぬる湯の露天風呂

ピンクの柱が目につきます

山梨県山梨市正徳寺1093-1

75
山梨県

# 西山温泉 湯島の湯

ナトリウム－硫酸塩・塩化物泉です。

早川の近く、西山温泉「慶雲館」や「蓬莱館」の手前にあります。

コテージに宿泊することができますが、「日帰り温泉」に入れています。

熱めの源泉で、岩風呂、木風呂、石風呂という名前の露天風呂があります。内風呂はありません。


広大な敷地に露天風呂をワイルドに並べた様子で、開放感が抜群です。

カランはないので、源泉を溜めた細長い湯溜まりを使います。

浸かるとさらさらした肌触りで、硫化水素臭がします。

身体の奥までじんわり温まります。

露天風呂がワイルドに並べられています

広大な敷地の中の温泉

山梨県南巨摩郡早川町湯島1780-7

76
長野県

## 鹿《か》教《け》湯《ゆ》温泉 高梨共同浴場

温泉街からは少し離れた場所にあることに加え、入口が実に分かりにくいため、最初は皆さん、入口を探すのに苦労されているようです。

　建物も実に鄙びています。いかにも共同浴場といったシンプルな浴槽が渋いです。

　無色透明の単純泉です。ただ、鹿教湯温泉のように歴史のある温泉地の単純泉は、ボーリングで地中深くから汲み出した単純温泉とは異なります。

　浸かると少しとろみを感じて、微かな金気臭がします。

　特定の温泉成分が突出していないだけで、さまざまな温泉成分が溶け込んでいる源泉です。

　じんわり感と心地よい疲労感が普通の単純泉とは異なります。

共同浴場らしいシンプルな浴槽

入口が分かりにくい共同浴場

長野県上田市西内885-1

77
長野県

## 扉温泉 桧の湯

松本市内にありますが、かなり山の中の秘湯です。地区の方が運営しているそうです。

　食堂も併設されています。小ぎれいでコンパクトな日帰り温泉です。

　内風呂と露天風呂があり、アルカリ性単純泉がぜいたくにかけ流されています。

　とりわけ開放感抜群の露天風呂が素晴らしく、自然の中で良質の源泉に浸かることができます。

　つるつる感のある良い泉質で、源泉が肌をきゅっきゅっと弾く感じがします。

　ほのかな硫化水素臭もします。

　露天風呂にはコップが置かれていて、飲泉もまろやかで美味です。

肌をきゅっきゅっと弾くような泉質

秘境の中の日帰り温泉

長野県松本市入山辺8967-4-28

## 78 長野県

# 千古温泉

上田市にありますが、ＪＲ上田駅からは車で20分ほどかかります。

田んぼの中の一軒宿ですが、日帰り温泉だけの営業です。

小さめの浴槽が一つだけです。

硫黄泉です。

源泉温度が約24度なので加温していますが、きちんとかけ流しています。

浸かると少しぬめりがあり、身体にまとわりつくような独特の感触です。

硫化水素臭はさほど強くありません。

マンガンが沈澱しているそうで、浴槽の底に触れると手が黒くなります。

また、黒い湯の華も浮かんでおり、なかなか個性的な泉質です。

マンガンが沈殿しています

田んぼの中の一軒宿

長野県上田市真田町字横尾639

## 79 長野県

# 下諏訪温泉 新湯

下諏訪温泉には９か所の共同湯があります。

共同湯の数の多さでは日本有数です。

前作では菅野温泉を紹介しています。

ここは昭和２（１９２７）年から営業しているそうです。

近くの「旦過の湯」の源泉を引いており、注入口から熱めのナトリウム・カルシウム－硫酸塩・塩化物泉が注がれています。

建物もさることながら、浴槽も歴史を感じさせます。

浸かると初めはピリッとしますが、肌触りはさらさらしています。

その後、じんわりと身体が温まってきます。

石膏臭があり、飲泉すると微かな塩味と苦味があります。

地域に根ざした温泉の足腰の強さを感じます。

熱めでピリッときます

足腰の強い源泉かけ流し

長野県諏訪郡下諏訪町御田町上3154-3

## 80 長野県

# 別所温泉　大《たい》師《し》湯《ゆ》

別所温泉には、ここと「大湯」「石湯」の3つの共同湯がありますが、源泉かけ流しはここだけです。

肌に滑らかな単純硫黄泉です。

慈覚大師ゆかりの由緒ある温泉とのことで、歴史のある名湯にふさわしい立派な建物です。

浴槽は小さめで、硫化水素臭が鼻をくすぐります。

薄濁りです。

初めは少しピリッとした刺激がありますが、すぐに慣れてきます。

そのうちにじんわりと温まってきます。

ほかの2か所の循環風呂の共同湯に比べると、湯上がりの肌のしっとり感が全然違います。

物の源泉かけ流しは違います

名湯の中の共同湯

長野県上田市別所温泉1652-1

## 81 長野県

# 野沢温泉　真湯温泉、熊《くま》の手《て》洗《あら》湯《ゆ》

野沢温泉には13の共同湯があり、有難いことにいずれも無料で入れます。

「真湯温泉」は単純硫黄泉で、綺麗に白濁していますが、日によって変わります。

薄濁りだったり、エメラルドグリーンになることもあります。

湯の華が大量に舞っていて、硫化水素臭はさほどは強くありません。

「熊の手洗湯」は名前のとおり熊が怪我をした手を癒していたことから名付けられた共同湯で、野沢温泉最古の湯と言われています。

目に鮮やかなエメラルドグリーンの源泉です。

浸かると、ピリッときて少しヌルヌル感があります。

どちらも共同湯らしい佇まいです。

真湯温泉

熊の手洗湯

長野県下高井郡野沢温泉村豊郷8278-2、野沢温泉村豊郷8955

## 82 長野県

# 野沢温泉 滝の湯、十王堂の湯

無料で入ることのできる野沢温泉の13の共同湯の内の二つです。

野沢温泉の共同湯は「湯仲間」といわれる地元の方によって管理されています。

共同湯ごとにバラエティーに富んだ泉質で、日本一の共同湯群だと思います。

「滝の湯」は野沢温泉の共同湯の中で一番高いところにあります。

単純硫黄泉ですが、青緑色で硫化水素臭が強いのが特徴です。

浸かるとピリッとくるパンチの効いた泉質で、驚くほどよく温まる温泉です。

「十王堂の湯」は含石膏－食塩・硫黄泉で、こちらは薄濁りです。

目に染みるような石膏臭がします。

滝の湯

十王堂の湯

長野県下高井郡野沢温泉村豊郷8217、野沢温泉村豊郷9607

## 83 長野県

# 霊泉寺温泉 共同浴場

のどかな田園地帯にある、山里の中の古き良き温泉地です。

旅館が4軒あり、こちらはコンクリート造りの鄙びた建物が共同浴場の見本のような佇まいです。

源泉は無色透明なアルカリ性単純泉です。

源泉温度は43・8度、pHは8・9です。

以前は浴槽のタイルが濃い青色でしたが、薄い青色になっていました。

見た目は地味ですが、実に柔らかい泉質で石膏臭がします。

さらさら感とつるつる感を同時に感じることができます。温泉成分のバランスがいいのと、源泉が新鮮だからだと思います。

この温泉は、心底のんびりしてリラックスできます。

共同浴場の見本のような温泉

のどかな田園地帯の日帰り温泉

長野県上田市平井2515-2

## 84 長野県

# 渋温泉 大湯、初湯

渋温泉には9つの共同湯があり、それぞれ泉質は異なります。

「大湯」は渋温泉の旅館に宿泊していなくても入れますが、「初夢」から「八番湯」までは宿泊した旅館で鍵を借りて入ることができます。

大湯は写真では青光りしていますが、普段は黄土色に濁っています。

重厚でずっしりしたナトリウム・カルシウム－硫酸塩・塩化物泉です。

「初湯」も同じ泉質ですが、こちらは大体このように青光りしています。

名前のとおり渋い匂いがして、さらさらした肌触りです。

手拭いに共同湯の入口にあるスタンプを押して、温泉神社で結願をすることもできます。

大湯

初湯

長野県下高井郡山ノ内町渋温泉

## 85 長野県

# 白馬塩の道温泉 倉下の湯

JR大糸線の白馬駅か信濃森上駅が最寄駅です。

この辺りには「岩岳の湯」などの日帰り温泉施設がいくつかあります。

山小屋風の風情のある建物が特徴です。

私がこの辺りに来ると少々無理してでも立ち寄りたくなる大好きな温泉です。

ナトリウム－塩化物・炭酸水素塩泉です。

温泉分析書を見るとマグネシウム、ホウ酸などの含有量が多く、かなり個性的な泉質です。

内風呂はなく露天風呂が一つだけです。

茶色に濁っていて、浸かるととろみを感じます。

塩分もかなり強く、実に濃厚な泉質です。

硫化水素臭と金属臭も強烈です。

個性的で濃厚な泉質

山小屋風の建物

長野県北安曇郡白馬村大字北城9549-8

## 86 長野県

# 白骨温泉　公共野天風呂

長い階段を下りた先の渓流沿いにあります。

見事に白濁した単純硫黄泉は硫化水素臭が強く、浸かると温泉成分がじんわりと身体に染み込んできます。

浴槽の縁には温泉成分が凝固しており、温泉成分が濃厚であることが分かります。

平成16（2004）年、全国的に温泉偽装問題が騒がれましたが、その端緒となったのが実はここです。

これを機に温泉法が改正になり、入浴剤の使用や循環の有無などを掲示しなくてはいけなくなりました。

今は入浴剤など入れなくても十分白濁しています。

しかし、本当は源泉が新鮮なうちは透明で、酸化して劣化すると白濁してしまいます。

白濁した風情ある佇まい

ここから長い階段を下りて行きます

長野県松本市安曇白骨温泉

## 87 長野県

# 子安温泉

信州高山温泉郷の中、山田温泉の近くにあります。

木造の素朴な建物です。

含よう素－ナトリウム・カルシウム－塩化物泉です。

お湯は黄土色に濁っています。

含よう素泉は非常に珍しいです。

金属臭と薬品臭のような独特の臭いがして、浸かると身体にずっしりきます。

温泉成分が濃厚で、重たく感じます。

じわーっと温まり、少し浸かっただけで疲れます。

浴槽の外の桶には源泉がかけ流しています。

源泉は35・4度のぬるめで、こちらは透明でシュワシュワ感があります。

源泉のかけ湯ができます。

身体にずっしりとくる温泉

建物の外観

長野県上高井郡高山村牧783

88
岐阜県

## 奥飛騨温泉郷 新穂高温泉 中崎山荘

新穂高ロープウェイの近くにあります。

単純硫黄泉です。

内風呂は白濁しており、白い湯の華が大量に舞っています。

浸かるととろみを感じます。

単純硫黄泉にしては、つるつる感とヌルヌル感があります。

一方、露天風呂は透明です。湯雨竹で高温の源泉を冷やしています。

内風呂のように加水していないので、白濁していないのではないかと思います。

浸かるとはじめはピリッときて、その後にじんわりと温泉成分が身体に染み込んできます。

ヌルヌル感と硫化水素臭は露天風呂の方が強い感じがします。

湯の華が舞う内風呂

湯雨竹で冷やした硫黄泉

岐阜県高山市奥飛騨温泉郷神坂710

89
静岡県

## 焼津黒潮温泉 元湯 なかむら館

JR焼津駅から徒歩5分ほど、住宅地の中にあります。

焼津市にはいくつか温泉施設がありますが、こちらは令和3（2021）年にリニューアルされ、カフェも併設したおしゃれな建物です。

内風呂と露天風呂があります。

ナトリウム・カルシウム－塩化物泉です。

少しとろみのある、肌に優しい泉質です。

口に含むとしょっぱい味覚がしますが、浸かるとあまり塩分の刺激は感じません。

芳しい温泉臭がします。

よく温まり、しばらく汗が引きません。

スタッフの皆さんのにこやかな応対も含め、好印象の日帰り温泉です。

よく温まる塩化物泉

住宅地の中のおしゃれな建物

静岡県焼津市駅北1-14-7

90
静岡県

## 源泉駒の湯荘

旅館のようですが、宿泊はやっていないようです。

柔らかい泉質のアルカリ性単純泉です。

露天風呂が素晴らしく、林の中に4つの浴槽があります。

手前の浴槽は加温しています。その奥が源泉浴槽で、ぬるめです。

源泉浴槽に浸かると肌触りはさらさらした感じです。

あまりの心地良さに、ついうとうとしてしまいます。

湯上がりはしっとりします。

さらに露天風呂には「薬草の湯」と「うたせの湯」があります。

内風呂にも温度が異なる浴槽がいくつかあります。

源泉かけ流しにこだわった旅館です。

内風呂から露天風呂に行くときにいったん着替える必要があるのでご注意ください。

ぬる湯の源泉浴槽があります

源泉かけ流しにこだわった旅館

静岡県伊豆の国市奈古谷1882-1

91
静岡県

## 観音温泉
## 観音プリンシプル

宿泊施設の「観音乃湯ガラティア」に併設された日帰り温泉です。

観音様のお告げで掘削したところ、良質の源泉が湧出したという謂れがあります。

ここは第三源泉を引いているそうです。

ｐＨ９・５強のアルカリ性単純泉です。

地下６００メートルから51度の源泉が湧出するそうです。

内風呂は窓が大きくて明るい、開放的な浴室にある木造の浴槽です。

源泉の注入口から源泉が大量に溢れ落ちています。

浸かるととろみを感じ、身体の表面がヌルヌルした感じになります。

飲泉すると市販のミネラルウオーターよりもとろみがあります。

木造りの浴槽に源泉が溢れています

アルカリ度の高い日帰り温泉

静岡県下田市横川1092-1

92
静岡県

## 伊豆大川温泉　磯の湯

土管を通って行くことで有名な温泉です。

おそらく全国の数ある温泉の中でここだけだろうと思います。

用水路のような入口を下りて行くと、土管があります。

そのまま水が流れる土管を通ると、海岸に出ます。

そこを右に曲がると温泉があります。

伊豆にしては珍しい濁り湯です。

ナトリウム・カルシウム－塩化物・硫酸塩泉が緑褐色に濁っています。

さらさらした肌触りで、金属臭がします。

しばらく浸かっているとじんわりと温まってきます。

インパクトを考えて、土管の中の写真も挙げました。

伊豆には珍しい濁り湯

土管の中を通っていきます

静岡県賀茂郡東伊豆町大川

93
静岡県

## 湯ヶ島温泉　河鹿《かじか》の湯

湯ヶ島温泉湯本館の隣にある素朴な共同浴場です。

日当たりのいい浴室には、4人も入ればいっぱいになりそうな小さめの楕円形の浴槽があります。

カジカガエルをかたどった注ぎ口から熱めのナトリウム・カルシウム－塩化物泉の源泉が勢いよくかけ流されています。

浴槽の縁から源泉が溢れ出ています。

浴槽に浸かるとザブーンと源泉が溢れます。

源泉かけ流しの醍醐味です。

湯は透明で、浸かると微かに石膏臭があり、きゅっきゅっとした肌触りがします。

湯上がりはしゃきっと元気が出ます。

窓を開けると狩野川の清流が望めます。

勢いよく源泉がかけ流し

素朴な共同浴場

静岡県伊豆市湯ヶ島1650-3

94
静岡県

## 白岩温泉　希望園

伊豆箱根鉄道の修善寺駅から車で10分ほどのところにあります。

この辺りには源泉かけ流しの温泉が何軒かありますが、ここは山の奥にあります。

宿泊はできませんが、食堂で食事ができます。

アルカリ性単純泉で、pHは9・2です。

山から湧出した適温の源泉をそのままかけ流しています。

浸かるとつるつる感とヌルヌル感があり、肌触りは滑らかです。

心地よいのでなかなか出たくないという気分になります。

飲泉すると微かに甘みを感じます。

源泉の注入量も多く、「伊豆で一、二を争う泉質」との評判もなるほど頷けます。

つるつる感とヌルヌル感のある源泉

山の上の秘湯

静岡県伊豆市上白岩1516

95
静岡県

## 川根温泉　ふれあいの泉

道の駅川根温泉に隣接した日帰り温泉施設です。

風光明媚な大井川に面しています。

日本で唯一温泉に入りながらSLが見える温泉で有名です。

大井川鉄道の川根温泉笹間渡駅が最寄駅です。

ナトリウム-塩化物泉です。

約2万年前の地下水と古海水が混じった温泉だそうです。

緑灰色の薄濁りです。

濃厚な泉質で最初はひりひりします。

ヌルヌル感とつるつる感がします。

飲泉は、にがりの利いた不思議な味です。

湯上がりは肌がしっとりします。

よく温まる泉質で汗がなかなか引きません。

約2万年前の古海水の温泉

SLが見られる温泉

静岡県島田市川根町笹間渡220

## 96 愛知県

# 一畑薬師寺　御霊泉

臨済宗の大きなお寺にある温泉施設です。

JR美合駅から1時間に2本の送迎バスが出ていて、参拝者が多く活気があります。

お寺の食事処にも大勢お客さんが入っています。

浴室の中ほどに源泉浴槽があります。

アルカリ性冷鉱泉で源泉温度19度、pHは9・5です。

加温された源泉が黒い石からかけ流されています。

無色透明でつるつる感があります。

じんわりと温まるのですが、不思議なじんわり感です。

参拝に訪れた方の多くは、ペットボトルに源泉を入れて持って帰ります。

いかにもご利益がありそうな、厳かな独特の雰囲気の温泉です。

ご利益のありそうな温泉

立派なお寺です

愛知県岡崎市藤川町王子ヶ入12-44

## 97 三重県

# あのう温泉

津市の安濃交流会館の中にあります。

地元の方が銭湯代わりに使っているようです。

このような公共施設で源泉かけ流しがあるのは有難いことです。

30度くらいのナトリウム－塩化物泉の源泉浴槽があります。

薄茶色に濁っています。

浸かると最初は化学薬品のような匂いとともに冷たさを感じますが、そのうちじわじわと温まってきます。

塩分濃度が高く初めはひりひりしますが、肌触りはさらさらです。

ほかに加温の循環風呂もあります。

源泉浴槽を冷たく感じるときには、こちらに入って身体を温めるのもありだと思います。

30度くらいの源泉浴槽

地元の交流会館内の温泉

三重県津市安濃町東観音寺51-3

## 98 三重県

# 内山温泉　共同浴場

地域の共同浴場で、皆さん顔見知りのようで、一種の社交場の雰囲気です。

辿り着くまでに少し苦労しました。

管理は地元の方が交代でされているそうです。

アルカリ性単純泉で源泉温度は46・3度、pHは8・5です。

薄く緑色がかっていて、微かに硫化水素臭がします。

浸かるとつるつる感があり、肌を源泉が滑らかに滑っていくような感じです。

地域にこのような源泉かけ流しの共同浴場があるのは羨ましいことだと思います。

湯上がりは肌がつるつるになります。

私のような部外者を温かく迎えてくれて有り難く思います。

緑色がかったつるつる温泉

地域の共同湯

三重県四日市市内山町8385

## 99 京都府

# 天翔の湯　大門

JR京都駅から車で15分ほどです。

ナトリウム-塩化物泉の源泉が地下1000メートルから湧出しているそうです。

源泉温度は34・1度なので加温しています。

浴室の一番奥に露天風呂があり、そこに源泉がかけ流されています。

岩の中から源泉がチョロチョロと注がれています。

薄茶色に濁っていて塩分が強く、ずっしり重たい泉質です。

身体の内側からじんわりと温まります。

鉄分の臭いはあまりしません。

湯上がりはお湯で身体を洗い流さないと、下着が汚れそうです。

京都府では珍しい源泉かけ流しです。

源泉かけ流しの露天風呂

京都府では珍しい源泉かけ流し

京都府京都市右京区西京極大門町19-4

100
大阪府

# 犬鳴山温泉　山乃湯

ＪＲ阪和線日根野駅からバスで20分ほど、大阪府とは思えないような山あいの田舎です。

少し坂を上ったところにあります。

付近には旅館が何軒か点在しています。

建物は大変鄙びていて、いい味を出しています。

加温したナトリウム－炭酸水素塩冷鉱泉をかけ流しています。

少し薄濁りで、微かに硫化水素臭がします。

浸かると「おっ」と驚きます。

ローションを塗ったような素晴らしいヌルヌル感です。

大阪府は源泉かけ流しが非常に少ないエリアですが、その中にあってここは貴重な存在です。

ヌルヌル感に驚きます

大阪府とは思えないような山あいの田舎

大阪府泉佐野市大木2234

101
兵庫県

# 双葉温泉

阪神エリアは全国有数の源泉かけ流しの日帰り温泉地帯です。

こちらは西宮市の街中にあります。

街中にこのような本物の源泉かけ流しがあるというのは奇跡に近いと思います。

内湯の一部の浴槽と露天風呂が源泉かけ流しです。

ナトリウム－塩化物・炭酸水素塩泉です。

少し青みがかっていて、浸かると肌に良く馴染む柔らかい泉質です。

少し金属臭があります。

つるつる感とヌルヌル感もあり、微かに気泡が身体に付きます。

源泉の新鮮さを感じます。

湯上がりは肌がしっとりします。

青みがかった露天風呂

内風呂にもきちんと源泉かけ流し

兵庫県西宮市分銅町2-28

## 102 兵庫県

# 灘温泉 水道筋店

阪急神戸線王子公園駅から歩いて行けます。

1作目では「灘温泉六甲道店」を紹介しましたが、ここも同じく泉質はナトリウム－塩化物・炭酸水素塩泉で、源泉温度は35・2度です。

写真は加温された源泉で、澄んだ褐色の源泉です。

温泉成分が濃いので、浴槽の縁が変色しています。

その隣の小さめの浴槽が源泉浴槽です。

源泉浴槽と加温源泉浴槽の交互入浴がお勧めです。

源泉浴槽は浸かった瞬間に身体に泡が付きます。

つるつる感が強く、モール臭がします。

奇跡のような温泉です。

これほどの高品質の源泉が神戸市の街中から湧出することに感動すら覚えます。

加温の源泉浴槽

街中の奇跡の源泉かけ流し

兵庫県神戸市灘区水道筋1-26

## 103 兵庫県

# 名湯宝乃湯

ＪＲ福知山線中山寺駅などから送迎バスが出ています。

しゃれた外観の日帰り温泉です。

含炭酸－ナトリウム－塩化物強塩泉で、源泉温度は体温よりも少し低いくらいです。

看板によると、７０００万年前の海水が６００万年かけて湧出する源泉だそうです。

源泉は透明ですが、酸化すると黄金色に濁ります。

かなり塩分が強く、温泉成分が濃厚です。

温泉成分が浴槽の縁に凝固しています。

浸かると源泉が身体にまとわりつくような感じがします。

同じ兵庫県の有馬温泉に似た泉質です。

写真は源泉浴槽で、ほかにも加温されたかけ流し浴槽などさまざまな浴槽があります。

塩分が強い濃厚温泉

しゃれた外観です

兵庫県宝塚市中筋3-3-1

## 104 奈良県

# 十津川温泉 庵の湯

ここ十津川村は、全国で初めて源泉かけ流し宣言をした村で、どこの温泉に入っても源泉かけ流しです。

十津川温泉郷は「湯泉地温泉」「十津川温泉」「上湯温泉」から成り、それぞれ泉質が異なります。

こちらへは橋の下の階段を下りて行きます。

内風呂が一つだけの小ぢんまりした温泉です。

ナトリウム－炭酸水素塩泉です。

茶色の源泉でつるつる感があり、肌がきゅっきゅっとするような感じです。

温泉の入口には飲泉場もあり、微かな塩味と鉄分を感じます。

浴室からの二津野ダム湖の眺めも壮観です。

茶色のつるつる源泉

階段を下りて行きます

奈良県吉野郡十津川村平谷865

## 105 和歌山県

# つばき温泉 椿はなの湯

「道の駅椿はなの湯」内の温泉施設です。

単純硫黄泉で、源泉温度は31・4度、pHは9・9です。

一人しか浸かれませんが、檜風呂の泉質は抜群です。

加水加温なしのためぬるく感じますが、ヌルヌル感が強く本物の源泉に浸かっている幸福感に包まれます。

源泉がじわーっと身体に染み込んでくる感じがします。

微かに硫化水素臭もします。

大浴場は加温されていますが、源泉かけ流しなのでヌルヌル感は維持されています。

泉質は申し分ありませんが、やはり加温という手が加えられている分、本物と比べると見劣りがします。

加水・加温なしの本物の源泉かけ流しの有り難みがよく分かる温泉です。

ぬるめの純温泉

道の駅に隣接した日帰り温泉

和歌山県西牟婁郡白浜町椿1058-1

106
和歌山県

# 川湯温泉公衆浴場

大塔川のほとりにあります。

1作目で紹介した冬場に川を堰き止めて入る「仙人風呂」で有名な温泉地の公衆浴場です。

建物も浴室もすべてがレトロですが、夜になると入口は赤くライトアップされて派手になります。

川底から湧出したアルカリ性単純泉の源泉を引いているそうです。


浴槽は小さめの内風呂が一つだけで、そこに源泉が音を立ててかけ流されており、温泉臭が浴室に充満しています。

いかにも地域の共同湯らしい佇まいです。

滑らかな泉質で、つるつる感があります。

無色透明ですが、泉質は濃厚です。

湯上がりはさっぱりします。

川底から引いた源泉かけ流し

夜は派手になります

和歌山県田辺市本宮町川湯1425-2

107
和歌山県

# 白浜温泉 白《しら》良《ら》湯《ゆ》

白良浜の裏手にある共同浴場です。

愛媛県の道後温泉、兵庫県の有馬温泉、そしてここ和歌山県の白浜温泉を「日本三古泉」と称しますが、白浜温泉が一番共同浴場が多いです。

1作目で紹介した牟婁の湯、崎の湯など5つの共同浴場すべてが源泉かけ流しです。

「生絹《すずし》湯《ゆ》」というナトリウム－塩化物泉の源泉を使っています。


このように源泉名を明らかにしているのも白浜温泉の素晴らしいところです。

2階建ての建物で、浴槽は2階にあります。

他の共同浴場に比べて塩分濃度が高く、微かに泡が付きます。

源泉は少し潮の香りがします。

生絹湯（すずしゆ）を用いています

海辺に近い共同湯

和歌山県西牟婁郡白浜町3313-1

## 108 鳥取県

# 関金温泉 関の湯共同温泉

いかにも共同湯といった素朴な佇まいです。

狭い道を上っていったところにひっそりと佇んでいます。

単純弱放射能泉です。

源泉温度は39・5度なので、冬場は加温しています。

浴槽は3人も入ればいっぱいになりそうなほど小さめです。

木製なので身体が触れると少しぬるっとします。


浴室にはシャワーもカランもなく、地元の方は浴槽から源泉を汲んで身体を洗っています。

無色透明の適温の源泉がかけ流されていて、さらさらした肌触りです。

ぬるめなので、長湯ができます。

メタケイ酸が多く含まれているためか、湯上がりは肌がつるつるしています。

小ぢんまりした木製の浴槽

ひっそりと佇む共同湯

鳥取県倉吉市関金町関金宿1227-1

## 109 鳥取県

# 三朝温泉 河原風呂、株湯

「河原風呂」は最近では珍しくなった混浴露天風呂です。以前は三朝橋から丸見えでしたが、今は目隠しがあります。

また、以前は女性も水着や湯浴みやバスタオル巻きは禁止されていましたが、今はタオル巻きは事実上容認されています。

含放射能－ナトリウム－塩化物泉です。


「株湯」は三朝温泉の温泉街から少し離れたところにあります。

木の根元から湯が湧いていたことから名付けられたそうで、三朝温泉の起源ともいわれます。

こちらは単純弱放射能温泉で、源泉温度は51度です。浸かると熱くてピリッとします。

なかなか汗が引きません。

少し恥ずかしい河原風呂

熱くてピリッとする株湯

鳥取県東伯郡三朝町三朝903-1、
三朝町三朝634-1

110
鳥取県

## 宝喜温泉　宝喜温泉館

地下1300メートルから湧く弱アルカリ性単純泉で、加水・加温全くなしの源泉かけ流しです。

浸かるとしっとり感を感じ、微かに硫化水素臭もあります。

最大の特徴は「リハビリ用浴室」という名前の温泉プールがあることです。

皆さん歩行浴をされていますが、人がいなければ泳げます。

1メートルくらいの深さでぬるめです。

源泉かけ流しのプールはかなり珍しいです。

プールにも大量の源泉がかけ流されています。

また、プールには打たせ湯もあり、結構高いところから源泉が落ちてくるので、少し痛いくらいです。

内風呂にもちゃんと源泉がかけ流されています。

リハビリ用浴室

内風呂も源泉かけ流し

鳥取県鳥取市気高町下光元690

111
鳥取県

## 岩井温泉　岩井ゆかむり温泉　共同浴場

「湯かむり」とは、頭の上に手拭いを載せて、柄杓で湯をかけるという入り方です。

この温泉地の風習らしいのですが、私はまだ実際に誰かがやっているところを見たことはありません。

カルシウム・ナトリウム－硫酸塩泉で、47・6度の源泉をそのままかけ流しています。

熱めとぬるめの浴槽があり、熱めの方は源泉の注入量が多くかなり熱いです。

ぬるめの浴槽もどちらかというと熱めです。

浸かるとさらさらした肌触りで、温泉臭がします。

じんわりと温まってきて、湯上がりはしっとりします。

浴室の壁には地元名物の傘踊りの絵が描かれていて、なかなか風情があります。

熱めとぬるめの浴槽があります

ゆかむりという入浴法があります

鳥取県岩美郡岩美町岩井521

## 112 島根県
# 木部谷温泉 松乃湯

見事な赤茶色のナトリウム・カルシウム－塩化物・炭酸水素塩泉です。

源泉は20度くらいなので、加温しています。

浸かるとさらさらして肌に馴染む感じです。

鉄錆の臭いがします。

左手の坂を上っていくと間欠泉があり、地中の炭酸ガスが溜まってドドーンと源泉が噴き上がるとのことです。

20、30分に1度、源泉が約2メートル噴き上がります。

おそらく中国・四国地方の温泉で間欠泉が見られるのはここだけだろうと思います。

この噴出した源泉を浴槽で用いています。

以前は宿泊できましたが、令和6（2024）年4月現在は宿泊はやっていないようで、日帰り温泉も不定期です。

赤茶色の源泉

中・四国では珍しい間欠泉

島根県鹿足郡吉賀町木部谷

## 113 島根県
# 頓原天然炭酸温泉 ラムネ銀泉

以前は「頓原ラムネ温泉」と称していましたが、少し名前が長くなったようです。

名前は変わっても昔ながらの湯治場の雰囲気はそのままです。

含二酸化炭素－ナトリウム－炭酸水素塩・塩化物冷鉱泉です。

源泉の湯量は豊富ですが約15度なのでぬるめに加温してかけ流しています。

加温しているせいか、炭酸成分は抜けていますが、それでもいくらかは炭酸成分を感じます。

この日はモスグリーンでしたが、日によってはオレンジ色になることもあります。

このように色が変わる温泉は温泉成分が濃厚です。

浸かるとじわじわ身体が温まります。

日によって色が変わります

湯治場の風情があります

島根県飯石郡飯南町頓原1070

## 114 島根県

# 出雲駅前温泉 らんぷの湯

JR出雲駅からすぐ近くです。

地下1800メートルを掘削して湧出した含鉄－ナトリウム・カルシウム－塩化物泉です。

源泉温度が約26度なので加温しています。

露天風呂は中小3つの浴槽があり、なかなかインパクトがあります。

竹林を眺めながら入ることができます。

小さい浴槽は一人用です。

濃厚でクリーミーな泉質が身体にまとわりつきます。

塩分濃度がさほど高くはなく、すべすべ感のあるいい泉質です。

「らんぷの湯」というだけあって、いたるところにランプが配置されていて風情があります。

3つの露天風呂

内風呂もしっかり源泉かけ流し

島根県出雲市駅南町1-3-3

## 115 島根県

# 有福温泉 やよい湯

有福温泉には旅館が3軒、共同湯が3か所あり、いずれも古き良き温泉地の面影を色濃く残す情緒たっぷりの温泉地です。

それでいて街の中心にはしゃれたイタリアンレストランがあるなど、ギャップが面白いところです。

1作目では「御前湯」を紹介しましたが、御前湯同様こちらも大正レトロな雰囲気の共同湯で、御前湯から下りて行ったところにあります。

ここは脱衣所が狭く、階段を下りたロッカーの前のわずかなスペースしかありません。おそらく日本一狭いのではないでしょうか。

アルカリ性単純泉で、浸かると38度くらいのぬる湯です。

有福温泉らしいとろみがあり、じわーっと温泉成分が染み込む感じがします。

シンプルなぬる湯

着替えるところがすごく狭い

島根県江津市有福温泉町736

## 116 島根県

# 三瓶温泉　亀の湯

三瓶山周辺は、中国地方最強の温泉エリアだと思います。

こちらは前作で紹介した「三瓶温泉志学薬師鶴の湯」から歩いて10分ほどです。

共同湯らしい素朴な佇まいで、浴槽は一つだけです。

楕円形の浴槽にぬるめのナトリウム－塩化物泉がかけ流されています。

見事に茶色に濁った湯は鉄錆の匂いがして、塩分濃度もかなり高めです。

浸かると身体にずっしりきますが、感触はとてもクリーミーです。

ぬるめなのでつい長湯してしまいますが、源泉がかなり濃厚なので疲れます。

本物の源泉ならではの効果といえます。

疲れるくらいの濃厚な泉質

共同湯らしい佇まい

島根県大田市三瓶町志学口357-1

## 117 岡山県

# 湯原温泉郷　足《たる》温泉館

アルカリ性単純泉です。

仕事でこの近くをタクシーで通った際、運転手の方から最近足温泉が循環風呂から源泉かけ流し温泉になったと聞きました。

半信半疑で早速立ち寄ってみると、確かに立派な源泉かけ流しでした。

真庭市に電話で確認すると、令和5（2023）年の春に建物をリニューアルして浴槽を小さくしたところ、自噴泉の湯量から源泉かけ流しで温泉を提供できることが分かったとのことでした。

pHが9・2なのでつるつる感が尋常ではありません。

大地の恵みの源泉かけ流しを循環風呂にする愚行は数知れませんが、逆のケースは全国的にかなり珍しいと思います。

地味ですが、源泉かけ流しです

循環風呂から源泉かけ流しに戻った温泉

岡山県真庭市都喜足346-1

## 118 岡山県

# 瀬戸内温泉 たまの湯

私の地元の玉野市にあります。

ＪＲ宇野みなと線宇野駅から歩いて行けます。

この温泉の最大の特徴は「高張性」です。

高張性とは、源泉１kg当たり温泉成分が10グラム以上の濃い温泉のことです。

岡山県の温泉どころか、全国的にも少ない泉質です。

夏場は露天風呂の陶器風呂3つが源泉かけ流しになっています。

カルシウム・ナトリウム－塩化物泉で、源泉温度は27・8度です。

茶色に濁っています。

さまざまなイオンを豊富に含んだ濃厚な泉質です。

口に含むと、塩分のほか、独特の苦みを感じます。

浸かると塩分が身体に染みます。

陶器風呂が夏場だけ源泉かけ流し

瀬戸内海に面したしゃれた建物

岡山県玉野市築港1-1-11

## 119 広島県

# 神辺天然温泉 ぐらんの湯

「生源泉かけ流し」と銘打った内風呂が素晴らしい。

26・6度のぬるめのアルカリ性単純泉がかけ流されています。

浸かるとつるつる感とすべすべ感があり、湯上がりはさっぱりします。

浴槽はいくつかありますが、ほかはすべて加温の循環風呂です。

「温泉の湧出量は限度があるので、かけ流しの浴槽は内風呂の一か所となります」とちゃんと断わっています。

ごまかしのない正統派の温泉です。

経営者の方が源泉かけ流しの良さを理解されているのだろうと思います。

このように源泉湯量がさほど多くなくても、きちんと本物の源泉浴槽を提供してくれることが有難いです。

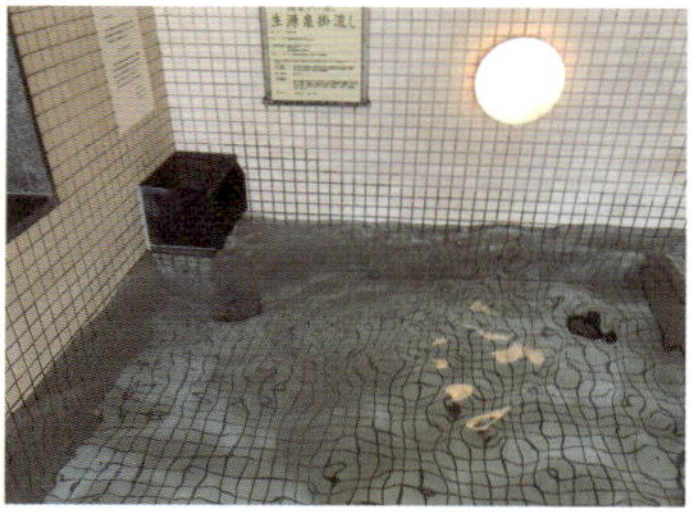

生源泉かけ流し浴槽

しゃれたエントランス

広島県福山市神辺町大字新道上字2-10-26
フジグラン神辺

## 120 広島県

# 宇品天然温泉 ほの湯

前作では「塩屋天然温泉ほの湯楽々園」を紹介しましたが、同じ系列の温泉です。

7600万年から7800万年前の太古の岩層から湧出した源泉だそうです。

内湯のほか、つぼ湯や炭酸泉などさまざまな浴槽があり、露天風呂の一角に源泉かけ流しがあります。

含弱放射能－ナトリウム・カルシウム－塩化物－強塩冷鉱泉です。

お湯は茶色に濁って泡立っています。

少し薬品っぽい匂いもし、塩味とニガリが効いた、なかなか濃厚な泉質です。

浸かると身体がピリピリします。

少し浸かっただけでかなり疲れを感じるのは、本物の源泉ならではの効果です。

塩味とニガリが効いています

いつも来客が多いです

広島県広島市南区宇品東3-4-34

## 121 広島県

# 天然温泉 桂《かつらが》浜《はま》温泉館

含弱放射能－ナトリウム－塩化物泉です。

地下1650メートルを掘削して湧出した源泉を露天風呂にかけ流ししています。

内風呂は同じ源泉を循環しているので、無色透明です。

源泉温度が26・3度なので加温した湯は緑灰色に濁っています。

以前は赤茶色に濁っていたそうですが、最近はこのような色になることが多いようです。

温泉成分が濃く、化学薬品のような匂いがします。

浸かると身体にずっしりときて湯上がりはすべすべになります。

広島県は温泉不毛地帯のような印象がありますが、この露天風呂のような高品質の温泉もあるのです。

緑灰色の濃厚な泉質

倉橋島の日帰り温泉

広島県呉市倉橋町431

## 122 山口県

# 長門湯本温泉　恩湯

令和2（2020）年3月に約3年かけてリニューアルされた温泉です。

リニューアルされた温泉は前よりも悪くなるというのが私の温泉に関する方則ですが、ここは建物はともかくとして、泉質は維持されています。

ぬるめのアルカリ性単純泉がかけ流されています。

しかも写真奥のしめ縄のところから湧出するという心憎い演出です。

長門湯本温泉の泉質はとろみがあり、つるつる感もあるいい泉質です。

この温泉地には、大型の立派なホテルもありますが、残念ながら循環風呂が多いようです。

実際に本物の源泉かけ流しに浸かってみると、本物（源泉かけ流し）と偽物（循環風呂）との違いがよく分かります。

源泉がしめ縄のところから湧出

美術館のような建物

山口県長門市深川湯本2265

## 123 山口県

# くすのき温泉　くすくすの湯

農産物直売所、農家レストランなどの施設が集まった「楠こもれびの郷」の中にある日帰り温泉施設です。

アルカリ性単純泉で、源泉温度は34・6度です。

内風呂は加温された源泉がかけ流されています。

少し黄色がかった源泉です。とろみのある泉質で身体にまとわりつくような感覚があり、微かに金属臭がします。湯上がりは肌がつるつるになります。

開放感のある露天風呂もありますが、加温していない源泉をかけ流しているので、内風呂に比べてぬるめです。

この手の公の施設に多い循環風呂でないところが素晴らしいです。

臭素系消毒剤による消毒を行っているようですが、あまり気になりません。

身体にまとわりつくようなとろみのある源泉

複合施設の中の日帰り温泉

山口県宇部市西万倉1662-1

## 124 山口県

# 於福温泉 道の駅 おふく

JR美祢線於福駅から歩いて行けます。

地下1250メートルから毎分1500リットルの源泉が湧出しているそうです。

アルカリ単純泉で、源泉温度は約25度です。

源泉浴槽は深さが80センチあり、浸かるとつるつる感があります。

源泉に泡の粒子が浮いていて、肌触りはさらさらした感じです。

浸かった瞬間は確かに冷たいですが、そのうち、じんわりと温まってきます。

源泉の効果といってもよいと思います。

露天風呂や加温された内風呂もありますが、すべてかけ流しです。

加温のコストがかかるのに、ありがたいことです。

冷たい源泉浴槽

加温浴槽も源泉かけ流し

山口県美祢市於福町上4383-1

## 125 山口県

# 湯《ゆ》免《めん》温泉 うさぎの湯

JR山陰本線長門三隅駅から車で10数分、「湯免観光ホテル名湯ゆめの郷」に併設された日帰り温泉です。

夢枕に立った弘法大師のお告げによって発見されたという、ありがたい温泉です。

アルカリ性単純泉ですが、ラジウムを多く含んでいます。

ホテルの方は循環風呂ですが、こちらは源泉かけ流しになっています。

四角形の浴槽が一つだけです。小さめの浴槽だから源泉かけ流しができるのかもしれません。

地元の方で賑わっています。

浸かると少しとろみがあり、すべすべします。

微かに硫化水素臭がします。

ほか、源泉かけ流しの貸切風呂もあります。

きちんと源泉かけ流し

地元の方で賑わっています

山口県長門市三隅中272

126
徳島県

# 徳島天然温泉 あらたえの湯

JR徳島駅から車で10分弱です。

「あらたえ」とは麻織物のことで、その昔天皇に献上されたことに由来するそうです。

緑色がかったナトリウム－塩化物・炭酸水素塩泉です。

「温泉力の弱い四国にこんな泉質の温泉があるとは」と驚くほど優れた泉質です。

いわゆる高張性の源泉で、かなり濃厚です。

浸かるとヌルヌル感があり、金属臭がします。

看板に山形県の肘折温泉と似た泉質だと書かれていました。

いくつか浴槽がありますが、源泉浴槽は一つだけです。

源泉温度が30度弱で加温しているので、やむを得ません。

露天風呂を一つかけ流しにしているだけでもすごいことだと思います。

四国とは思えない高品質の源泉

露天風呂に一つだけ源泉かけ流し

徳島県徳島市南田宮1-2-8

127
香川県

# 瓦町ぎおん温泉 ゴールデンタイム高松

高松市内の繁華街に建つ、ビルの中の温泉です。

スパの中に1か所かけ流しの温泉があります。

含弱放射能・鉄－単純冷鉱泉の源泉を加温しています。

茶色に濁っているため、浴槽の中が全く見えません。

浸かるととろみがあります。

身体にずっしりとくる濃厚な泉質です。

鉄分の匂いよりも金属臭がして、肌触りはきしきししています。

見るからに濃厚な泉質で、しばらく浸かっているとぐったりします。

じんわりと温まる感触もいいですが、隣の水風呂と交互入浴すると実に爽快です。

ビルの外観からはこのような源泉かけ流しの温泉があるとは到底思えません。

茶色の濁り湯

繁華街の中の源泉かけ流し

香川県高松市瓦町2-1-7

## 128 愛媛県

# 南道後温泉 ていれぎの湯

道後温泉から車で20分ほどのところにあります。

この施設は私が事業再生に関わった思い出のある場所です。

「ていれぎ」とは少し辛みのある、松山市の天然記念物に指定される水草のことです。

道後温泉とは全く異なるナトリウム−塩化物泉で、茶褐色に濁っています。

32度くらいの源泉そのもののかけ流し浴槽があります。

変に沸かしたりせず、源泉そのものを提供している点に大変好感が持てます。

四国の温泉とは思えないくらい、塩分や鉄分、ミネラルを豊富に含んでいます。

身体にガツンとくる濃い泉質です。

濃厚な金属臭がします。

身体に染み込むような感じの泉質で、よく温まります。

濃厚な源泉浴槽

さまざまな浴槽があります

愛媛県松山市中野町甲853

## 129 愛媛県

# 天然温泉かみとくの湯

JR予讃線伊予冨田駅から歩いて行けます。

外観は健康ランドのようですが、露天風呂の一つだけが源泉かけ流しで、ここだけ赤茶色に濁っています。

ナトリウム・カルシウム−塩化物泉です。

源泉温度が30度くらいなので加温していますが、立派なかけ流しです。

加温といっても40度を切るくらいのぬるめの温度です。

実に塩分濃度が高く濃厚で、四国の温泉のレベルではありません。

少し金属臭がして、赤黒い湯の華がたくさん舞っています。

全国的にも珍しい泉質です。

ぬるめなので長湯ができますが、長湯しすぎるとかなり疲れを感じます。

この露天風呂だけが源泉かけ流し

建物の外観

愛媛県今治市上徳甲711-1

# 130 福岡県

# 博多温泉　元祖元湯

ＪＲ博多駅から車で25分ほど、南区横手の住宅街の中の日帰り温泉です。

営業は13時から18時までです。

小さな浴槽には４人しか入れず、地元の方で一杯になっていることがあります。

時間帯ごとに入浴料が異なります。

約49度のカルシウム・ナトリウム－塩化物泉です。

その源泉を浴槽の下から湧出しています。

コンプレッサーの泡とともにドバドバっと大量にかけ流しています。

浸かると非常に熱い。

源泉が新鮮なせいか、あるいは泉温が熱いためか、１、２分浸かっただけでくたくたになり、身体が真っ赤になります。

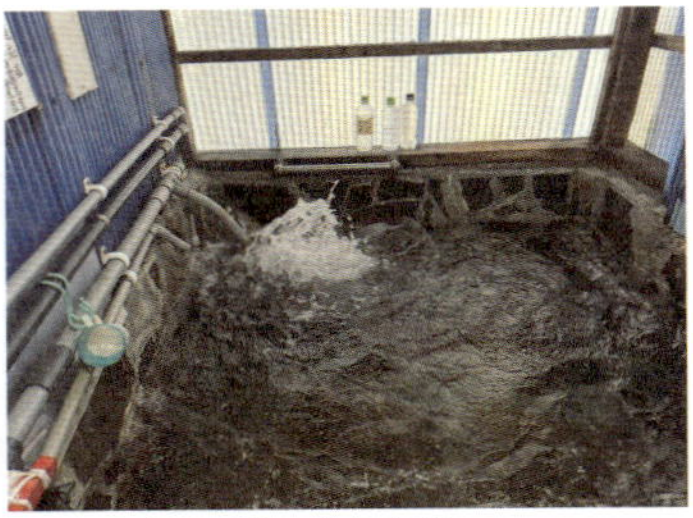

このドバドバ感は全国有数

住宅街の中の源泉かけ流し

福岡県福岡市南区横手3-6-18

# 131 福岡県

# 吉井温泉　ふだん着の温泉　鶴は千年

近くの原鶴温泉の「鶴」と地名の「千年」から名付けたそうで、隣には「亀は万年」という名前のデイサービス施設があります。

アルカリ性単純泉で、浸かると身体にまとわりつくような、強烈なつるつるヌルヌル感があります。

芳しい硫化水素臭に包まれながら浴槽の中で何度も身体を擦ってしまいます。

青みがかった泉質で、内風呂と露天風呂があります。

また、源泉には細かな気泡が含まれています。

このレベルの泉質はなかなかありません。

残念ながら土日祝日だけの営業とのことです。

もったいないと思わされるほどの泉質です。

強烈なつるつるヌルヌル温泉

土日祝日だけの営業

福岡県うきは市吉井町千年12-1

## 132 福岡県

# 原鶴温泉 光泉

原鶴温泉は旅館ごとに自家源泉を持っていて、それぞれの源泉が微妙に泉質が異なります。

そのうえ源泉かけ流しが多く、大好きな温泉地です。

1作目では「延命館」を紹介しました。

こちらは外見は蕎麦屋のような構えですが、立派な温泉です。

どことなく厳かな雰囲気の内風呂が一つだけです。

浸かると泉質の良さに思わずにんまりとします。

弱アルカリ性単純泉、単純硫黄泉は芳しい硫化水素臭に加えてとろみがある源泉で、つるつる感とヌルヌル感があります。

つい浴槽の中で何度も肌を擦ってしまいます。

なかなか出たくないと思わされる温泉です。

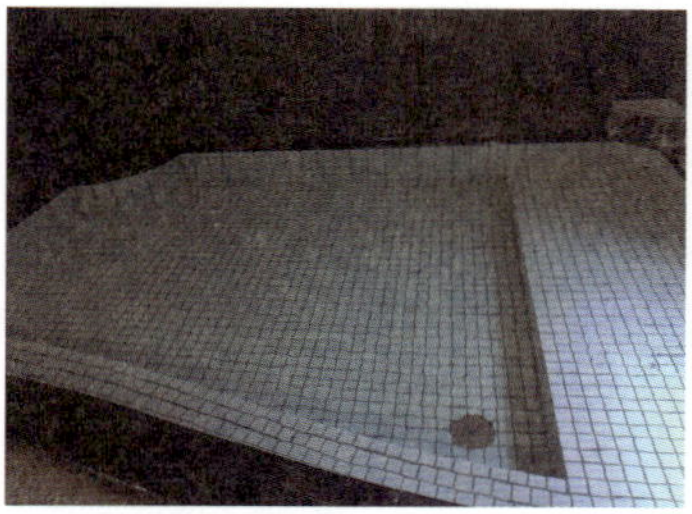

厳かな雰囲気の内風呂

温泉街の中でも高レベルの泉質

福岡県朝倉市杷木久喜宮1870-3

## 133 佐賀県

# ヌルヌル有田温泉

有田焼で有名な有田町にある日帰り温泉施設です。

源泉温度は17・7度、pHは9・4のナトリウム－炭酸水素塩冷鉱泉です。

露天風呂が源泉かけ流しで、緑色がかって見えます。

名前に「ヌルヌル」という言葉が入っていますが、実際に浸かってみると、冷たさとともに予想を超えたヌルヌル感であることに驚きます。

身体に膜が張ったような不思議な感じがします。

宮城県の中山平温泉級のヌルヌル感です。

内風呂は加温で循環していますが、それでも独特のヌルヌル感は維持されています。

夏場でないと、源泉露天風呂は冷たすぎて厳しいかもしれません。

ヌルヌル温泉

建物の外観

佐賀県西松浦郡有田町南原甲902

134
佐賀県

## 武雄温泉　家老湯

武雄温泉大衆浴場の中にあります。

一風変わった中華風の楼門をくぐると、「元湯」「蓬莱湯」などのほかに「殿様湯」と「家老湯」という貸切風呂があります。

残念ながら元湯と蓬莱湯などは循環風呂ですが、殿様湯と家老湯は立派な弱アルカリ性単純泉の源泉かけ流しです。

１作目では殿様湯を取り上げたので、今作では家老湯を紹介します。

階段を下りると小さめの浴槽があり、ライオンの口から勢いよく源泉がかけ流されています。

浸かるとしっとり感があり、肌が潤います。

レトロな休憩室も付いていて、土・日・祝日は１室１時間３５００円、平日は３０００円です。

上から見るとこうなります

中華風の楼門

佐賀県武雄市武雄町大字武雄7425

135
長崎県

## 千《ち》綿《わた》花《はな》房《ぶさ》温泉

不定休の日帰り温泉なので、電話で確認した方がよいと思います。

営業日は入浴料は１０００円ですが、休みの日はわざわざ開けるということで２０００円になります。

家族風呂が３つあり、いずれも単純泉です。

少し沸かしていますが、立派なかけ流しです。

浸かると、特に強い個性はありませんが、粒子が細かいというか、柔らかい感じがして不思議とよく温まります。

効能が高いそうで、癌が治ったといったお礼の手紙がありました。

浴槽の手造り感がいい味わいです。

聞くと、以前建設会社をされていたご主人が本当に手造りで建てたそうです。

手造り感のある渋い浴槽

不思議な空間です

長崎県東彼杵郡東彼杵町瀬戸郷401-2

## 136 長崎県

# はさみ温泉湯治楼《ゆうじろう》

しゃれた外観の日帰り温泉施設です。

内風呂にはとろみのある炭酸水素塩泉がかけ流されています。ぬる湯なのでじっくり入れます。

浸かるとつるつる感があり、じんわり炭酸ガスが染み込んできます。

源泉に炭酸ガスを加えた高濃度炭酸泉の浴槽もあります。

高濃度炭酸泉はシュワシュワ感が強いです。

炭酸泉はもともと「心臓の湯」の異名をとるだけあって、浸かっていると血流が良くなり身体が温まってきます。

保温性にも優れており、湯上がりは驚くほどしっとりすべすべになっています。

きちんと源泉かけ流しをした上で、このような高濃度炭酸泉の浴槽を作るという発想は高評価です。

ぬる湯の源泉かけ流し

しゃれた外観

長崎県東彼杵郡波佐見町長野郷558-3

## 137 長崎県

# 島原温泉 ゆとろぎの湯

島原市の中心部に位置する一番街アーケードを歩いていると、不意に温泉が現れます。

アーケードに直結している温泉は珍しいと思います。

ナトリウム・マグネシウム－炭酸水素塩泉で茶色く色づいています。

この点で他の島原温泉の泉質とは少し異なります。

肌触りは柔らかく、じんわりくる感触です。

しばらく浸かっていると肌がつるつるしてきます。

角質や毛穴の汚れを取るという、炭酸水素塩泉らしい効果です。

内風呂にはあつ湯とぬる湯があります。

ここは島原市の指定管理の施設です。

お役所系の温泉は概して循環風呂が多いのですが、ここは正統派の源泉かけ流しです。

島原温泉とは泉質が異なります

商店街の中の温泉

長崎県島原市堀町171-3

138
長崎県

# 道の尾温泉

JR長崎本線道の尾駅から歩いて行ける、明治元（1868）年創業の街中温泉です。弱アルカリ性単純泉で源泉温度は約26度です。

加温の循環風呂だけではなく、源泉浴槽をちゃんと2か所設けているところが素晴らしいです。

しかも、ユニットバスが源泉かけ流し浴槽というのが渋い。

浸かると、ザブーンと源泉が溢れます。

源泉かけ流し冥利に尽きる瞬間です。

湯は無色透明の柔らかい泉質で、まるでミネラルウォーターのようですが、肌触りはつるつるです。

貸切風呂は加温された源泉がかけ流しになっています。

こちらはじんわりと温まります。

ユニットバスの中に源泉かけ流し

貸切風呂は加温源泉のかけ流し

長崎県西彼杵郡長与町高田郷284

139
熊本県

# 山鹿温泉　味《あじ》の家《や》飯店

九州最大級の木造温泉として知られる「さくら湯」から歩いて行けます。

何と、中華料理店に温泉が併設されています。

建物の裏はかなりワイルドで、中華料理店の裏方が見えます。

普通の民家風の建物の奥に浴槽が3つあります。

浴槽は小さめですが、泉質は素晴らしく、山鹿温泉のアルカリ性単純泉がちゃんとかけ流されています。

山鹿温泉らしいヌルヌルつるつるの湯で、微かに硫化水素臭がします。

貸切で新鮮な源泉に浸かることができます。

お湯が劣化していないので、山鹿温泉のヌルヌルつるつるパワーをより如実に感じます。

3つの浴槽のうちの一つです

中華料理屋さんの裏側です

熊本県山鹿市山鹿1025

## 140 熊本県

# 山川温泉 共同浴場

年季の入った鄙びた外観が、「これぞ地域の共同湯」といった佇まいです。

ここに共同湯があることさえなかなか気づきません。

単純硫黄泉です。

受付には人がいないので、料金箱にお金を入れて入ると、浴室に入った瞬間芳しい硫化水素臭に包まれます。

浴室は天井が高いです。

シンプルで清潔感のある石造りの浴槽には、湯口から勢いよく熱めの源泉がかけ流されています。

少し薄濁りで、湯の華も舞っています。

硫黄泉にしては肌に優しい泉質です。

のんびりと浸かることができて、時間が経つのを忘れます。

共同湯の見本のような温泉です。

肌に優しい硫黄泉

地域の共同浴場

熊本県阿蘇郡小国町北里山川1397

## 141 熊本県

# 平《ひら》小《お》城《ぎ》温泉 城山公衆浴場

平山温泉の少し奥にあります。

のんびりした古き良き日本を感じさせる風景に溶け込んだ施設です。

ただ、建物は集会所のようで看板も小さいため、少々入口が分かりにくいのが難点です。

地元の方用の温泉ですが、外部の人も入れてくれるのが有難いです。

アルカリ性単純泉の源泉はとにかく熱い。

小さめの浴槽にかけ流された源泉は46度くらいでしょうか。

平山温泉のかけ流し温泉に比べるとヌルヌル感は少し弱い気がしますが、とろみがあって硫化水素臭がします。

また、肌が引き締まってしゃきっとします。

激熱ですが、パワーがみなぎっています

地元の集会所のようです

熊本県山鹿市平山5084-4

# 142 熊本県

## 山鹿温泉 露天湯 椛《もみじ》

オール家族湯の温泉施設で、10もの家族湯があります。

写真は「レインボー」という、レインボーカラーの滑り台が設置された家族湯です。

源泉はpH9・1のアルカリ性単純泉です。浸かった瞬間、とろみとぬめりを感じます。

山鹿温泉らしい泉質です。

湯量豊富な山鹿温泉には、こうした家族湯が多くあります。

毎回きちんと源泉を抜いて新しい源泉を入れるという入替方式です。

熊本県の温泉によくあるタイプです。

これは源泉湯量が多くないと不可能です。

滑り台の上から源泉が流れているのですが、あまり滑りません（笑）。

レインボー滑り台風呂

山鹿温泉は家族湯が多いです

熊本県山鹿市中1326-11

# 143 熊本県

## 幸福温泉

人吉温泉の温泉街からは車で10分ほどのところにあります。

人吉市内にありますが、人吉温泉とは名乗っていないようです。

以前は明哲温泉という名前でした。

ナトリウム－炭酸水素塩・塩化物泉です。

緑色に濁った露天風呂が周りの木々と調和して、とても美しいです。

人吉温泉の琥珀色のモール泉とは明らかに泉質が違います。

浸かるとさらさらした肌触りで、金属臭がします。

じんわりと温泉成分が染み込み、湯上がりは肌がしっとりします。

内風呂にも源泉がかけ流されています。

緑色に濁った温泉

しゃれた外観

熊本県人吉市古仏頂町1408-1

## 144 熊本県

# わいた温泉郷 富《ゆたか》温泉

共同湯らしい鄙びた外観で、温泉マークが目をひきます。自動券売機で券を買って入ると、思ったよりも大きくて綺麗な浴室です。石を配したコンクリート打ちっぱなしの浴槽も大きく立派です。

建物の外観と中とのギャップを感じます。

無色透明の綺麗な単純泉です。

この辺りは硫黄泉など濃い泉質が多いので、単純泉はかえって希少価値があります。

浸かるとつるつる感があり、肌に優しい泉質です。

微かに温泉臭がします。

湯上がりはさっぱりします。

周りに濃厚な泉質の温泉が多いので、ここで体力を充電できます。

この辺りでは珍しい単純泉

鄙びた外観

熊本県阿蘇郡小国町大字西里字麻生鶴2053-194

## 145 熊本県

# 山川温泉 ホタルの里温泉

田園の中に佇む素朴な建物が郷愁を誘います。

料金箱にお金を入れて入ると、内風呂が一つだけあり、硫化水素臭に包まれます。

注入口から含硫黄－カルシウム・ナトリウム－塩化物・硫酸塩泉の源泉が勢いよくかけ流されています。

写真では分かりにくいですが、源泉が音を立ててかけ流されています。

湯は少し青みがかっていて、白い湯の華が大量に舞っています。

浸かるとピリッときて、きしきしした肌触りです。

熱めの濃厚な泉質で、しばらく浸かっていると、源泉が肌に馴染んできます。

身体が溶けていきそうな不思議な感覚を覚えます。

源泉湯量の多い共同湯

地域の共同湯

熊本県阿蘇郡小国町北里1534

## 146 熊本県

# 岳の湯地獄谷温泉 裕花

ナトリウム−塩化物泉です。

大露天風呂のほかに、12か所の貸切風呂があります。

貸切風呂は、人が入るたびに源泉を入れ替える方式です。ひのき風呂、岩風呂、切石風呂、桶風呂があります。

プレミアム貸切風呂も2か所あります。

写真は岩風呂です。

利用時間は50分です。

離れに入ってブザーを押すと、ドバドバと源泉がかけ流されます。

この源泉量たるやすごいのひとことです。

そこそこの大きさの浴槽ですが、あっという間に源泉が満たされます。

源泉が新鮮なためか、浸かった瞬間は刺激を感じますが、そのうちじんわりと温まってきます。

毎回源泉を入れ替えます

これぞ本物のドバドバ

熊本県阿蘇郡小国町北里1800-33

## 147 熊本県

# 田《た》の原《ばる》温泉 流憩園

田の原温泉は黒川温泉の近くの農村の中の温泉地で、何軒か旅館があります。

アルカリ性単純泉とナトリウム−塩化物泉です。

ここは、3つの大きな露天風呂と内風呂が2つあります。

林の中を抜けると、露天風呂の湯屋があります。

露天風呂は貸切で利用できます。

大きすぎるので、もったいない感じがします。

源泉が大量にかけ流されています。

目に鮮やかな青みがかった泉質です。

少しゴムを焦がしたような独特の匂いがします。

浸かると、しっとり肌に馴染む感じがします。

湯上がりは肌がつるつるになります。

鮮やかなブルーの源泉

広めの露天を貸切

熊本県阿蘇郡南小国町満願寺7075-1

## 148 大分県

# 長湯温泉　きもと温泉

長湯温泉は個性的な温泉が多い温泉地です。

こちらは商店に併設された日帰り温泉で、入口には木彫りの動物がたくさん並んでいます。

長湯温泉といえば炭酸泉のイメージが強いですが、このような深緑色の源泉の方が多いです。

浴室は「黒岳」と「大船」があり、写真は大船です。

大船

青いホースからマグネシウム・ナトリウム－炭酸水素塩泉の源泉が注入されています。

このワイルドさが渋いです。

浴槽の表面には凝固した温泉成分が浮いています。

濃厚でまったりした泉質で、薬品臭がします。

浴槽には温泉成分が凝固して、とげとげになっているので、身体が触れると少々痛みを感じます。

入口には木彫りの動物がたくさん

大分県竹田市直入町大字長湯3273-1

## 149 大分県

# 長湯温泉　ラムネ温泉館

まず、建物の斬新さに目を奪われます。

含二酸化炭素－マグネシウム・ナトリウム・カルシウム－炭酸水素泉と、マグネシウム・ナトリウム－炭酸水素塩泉の2種類の源泉があり、露天風呂の紅茶色の含二酸化炭素炭酸泉が素晴らしいです。

浸かった瞬間シュワッとして、身体に炭酸の泡がたくさん付着します。

シュワシュワ感のある温泉

まさにラムネ温泉です。

源泉が約32度のため初めは冷たく感じますが、次第にじわじわ温まってきます。

血流が促進されているのが実感できます。

内湯はマグネシウム・ナトリウム－炭酸水素塩泉で緑白色の濁り湯です。

こちらは凝固物の多さが泉質の濃厚さを物語っています。

炭酸泉の飲泉場もあります。

斬新な建物

大分県竹田市直入町大字長湯7676-2

150
大分県

## 長湯温泉　しづ香温泉

前作で紹介した同じ温泉地の千寿温泉と双璧をなすレトロな日帰り温泉です。

浴室の壁の色がくすんでいるのも渋さを際立たせます。

以前のオーナーの名前「しづ」さんに由来するそうです。

現オーナーは常駐していないようです。

マグネシウム・ナトリウム－炭酸水素塩泉は緑白色に濁っています。


---

比重が重い泉質で、浸かると身体にこってりずっしりきます。

鉄分と薬品のような匂いもあります。

源泉を口に含むと、炭酸成分と甘みを感じます。

表面には少し温泉成分の膜が張っていて、浴槽の縁には温泉成分が凝固しています。

これほど濃厚な泉質はめったにありません。

こってりずっしりの泉質

レトロな日帰り温泉

大分県竹田市直入町大字長湯7655

151
大分県

## 筌《うけ》の口温泉　筌の口共同浴場

前作で紹介した筌の口温泉新清館の隣にあります。

平日は無人で、土日は地元の方が管理しています。

脱衣場はシンプルですが、浴槽はほぼ浴室全体を占めるほどの大きさで、鉄分と硫黄の匂いが漂っています。

おそらく浴室に占める浴槽の広さは日本一ではないかと思います。

カルシウム・マグネシウム・ナトリウム－炭酸水素塩・硫酸塩泉です。


---

源泉は48・5度と熱めで、黄土色の濁り湯です。

長い源泉名からして濃厚な泉質であることが窺われます。

浸かるととろみがあり、ずっしりときます。

肌触りはきしきしして、比重の重さを感じます。

浴槽の縁や床に源泉が凝固しています。

巨大な浴槽

自然の中に佇んでいます

大分県玖珠郡九重町田野筌の口

## 152 大分県

# 折戸温泉　つきのほたる

深耶馬溪温泉郷の中、少し山に入ったところにある鄙びた共同湯です。

　建物は民家風の2階建で、浴槽は一つだけです。

　シンプルな石造りの浴槽に配管から単純泉がゴボゴボと注入されています。

　湯は熱めでやや黒みを帯びた褐色のモール泉です。

　浸かるとモール泉特有のつるつる感があります。


浴槽内で思わず手で肌を擦ってしまいます。

　湯上がりは肌がすべすべします。

　隠れ家的な雰囲気で癒されます。

　この辺りに源泉かけ流しが多いのは、温泉の質に対する住民の目が肥えているため、安易に循環風呂は提供しにくいのかもしれません。

黒みを帯びたモール泉

鄙びた共同湯

大分県中津市耶馬溪町深耶馬2142-1

## 153 大分県

# 赤松温泉

ＪＲ日豊本線杵築駅から車で5分ほど、親子連れで賑わうサンリオキャラクターパークハーモニーランドの近くです。

　非常にインパクトのある温泉です。

　まず、黄色のビニールハウスが目を引きます。

　入口には黄色いキリンが立っています。

　また、ビニールハウスの中は演歌がかかっていて、小鳥がたくさんかごの中にいます。

　アルカリ性単純泉です。

　4つに仕切られている浴槽はそれぞれ泉温が異なります。

　比較的浅めの浴槽です。

　ヌルヌル感のある泉質で、微かに金属臭がします。

　とにかく浴室の内も外もすべて黄色です。

　実に不思議な空間です。

黄色い世界の温泉

手作り感のある建物

大分県速見郡日出町藤原6371

## 154 大分県

# くにさき六郷温泉 夷谷《えびすだに》温泉

国東半島の山中にあり、豊かな自然に囲まれたアクセス困難な秘湯です。

以前はナトリウム・カルシウム－硫酸塩泉でしたが、平成5（1993）年の温泉成分分析で、溶存物質量が温泉水1kg中1000mgを下回ったので、単純泉になったようです。

内風呂は濃い褐色に濁っていて、源泉の注入口など浴槽の縁は褐色に凝固しています。

一見しただけで濃厚な泉質であることが分かります。

浸かるときしきしした感じです。

じんわりと温泉成分が身体に入ってくるような感じがします。

単純泉とは思えないくらいの凝固物と濃厚さです。

ここは湯治目的で来られる方が多いようです。

単純泉とは思えないような濃厚な泉質

アクセス困難な秘湯

大分県豊後高田市夷1851-1

## 155 大分県

# 別府鉄輪《かんなわ》温泉 谷の湯、別府明礬《みょうばん》温泉 照湯温泉

谷の湯はナトリウム－塩化物泉です。

別府温泉の中でも1、2を争う鄙びた温泉です。

枡に貯まった源泉が直に浴槽に注がれているのがよく分かります。

身体にまとわりつくような鉄輪温泉の泉質とは異なり、さらりとした肌触りです。

不思議なくらいによく温まって疲れます。

不動明王が祀られていて、厳かです。

照湯温泉は単純泉です。石造りの浴槽が立派です。

源泉が高温なので加水していますが、温泉成分はかなり濃厚です。

薄濁りで湯の華が舞っていて、きしきしした肌触りで石膏臭がします。

どちらも別府を代表する温泉地の代表的な共同湯です。

鉄輪温泉　谷の湯

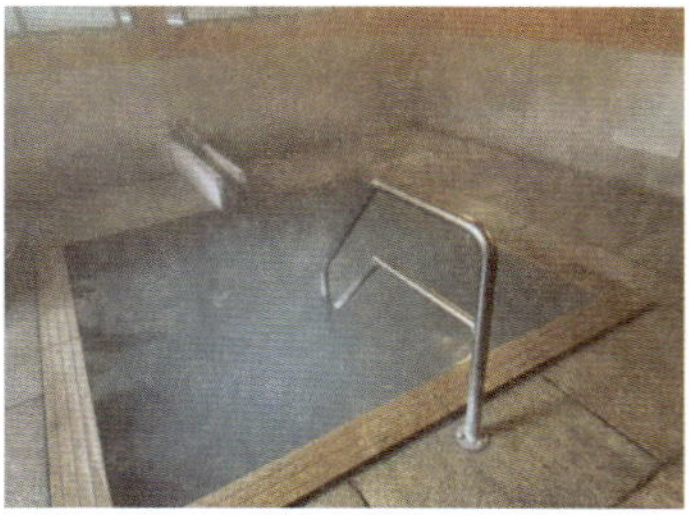
明礬温泉　照湯温泉

大分県別府市北中１組-8、
別府市小倉５組-1

## 156 大分県

# 別府温泉 市《いち》の原《はる》共同温泉、亀川筋湯温泉

市の原温泉は街中にある単純泉です。

おそらく日本有数の鄙びた温泉ではないかと思います。

浴室と脱衣場が一体になっています。

浴槽のみならず、浴室の床も相当年季が入った石造りです。

浸かると力が抜けてリラックスできる温泉です。

亀川筋湯温泉は以前は建物が緑色でしたが、私が訪れたときは青色に塗られていました。

賽銭箱にお金を入れて入ります。

浴室の壁は青一色に彩られています。

ここは来るたびに泉温が変わり、以前は熱くて浸かれなかったこともあります。

単純泉ですがピリッときて、風呂上がりは汗が吹き出ます。

市の原共同温泉

亀川筋湯温泉

大分県別府市新別府7組-2、
大分県別府市亀川中央町4-16

## 157 大分県

# 別府温泉 竹瓦温泉

頭部に丸みを持たせた唐破《からは》風《ふ》の造りが立派な建物は、昭和13（1938）年建造だそうです。

ナトリウム・カルシウム・マグネシウム－塩化物・炭酸水素塩泉です。

脱衣場から階段を下りて男湯に入ります。

ご覧のとおりお湯が鶯色に濁っています。

源泉は53・8度と高いので加水しながら浸かります。

濃厚な泉質ですが、さらさらした肌触りです。

湯上がりはなかなか汗が引きません。

なお、女湯はナトリウム－炭酸水素塩泉とのことです。

玄関を入って左には砂湯もあります。

ここは最強温泉別府のシンボルといっても差し支えないでしょう。

脱衣場から階段を下りていきます

別府温泉のシンボル的温泉

大分県別府市元町16-23

## 158 大分県

# 新湊温泉

JR日豊本線西大分駅の近く、6階建てビルの1階にあります。

エントランスが実にレトロで、全国でも有数の鄙びた風情です。

泉質は単純泉です。

驚くほど濃い黒色のモール泉で、浸かっていると身体がよく見えません。

ヌルヌル感が強く、身体が溶けそうな感じがします。

肌を擦るとぬるっと膜が張ったようになっています。

モール臭も強いです。

街中にこのような本物のヌルヌルのモール泉があることに驚きます。

ほかに家族湯もあります。

〝日本一のおんせん県〟大分県の温泉力はさすがです。

街中の公衆浴場でこのレベルです。

身体が溶けそうなヌルヌル感

鄙びた風情

大分県大分市生石4-3-15

## 159 大分県

# 王子温泉

大分市には、別府市ほどではないものの、源泉かけ流しの日帰り温泉がいくつかあります。

ここは大正2（1913）年創業とのことで、市内最古の銭湯だそうです。

建物も浴槽も鄙びたいい味を出しています。

大分市内のほとんどの温泉と同じくナトリウム－炭酸水素塩泉のモール泉です。

漆黒に近い源泉のため、浴槽の底が見えません。

市内のモール泉の中でも色の黒さは有数です。

浸かるととろみとつるつる感が強く、優しい泉質であることが分かります。

ここはモール臭も強いです。

湯上がりは肌がしっとりしています。

黒光りした源泉

街中の銭湯

大分県大分市王子中町8-27

160 大分県

# 由布院温泉 加勢の湯

由布院温泉は源泉湯量が多い温泉地ですが、その割に源泉かけ流しが少ない印象があります。

しかしここはれっきとした単純泉の源泉かけ流しです。

私が由布院を訪れた際はここに立ち寄ることが多いです。

明治14（1881）年築の建物に入るとお地蔵さんが祀ってあり、その下の料金箱にお金を入れます。

料金は何と100円です。シンプルな渋い浴槽に入ると、源泉が肌を優しく包み込み、泉質の滑らかさを感じます。

微かに温泉臭もあります。

地元の方から、旅行客がゴミを散らかして帰るので困るという話を聞きました。

そのような話を聞くと非常に残念です。

由布院の共同湯

由布院らしくない温泉

大分県由布市湯布院町川南394-1

161 大分県

# アサダ温泉 ひまわりの湯

玖珠郡玖珠町は温泉の多いエリアです。

ここは住宅街の中に佇み、一見地味だがただ者ではない、実力派の源泉かけ流しです。

建物内は無人で、利用者は入口の券売機にお金を入れて入ります。

浴槽は木造のシンプルなものが一つだけです。

浸かるととろみを感じる単純泉です。

肌によく馴染む泉質です。じんわりと源泉が身体に浸透してきて、微かに金属臭がします。

茶色の粒のような湯の華も舞っています。

地に足のついたしっかりした泉質です。

さすが〝日本一のおんせん県〟大分県の優れた温泉です。

とろみのあるしっかりした泉質

さすが大分県の実力派の温泉

大分県玖珠郡玖珠町大字塚脇440- 1

162
大分県

# 湯山の里温泉

混浴露天風呂

貸切風呂の石湯

源泉の湯

大分県別府市湯山4組

別府明礬温泉の近く、湯山にある日帰り温泉です。

アルカリ性単純硫黄泉と単純泉の２種類の源泉があります。

手作り感のある建物で受付をしてから、竹林を下って行きます。

そこそこの坂道でまあまあの距離を歩くと、混浴の露天風呂があります。

見事に白濁していて、底には泥が溜まっています。

水着を着て入ることになっているので、女性も入っています。

ほかに単純泉をかけ流している源泉の湯があり、こちらは青みがかった泉質です。

貸切風呂の石湯は、明治４（１８７１）年に造られた浴槽がそのまま残っているそうです。

ほかにも川沿いのせせらぎの湯、うたせ湯があります。

帰りの上りの坂道は良質な温泉に入ったためか、しんどいです。

# 163 大分県

## 奥みょうばん山荘

別府温泉のホンマモンの秘湯です。

最寄りのバス停を降りてから山道を歩きます。

途中で心細くなりますが、歩き続けると山の中にワイルドな建物があります。

敷地内から湯煙がたくさん上がっていて、温泉力の強さを感じます。

別府温泉らしい光景です。

3つの貸切風呂に硫黄泉がかけ流されています。

硫黄分の細かな粒子が源泉中にたくさん浮遊しています。

硫化水素臭が強烈で、浸かるとピリッと刺激があります。

肌が溶けているのかと思うほどヌルヌルした感じがして、少し浸かっただけでかなり疲れます。

この日は湯は薄濁りでしたが、日によって白濁したり、青白くなることもあります。

ぴりっと刺激のある硫黄泉

敷地内から湯煙が上がっています

大分県別府市湯山1

# 164 大分県

## 別府柴石温泉 長泉寺薬師湯、四の湯温泉

長泉寺は浄土宗のお寺です。境内に入って左手に温泉があります。

写真にはバケツが見えますが、これは源泉が熱いので冷やすためのものです。

酸性泉で、少し茶色がかっています。

浸かると、身体にまとわりつくような感じがします。

ご利益なのか、湯上がりは肌がすべすべになります。

四の湯温泉は、亀川駅の近くの鄙びた風情の共同湯です。公園の奥にあります。

単純泉です。

天井が高くて、浴場と脱衣場が一体で、別府温泉の共同湯らしい温泉です。

青色のタイルが目に鮮やかです。

泉質は柔らかくて、つるつるる感があります。

長泉寺境内の中の温泉

これぞ別府の共同湯

大分県別府市野田800-6　他

## 165 大分県

# 栃木温泉　紅葉谷の湯

宝泉寺温泉の近く、山の中にひっそりと佇む静かな秘湯です。

大分県は別府温泉以外にも多くの温泉があり、とりわけこの町は良質の源泉かけ流しの多いエリアです。

こちらはそれぞれ趣向を凝らした貸切風呂が6つあります。

いずれも単純泉で、自然の中に溶け込んだ風情たっぷりの風呂です。

写真は「やぶつばき」という名の貸切風呂です。

ご主人曰く、かなりお金がかかった露天風呂だそうです。浸かると、木々の香りがして実に癒される温泉です。

しっとりした泉質でじんわりと温まります。

湯上がりは源泉と自然のパワーをもらって元気になったような気分になれます。

趣向を凝らした貸切風呂「やぶつばき」

山の中の本物の秘湯

大分県玖珠郡九重町大字町田3077

## 166 大分県

# 湯坪温泉　ふだんぎの湯

湯坪温泉は日本一民宿の多い温泉地ではないかと思います。

ここはその中にある鄙びた感じの日帰り温泉です。

露天風呂には2本の源泉がかけ流されています。

単純泉ですが、源泉の注ぎ口には真っ白な湯の華が沈澱しています。

湯の華が舞う浴槽に浸かると、まったりした肌触りです。金属とゴムの焦げたような匂いもします。

内風呂は本物のレトロです。久しぶりにこの手の温泉に巡り会えて感動しました。肌によく馴染む柔らかい泉質です。

出るときには後ろ髪を引かれる思いがしました。

近くには筋湯温泉などがありますので、時間をかけて湯巡りするのも一興です。

湯の華が沈殿した露天風呂

レトロな内風呂

大分県玖珠郡九重町大字湯坪890

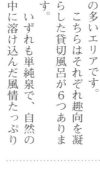

## 167 大分県

# 深耶馬温泉 岩戸湯

建物は普通の民家のようで、小ぢんまりしています。

単純泉ですが少し茶色がかっていて、肌触りはつるつるです。

微かにモール臭がします。

ここは源泉の注入口が特徴的で、ガスと一緒に「ボコッボコッ」と激しく注入されています。

これほど大きな音を立てて源泉がかけ流されるのは珍しいです。

源泉の力強さと新鮮さを感じます。

浴槽の大きさの割に湯量が多く、浴槽の縁から勢いよく源泉が溢れています。

浸かるとザブーンと源泉が流れて感動します。

これぞまさしく源泉かけ流しの醍醐味です。

ガスと一緒に源泉が注入

外観は民家のよう

大分県中津市耶馬溪町深耶馬3211

## 168 大分県

# 筋湯温泉 岩ん湯、薬師湯

1000年以上の歴史があり、20軒ほどの旅館が並ぶ温泉地です。

打たせ湯が筋の病気に効果があることから、筋湯温泉と名づけられたそうです。

1作目では「うたせ大浴場」を紹介しました。

「岩ん湯」「薬師湯」はどちらも地元の共同湯です。

日替わりで男女入れ替わりになっています。

岩ん湯は茅葺の屋根や岩の浴槽になかなか風情があります。

「絵になる温泉」です。

薬師湯は木造の浴槽です。

少し薄暗くて厳かな感じで癒されます。

いずれも単純泉で、きゅっきゅっとした肌触りと源泉にとろみがあって肌にまとわりつくような感触が特徴です。

岩ん湯

薬師湯

大分県玖珠郡九重町筋湯温泉

## 169 大分県

# 海門温泉

普通の民家のような外観からは想像のつかない、個性的で力強い温泉です。

ぬるめのナトリウム・マグネシウム－塩化物泉がシンプルな浴槽にかけ流されています。

冬場は沸かすこともあるそうですが、普段はぬるいままです。

浴室に入った瞬間、強烈な金気臭を感じます。


見事に茶色く濁った湯は、浸かった瞬間ずしっと重たい感じがします。

鉄分も塩分も相当濃厚です。

顔を洗うと滲みるというより痛みを感じます。

これほどの塩分と鉄分の濃い源泉は珍しいです。

浴槽の縁は源泉成分がこびりついて変色しています。

海水よりも塩分濃度が高い強塩泉です。

鉄分も塩分も濃厚な源泉

一見民家風の外観

大分県豊後高田市中真玉1778-8

## 170 大分県

# 九日市温泉 万年《はね》の湯

大分県玖珠町にあります。

入浴料が200円の有難い日帰り温泉です。

〝日本一のおんせん県〟大分の温泉らしい湯量豊富な温泉です。

開放感のある露天風呂です。

大小の2つの浴槽があります。

石を豪快に積み上げて浴槽を造っています。

単純泉ですが、少し茶色です。


モール臭と温泉臭が混ざったような臭いがします。

浸かるとつるつる感があります。

じんわりと身体の芯まで温まります。

湯量の多さと源泉の新鮮さを感じます。

湯上がりは心地よい疲労感がします。

開放感のある露天風呂

これぞ「おんせん県」大分の温泉

大分県玖珠郡玖珠町山田2564

171
宮崎県

# 亀沢温泉　亀沢共同浴場

えびの市にありますが、鹿児島県の県境に近い街中にあります。

外見は集会所のようで、温泉には見えません。

そもそも温泉の看板もありません。

大正4（1915）年に開業したそうで、シャワーやカランはありません。

無人なので料金箱にお金を入れて入ります。


コンクリート打ちっぱなしのワイルドな浴槽に浸かると、熱めの単純泉がかけ流されています。

茶色のモール泉で、つるつる感がすごいです。

じんわりと身体に染み込んでくる感じがします。

湯上がりは肌がすべすべになります。

コンクリートの打ちっぱなしの浴槽

地元の共同湯

宮崎県えびの市亀沢280-3

172
宮崎県

# 京町温泉　岡松温泉

えびの市は源泉かけ流しが多いエリアです。

ここは大正14（1925）年に開業したそうで、現在は地元の方々によって管理されています。

ふだんは無人なので、料金箱にお金を入れて入ります。

建物は鄙びていますが、黄色のタイル貼りの浴槽も負けず劣らずです。

浴槽はさほど大きさはなく、4人も入ればいっぱいになりそうです。

泉質は恐らく単純泉です。

薄い黄色の源泉です。

さらさらした肌触りで金属臭があります。

湯上がりは肌がすべすべになります。

このような素晴らしい共同湯を管理して外部の人にも開放してくださっている地元の方に感謝です。

印象的な黄色のタイル貼り

無人の鄙びた共同湯

宮崎県えびの市岡松272

173
宮崎県

# コスモス温泉

コスモス温泉の由来は、近くの生駒高原に100万本のコスモスが咲くことから付けられたそうです。

素朴な外観の建物です。

向かって左手の浴槽に熱めのマグネシウム・ナトリウム－炭酸水素塩泉がかけ流されています。

ここは何より泉質が素晴らしい。

深緑色に濁った湯は重たく、ずっしりと身体にまとわりついてきます。

源泉が身体に染み込んでいるのがはっきり分かるほど濃厚です。

温泉成分が濃厚なのでひりひりします。

金属のような薬品のような匂いもします。

湯上がりはべたべたせず、爽快感があります。

ずっしりとくる濃厚な源泉

素朴な外観

宮崎県小林市大字南西方1130-79

174
鹿児島県

# 山川砂むし温泉 砂《さ》湯《ゆ》里《り》

鹿児島県の指宿温泉や大分県の別府温泉には、砂蒸し温泉があり、これが大好きな人がいます。

私は砂蒸しそのものより、砂蒸しができるところは地熱と湯量が豊富なので、その温泉を目当てに行きます。

砂蒸しはじんわりと身体が温まってきます。

せっかく砂をかけてくれたのでなかなか出られず、時間がくるとほっとしました。

ちなみにここの砂蒸しは、ほかと比べて砂をかけてくれる人が若いようです。

九州南端のこの辺りは温泉力が高い、いい温泉地です。

ナトリウム－塩化物泉の源泉は相当熱いので水で薄めていますが、それでもそんじょそこらの塩化物泉よりも濃厚な泉質です。

砂蒸しも体験しました

温泉パワーを感じます

鹿児島県指宿市山川福元3339-3

## 175 鹿児島県

# 重富温泉

JR日豊本線重富駅から徒歩15分ほど、いつも地元の方で賑わっている温泉です。ナトリウム－塩化物泉です。青っぽく濁っていて、少し金属臭がします。

塩分などミネラルの濃度が高く、似た泉質が思い付かないほど個性的な泉質です。

浸かると初めは少しひりひりして、そのうちじわーっと温まってきます。

きしきしした肌触りで、源泉が身体に染み込んできます。湯上がりはなかなか汗が引きません。

ほかに露天風呂や家族風呂もあります。

鹿児島県の温泉力を感じさせる、レベルの高い本物の源泉かけ流しです。

少し青く濁った温泉

地元の方で賑わっています

鹿児島県姶良市平松6135

## 176 鹿児島県

# 保養温泉　京湯

JR日豊本線国分駅から岩戸温泉に行く途中にあります。車道から脇道を入って行くため、少し分かりにくいところにあります。

外観は鄙びていますが、建物の中は大変綺麗です。

昔ながらの造りのため、浴室はかなり広いです。

浴槽は3つ並んでいて、源泉が勢いよくかけ流されています。

源泉はしっとり系の肌に優しいナトリウム－炭酸水素塩泉です。

少しとろみがあり、つるつる感もあります。

肌にまとわりつく感じもします。

浴室の床で滑りそうになるほどです。

地元の方で賑わっています。

だだっ広い浴室

鄙びた外観

鹿児島県霧島市国分姫城2960

## 177 鹿児島県

# 塩《しお》浸《びたし》温泉　龍馬公園

幕末の志士坂本龍馬と妻のお龍が新婚旅行で訪れた温泉です。

夫妻が入ったとされる浴槽も残されていますが、残念ながら入浴することはできません。

ほかにも龍馬とお龍の縁結びの足湯などもあります。

内風呂には浴槽が２つあります。

泉質は近くの妙見温泉に似たナトリウム・カルシウム・マグネシウム－炭酸水素塩泉です。

炭酸成分があり、浸かるとピリッとして微かに泡付きがあります。

ほのかにゴムの焦げたような匂いがします。

肌触りはさらさらしています。

湯上がりは肌がしゃきっとします。

炭酸分を含む温泉

龍馬とお龍が入ったとされる浴槽

鹿児島県霧島市牧園町宿窪田3606

## 178 鹿児島県

# 吉松温泉郷　原口温泉

大正初期に発掘された温泉で、傷やできものに不思議によく効くと評判になったそうです。

いろいろなモール泉に入りましたが、ここまで真っ黒な単純泉はお目にかかったことがありません。

まるで墨汁を垂らしたようです。地元では「コーヒー温泉」と呼ばれているそうです。

源泉がかけ流されている方の浴槽は熱くて入れませんでした。

少々熱い温泉にはへこたれない方ですが、さすがに限度を超えていました。

つるつる感は予想どおりです。

油臭というよりも灯油のような臭いがします。

吉松温泉郷の温泉はモール泉系が多いのですが、このような臭いは珍しいです。

まさにコーヒー温泉

地元の方で賑わっています

鹿児島県姶良郡湧水町鶴丸1172

179
鹿児島県

# 紫《し》尾《び》温泉　神の湯

厳かな雰囲気の浴室

ここの飲泉は美味い

紫尾神社から源泉を引いています

鹿児島県薩摩郡さつま町紫尾2165

隣接する紫尾神社の拝殿下から自噴する源泉を引いています。

ご利益がありそうです。

建物の外観も浴室も厳かな雰囲気です。

アルカリ性単純硫黄泉で、pHは9・4もあります。

お湯は見事なエメラルドグリーンです。

お湯が濁ることもあるようで、その日は神様が入浴した日と言われるそうですが、私はまだ濁り湯に入ったことはありません。

甘い硫化水素臭が鼻をくすぐります。

浴槽は2つあり、大きな方がぬるめとのことですが、あまり体感温度は変わりません。

浸かると強烈なとろみとヌルヌル感があります。

このとろみとヌルヌル感はなかなか他の温泉にはないレベルです。

飲泉もでき、甘味を感じます。

180
鹿児島県

# トカラ列島悪石島
# 湯泊温泉露天風呂、内風呂、海中温泉

湯泊温泉　露天風呂

湯泊温泉　内風呂

海中温泉

鹿児島県鹿児島郡十島村悪石島140　ほか

悪石島は令和5（2023）年時点で人口84人の小さな島です。

「ボゼ祭り」という南方系の仮面を被って踊る祭りでも知られます。

フェリーの時刻表では、鹿児島港を23時に出て、翌朝9時15分に着きます。

湯泊温泉はこの島唯一の温泉施設です。

露天風呂と内風呂があり、露天風呂は海を見下ろせて爽快です。

炭酸水素・塩化物泉は緑色に濁っています。

浸かると、こってりした肌触りです。

塩分濃度が強く、刺激があります。

島にはほかに、海中温泉と砂蒸し温泉があります。

海中温泉の岩に描かれた温泉マークが渋いです。

一つの島にこれほどバラエティーに富んだ温泉があるのはかなり珍しいです。

## 181 鹿児島県

# みょうばんの湯

ナトリウム－塩化物泉です。

JR鹿児島中央駅から徒歩数分で行けます。

鹿児島市内にはいくつか源泉かけ流しの銭湯がありますが、ここもその一つです。

平成29（２０１７）年にリニューアルされたそうです。

楕円形の浴槽が棚湯的に3つつながっています。

かなり珍しい形態と言えるでしょう。

源泉が直接かけ流されている一番上の小さな浴槽が一番熱くなっています。

浸かるとつるつるすべすべ感があり、じんわりと温まります。

微かに金属臭もします。

ほかに水風呂もあります。

「銭湯でこの泉質？」と驚くほどの優れた泉質です。

ここに来るたび、鹿児島の温泉力を感じます。

3段階につながった浴槽

ＪＲ鹿児島中央駅からすぐ

鹿児島県鹿児島市武1丁目9-9

## 182 鹿児島県

# 天然温泉 湯乃山

JR鹿児島駅から徒歩15分ほど、「西郷隆盛終焉の地」の近くにあります。

市内にはいくつか源泉かけ流しの温泉施設がありますが、流しのタクシー運転手に聞くと、何人かにここを勧められました。

建物と浴槽はかなり年季が入っています。

「自由浴場」と書かれた一般浴場と家族湯があります。

ご覧のとおり琥珀色のアルカリ性単純泉です。

浸かるとつるつるヌルヌル感が強く、ずるっと滑ります。

モール臭も強く、浴槽の縁と床が温泉成分で変色しています。

このレベルはなかなかありません。

温泉に舌が肥えた地元の方がすすめるだけのことはあります。

地元の方イチオシの泉質

自由浴場と書かれた一般浴場

鹿児島県鹿児島市城山町12-1

## 183 鹿児島県

# 海潟温泉 江之島温泉

最高レベルの共同浴場です。大隅半島の鹿児島湾に面したところにあります。

入口が少し分かりにくく、狭い道を入って行きます。

まず、建物の鄙び感に感動します。

続いて、浴室と浴槽のレトロ感に感動します。

アルカリ性単純硫黄泉です。

少し熱めの源泉がドバドバとかけ流されています。

とろみとつるつる感があり、身体にまとわりつくような泉質です。

硫化水素臭が実に香ばしいです。

源泉が濃厚なので、浸かっているとかなり疲れますが、それでも少しでも長く入っていたいと思わせる温泉です。

ここに来ると、いつも帰りに後ろ髪を引かれる思いがします。

風情のある浴室と浴槽

これぞ共同湯の佇まい

鹿児島県垂水市海潟541-1

## 184 鹿児島県

# 関《せき》平《ひら》温泉

道路から少し山を登ったところにあります。

霧島温泉の近くですが、硫黄泉ではなく単純泉です。

ここは2種類の源泉があり、手前は新床源泉という黄色の源泉で、奥が透明の関平源泉です。

どちらもしっとり感のある、柔らかい泉質です。

新床源泉は少し金属臭があり、少しきしきしした肌触りです。

一方の関平源泉はもともと飲用の源泉なので、肌に優しく滑らかな源泉です。

どちらも湯上がりは肌が生き返ったようにつるつるになります。

ほかに貸切風呂もあります。

また、ミネラル豊富な関平鉱泉の販売もしていて、かなり人気があるようです。

2種類の源泉

鉱泉の販売もしています

鹿児島県霧島市牧園町三体堂2057-10

185
鹿児島県

# 川《せん》内《だい》高《た》城《き》温泉　梅屋旅館

川内高城温泉は西郷隆盛公が逗留したことで知られる温泉地で、私も大好きな温泉地です。

こちらは高城温泉共同湯の隣にあります。

鄙びた風情の建物ですが、中はきれいです。

浴槽は男女一つずつで、とろみのあるアルカリ性硫黄泉です。

硫化水素臭がしますが、どぎつさはなく香ばしい感じがします。

浸かるとつるつる感が強いです。硫黄泉でこの感触はおそらくこの温泉地だけだろうと思います。

感じのいいもてなしも含め、実に癒される温泉空間です。

以前は素泊まりがありましたが、今は受け付けていないようです。

温泉地の中でも泉質は抜群

本物の湯治場の風情

鹿児島県薩摩川内市湯田町6467

# 第2部

# 温泉にまつわる30のお話

不思議な話

## 第1話 真っ暗な部屋

東北の温泉地の旅館のお話です。

ここは湯量が多く、泉質的には優れた源泉かけ流しの単純泉でしたが、全体的に「古いなぁ」という感じの旅館でした。

私は夕方近くにその旅館にいったんチェックインして荷物を預けて、そのまま近くの立ち寄り湯を何か所か巡って宿泊する旅館に戻りました。

フロントで、「桧」の部屋のキーを渡されたのですが、古い木製の札に書かれている字がよく見えなかったため、私は「松」だと勘違いしていて、階段を上って「松」の部屋を探してそこに入りました。

暗くなってから旅館の部屋に入ると初めは真っ暗に決まっているのですが、このときはどういう訳か部屋に入るとき、得体の知れない「怖さ」を感じました。

「松」の部屋の電気をつけて入ると、預けておいた私の荷物がないので、「あれ？」と思いました。

それと同時に、私はすぐにその部屋は長年使用していないことが分かりました。部屋の中がものすごくカビ臭いし、人の手が入っているようには見えなかったのです。清掃もされていないし、部屋の小物も全然片付けられていなかったからです。私は一瞬、「変な世界」に迷い込んでしまったかなと思い、猛烈に怖くなりました。足がすくみました。

そこで、もう一度フロントに戻って、一からやり直そうとしたのです。そのとき、キーが「松」ではなく「桧」であることに気付いたのです。

「なんだ、部屋を間違ったのか」と思って「桧」の部屋に行こうとしたのです。すると、今度は廊下に掲げられている部屋の掲示板に「桧」がないので焦りました。

「またまた変な世界に迷い込んでしまったのか」と恐怖を感じました。しばらく途方に暮れていましたが、よく見ると「ひのき」という表示があったので安心しました。漢字ではなく、ひらがなの表示だったのです。

「ひのき」の部屋に入るとちゃんと私の荷物もありました。カビ臭くもなかったです。

ここの旅館は古く、廊下なども薄暗かったので、館内で迷うと結構怖かったです。それにしても、あの「松」の部屋は一体何だったのか不思議でなりません。

## 第2話　風鈴が聞こえる部屋

東北の温泉地の旅館のお話です。

ここは自家源泉のかけ流しのいい温泉でした。

夕食を食べて、最後にもうひと風呂浴びて夜寝ようとすると、どこからかチリンチリンと風鈴の音が聞こえるのです。それまでにも鳴っていたのかもしれませんが、寝ようとしたときに初めてその音に気づいたのです。懐かしい感じのいい音色でした。思わず引き込まれてしまいそうな心地良さでした。

「昼間は夏日で風もほとんどなかったのに、夜になって風が出てきたのかな」と思って、窓を開けました。そして、外を見たのですが、風鈴らしき物はどこにも見えません。

「暗いから見えないのかな」とも思いました。そのとき風が吹いている様子はありませんでした。

「あれ、先ほどの風鈴の音は気のせいかな」と思って再び寝ることにしました。

それからは風鈴のチリンチリンという音は鳴りませんでした。幸いなことに、睡魔が訪れてきてぐっすり眠れたのが良かったです。朝になると風鈴の音は全く聞こえませんでした。

あの風鈴の音は一体何だったのかよく分かりません。

そもそも朝、窓から外を見るとどこにも風鈴らしき物は見えませんでした。

その代わり、旅館の敷地のすぐ向こうに墓地が見えました。

## 第3話 上品なお客

北関東のある温泉宿のお話です。

予定よりも遅くなって玄関を入ると、囲炉裏があり、そこに5、6人のお客さんと思しき方が談笑されていました。40、50代の男女でした。

一応「こんばんは。遅くなりました」と挨拶をしたのですが、すぐに違和感を感じました。

というのも、皆さんどういうわけか、私によそよそしいのです。それまでの皆さんの談笑の流れがぷっつり切れていました。明らかに私をよそ者扱いしている感じがしました。それに何よりも違和感があったのは、皆さんどこか上品なのです。

私がチェックインの手続きをしているときもその5、6人は盛り上がっているので、まあご夫婦が混じった何かのグループの方かなと思っていました。

私は気を取り直して部屋で浴衣に着替えて、温泉のある一階に下りると今度は先ほどの人数に何人か加わって7、8人になっていました。やはり、皆さん談笑されていました。温泉に行くとき、囲炉裏の横を通り過ぎたのですが、皆さんお話を止めて私をじろっと警戒するような目で見ている感じがしました。明らかに変です。

肝心の温泉は湯量の多い、まあまあのレベルの源泉かけ流しでした。

後で、部屋食を運んできた仲居さんにお話をお聞きしたところ、囲炉裏のお客さんは別にグループ客でも何でもないということでした。また、仲居さん曰く、「この旅館はリピーターが多く、ご主人がそのリピーターをよく知っていて、仲のいい人しか来ないね」ということでした。

加えて、「あまり知らない人は最近泊めてないんだけども」ということも聞きました。

しかし、どうも腑に落ちません。「限られたリピーターだけで旅館を維持していくのは経営的に大変だろうな」とか、「まあ温泉も源泉かけ流しで泉質はいいものの、中の上といったレベルで、それほどリピーターが続出するようなレベルの高い泉質でもないしな」と思って、しっくりきませんでした。

そう考えると、どうもお客さんの談笑の雰囲気もどこか不自然に思われてきたのです。あのお客さんたちの上品さがどうもこの旅館の湯治場的な雰囲気と合わないのです。何か宗教的な集まりのような、グループに統一的なまとまりのあるような不思議な感じがしました。ちなみに、その旅館は料理もまあまあ普通ですし、料金もそこそこでした。

蓼食う虫も好き好きなのか、私の気付かなかった何かすごく良いところがこの旅館にあるのか、あるいはあの上品な感じのお客さんたちは何か特定の集団だったのか未だによく分かりません。

## 第4話　確かにいた

鹿児島県のトカラ列島のある島の温泉のお話です。

絶海の孤島に来ると、病気も怪我もできません。なので、自然免疫力が高まるというか、何か力が湧いてくるような不思議な感覚になります。

しかし、こういった孤島では危険と隣り合わせです。

私は午前中は温泉ではなく、島全体を見渡せる高台に行こうとしました。そして、教えられた道をジャングル探検のような感じで上って、雄大な景色を見て下りて帰ってきました。民宿の方から「ハブに注意してね」と言われていたので、十分注意していました。

民宿に戻ると、民宿の方が「この時期だからハブを見たでしょう」と言われたので、「いえ、地面を棒で叩きながら進んだけど何もいなかったですよ」と普通に答えたのです。すると、民宿の方はポカンとして「ハブは木の枝や葉っぱから落ちて来るんですよ」とさり気なく言われたので、「ギョッ」としました。もしかすると、ハブが木の枝や葉っぱから私を狙っていたり、実際に落ちてきたのに気づかなかっただけのことかもしれません。猛毒を持ったハブはすぐ私の近くにいたのかもしれません。

その日の午後は、メインの海岸の温泉に行こうとして、これも自然の山道を降りて行ったのですが、草の間をゴソゴソと灰色の爬虫類のようなそこそこ大きな動物がいるように見えたのです。

一瞬、その動物の雰囲気から少し前にテレビで見たコモドドラゴンかなと思いました。しばらくすると気配がなくなりました。

しかし、「孤島で咬まれたりでもしたら命取りになるな」と思って、海岸の温泉に行くのを断念しました。

民宿に帰って、民宿の方にその話をすると、「生まれてずっとこの島に住んでいるけど、この島にはそんな大きな動物はいないなあ」と笑って相手にされませんでした。しかし、確かにそこには何か大きな生き物がいたのです。

コモドドラゴンに咬まれると、毒ではなく細菌で身体中が化膿して死んでしまうということを何かの本で読んだことがあり、怖かったです。

第5話

# 子どもの敵意

関東のある鄙びた温泉地の旅館のお話です。

ここへは、本数の少ないJRを乗り継いで苦労して辿り着きました。温泉はぬるめでしたが、かなり本格的な源泉かけ流しで大変満足しました。

しかし、旅館に着くや否や、玄関に子どもがいたのです。その子どもは小学校1、2年くらいの旅館の子どもで、どういう訳か私に敵意がある感じなのです。無表情でいたずらっぽく、私の足をいきなり蹴ったり棒で叩いたりするので、「何や、この子どもは」と思っていました。わーわー騒ぎながらそうするのではなく、無表情で淡々と私に攻撃をしかけるのです。初めは「変わった子やな」としか思っていませんでしたが、次第に薄気味悪くなってきました。

旅館にはほかにもお客さんがいましたが、その子どもは他のお客さんには特にそういったいたずらはしていなかったようです。次第に薄気味悪さが増幅していました。

「その子どもが温泉に入ってきたらどうしようか」とか、「部屋（もともと部屋に鍵がない）にその子どもが突然入ってきたらどうしようか」とかいろいろ不安を感じていましたが、幸いそのようなことはありませんでした。

帰りには、その子どもの姿は見えませんでした。しかし、ご主人に車で駅まで送ってもらうときに、後ろを振り向くと、数百メートル離れてその子どもの姿が見えたのです。そのときは少し驚きました。子どもは相変わらず無表情でしたが、どういうわけか名残り惜しそうに私の方をじっと見ていました。

私がご主人に、半ば冗談っぽく、「子どもさんに足を蹴られたり棒で叩かれたりしました。元気な子どもさんですね」と言うと、「うちの子どもはそんなことしませんよ」と不思議そうに仰られました。

「後ろに見える子どもがお子さんですよね」と聞こうとしたのですが、どういう訳か少し気味が悪くなってやめました。

私はそれ以上後ろを振り向かずに、早々とその旅館を後にしました。

泉質の良い源泉かけ流しの温泉に入ったにもかかわらず、その後しばらく体調が悪かったです。

## 第6話 何故か自白してしまう温泉

東北の有名な温泉地の旅館のお話です。

ご主人から不思議な話を聞いたことがあります。その旅館は2つの源泉を引いていて、一つは地域の共同源泉で、もう一つは自家源泉です。

しかし、自家源泉の方に入った人の中に、数百万円の会社の資金を横領した人が泊まった翌日に自首したり、何度も無銭宿泊を繰り返して逃走していた人が自首したり、夫婦の片方がどういう訳か浮気を突然白状して揉めたりしたことなどがあったそうです。

ご主人は、警察から自首した犯人について何度も事情聴取を受けたことがあるそうで、この源泉には「人に自白をさせる不思議な力」が備わっているのではないかと本気で考えているとのことでした。

私はこの自家源泉の浴室に入る前に、ご主人に真面目な顔で本当にこう言われました。

「あなたは何か逮捕されるようなこととか、悪いことをしていませんか?」

ご主人はじっと私の眼を見て、しんみりと仰いました。そのときのご主人の表情がなかなか忘れられません。どこか虚ろで、何かに取り憑かれたような表情でした。

自家源泉の泉質は個性的ないい泉質でした。癒やしというか、リラックスさせる効果を感じました。

「この温泉に入ると、人によっては何か自白したくなるのかな」と、そのときふとそう思いました。

## 第7話 行きは怖いが帰りはよいよい

関東の秘湯のお話です。

山道を片道3～4時間歩いてやっと辿り着ける温泉です。

途中、山の斜面の道を横切って歩いて行くところがあったのです。普通の登山用の道でした。私の前を普通に歩いている方がいたので、私もさほど気にせずにその道を歩いていたのです。右手が上りの山で左手が下りの谷でした。

すると、左の谷の方にものすごい力で身体が引き寄せられるのです。そして、左を見るとかなり深い谷底でした。「ああ、これは谷底に落ちて死ぬな」と直感して、歩くのを止めて、じっと手とお尻を地面に着けて座っていました。ゆっくりと呼吸を整えながら、しばらく斜面を横切る道に座っていました。

「私の前にいた人は、何故あんなに平気でこの道を歩けたんだろう」、「誰かが来たら助けを求めようか」などと考えながら、3～4分くらいじっとしていました。当然、スマホは圏外です。しかし、誰も来る気配がありません。

じっとしていても仕方がないので、恐る恐る立ち上がってみました。少しでも谷底に落ちそうだと思ったら、また地面に座ろうと思っていました。すると、何とか立ち上がれたのです。腰を落としてガニ股で身体の重心を右に傾けながらゆっくり移動して何とか斜面を横切ることができました。

そして、旅館に一泊して翌日は帰りです。また、あの難所を通らないといけないと思うと、憂鬱でした。しかし、帰りはあの難所に気づくこともありませんでした。普通に歩いていると、その難所がどこにあったのか分からずに目的地に着いてしまいました。普通に歩いていたら帰れたという感じでした。「あの谷底に引っ張られるような力と死ぬなと感じた恐怖は一体何だったのだろう」と思いました。

谷底に引き寄せられた斜面を横切る道を、遠くから撮影していました。写真を見る限りでは、確かに傾斜はあるものの、それほどは急な斜面ではありませんでした。「あれくらいの勾配で谷底に落ちそうになるかな」という感じであまり危険は感じませんでした。

何故、行きのとき谷底に落ちそうになったのか、あのときだけ周りに誰も人がいなかったのか未だに不思議です。

## 第8話 けんかしている旅館

九州のある2軒の旅館のお話です。

その2軒の旅館が2つの温泉の使用をめぐってトラブルになっているようでした。2つの温泉はいずれも旅館の建物の外にあります。

ここは、鄙びた秘湯で泉質も足元湧出で素晴らしいのですが、浴室の貼紙に、「ここの温泉はうちの旅館のものなので、うちにお金を払って入れ」といった貼紙がありました。

一軒の旅館に宿泊したのですが「どちらの温泉に入ってもいいよ」とのことでした。しかし、実際にもう一つの温泉に入ろうとしたら、「隣の人が怒って来るかもしれない」と言われたので、内心ビクビクして入りました。

ぬるめの単純硫黄泉に浸かりながら「どんな人が怒鳴り込んでくるんだろうか」とあれこれ想像力を働かせていました。

「毛皮をまとって、はちまきをしたおじさんが鉈を手にして来たらかなり怖いだろうな」と映画のシーンのような光景を想像しながら温泉に浸かっていました。かなりスリリングでした。

結局、誰も来なかったです。

次の日の朝も鉈を手にしたおじさんは来ませんでした。

なまめかしい話

## 第9話 バイトの混浴

ある西日本のある温泉地の旅館のお話です。

ここは混浴露天風呂が有名です。かなり広いので、あまり混浴ということが気にならないくらいの大きさです。

初めてその旅館に行ったとき、料理を運んでくれる仲居さんと少し話すようになりました。その方から聞いたところでは、仕事の時間が終わる午後9時頃に女性のアルバイトの方々が混浴露天風呂に入るということでした。少し酔った私が調子に乗って、「私もその時間に行っていいですかね」と言うと、「どうぞ、どうぞ」ということなので半信半疑でその時間に混浴風呂に行きました。

すると、午後9時くらいに4、5人の若い女性が本当に入って来られたのです。先ほどのバイトの方もいらっしゃいました。私に向かって手を振ってくれました。男性は私一人でした。

女性たちは「キャッキャッ」と結構盛り上がっていました。

大事なことを言い忘れましたが、女性たちはバスタオルなしで手で隠しながら入って来られました。シチュエーションは異なりますが、そのとき、私は映画『伊豆の踊り子』のワンシーンを思い出しました。その露天風呂は開放的で大きく、女性たちとはかなり距離があったので、あまり恥ずかしいという感じはしませんでした。

ただ、その日は満月に近く、夜でも明るかったです。4、5人の女性の方の肩のシルエットが月明かりに照らされて、きれいだったことを覚えています。

その頃はまだ、そこの露天風呂は湯浴みを着ることになっていませんでした。最近は湯浴みを着ないといけない混浴露天風呂が増えてきました。そこも今では湯浴みを着ないといけないことになっています。

次の日の朝は、その仲居さんはおられませんでした。

これは、私が温泉に本格的に興味を持ち出した30代半ばのまだ初々しいお話です。

## 第10話 見えてはいけないものが

甲信越の有名な温泉地の旅館のお話です。

私は若い男性が一人で入っていた混浴の温泉に入りました。その男性は職場の旅行で来たとのことでした。浴槽はあまり広くなく、5、6人が入れる感じでした。白濁した硫黄泉が深めの浴槽にかけ流されていました。

すると、その男性よりも少し年上と思しき女性が2人、バスタオルを巻いて入って来たのです。女性の一人が「すいません、後ろ向いてくれませんか?」と言ったので、「どうぞ、どうぞ」と言って、私とその男性はすぐに後ろを向きました。そのうち、温泉に浸かったままでお話しをするようになりました。

すると、その女性2人は若い男性と同じ会社に勤務していることが分かりました。また、女性2人の方はその男性の先輩であることも分かりました。皆さん、社員旅行で来ていたようです。そのうち、私も交えて温泉談議が始まりました。

男性は少しおとなし目でしたが、女性2人は活発な感じでした。

やや熱めで泉質が濃厚な硫黄泉だったので、しばらくすると私はのぼせてしまいました。私よりも先に入っていた若い男性も相当疲れたような感じでした。すると、その気配を察した女性2人が、「ではお先に」と言って、いそいそと先に浴槽から上がろうとしました。

しかし、2人とも唐突に出てしまったので、私と男性は後ろを向く暇がありませんでした。しかも、浴槽が深かったので、女性が足を掛けて這い上がるような感じになってしまって、私と男性には見えてはいけないものがはっきり見えてしまいました。そのとき、私とその男性は思わず目を合わせてしまいました。その男性の「困ったな」という照れ笑いのような表情が印象的でした。

次の日の朝は、私は早かったので、若い男性や彼女らに会うことはありませんでした。

「あの方々は同じ会社なのに大丈夫かな」とふと思ったりしました。

しかし、この手の話は、混浴の温泉には付きもののお話ですね。

怖い話

# 第11話 生気を吸い取られる温泉

一般的に温泉に入ると疲れます。秘湯の場合、そこに行くまでの移動で疲れるだけでなく、非日常性が強いので脳も疲れるのだろうと思っています。

ただ、通常の疲れ方とは質の違う疲れ方に遭遇する温泉もあります。

これは東北地方のある温泉旅館のお話です。

一見しただけで少し古めかしい旅館ということがすぐに分かる旅館でした。玄関に足を踏み入れた瞬間、どこか不思議な脱力感を感じました。私は「その日は何軒か日帰り入浴をしたので疲れていたのかな」と最初は思っていました。

その後、源泉かけ流しの温泉に入ると、ますます力が抜けていくような感じがしました。泉質自体はさほど強烈ではないのですが、何故か妙に疲れます。夕食のときの食事も酒もあまり進まず、20時前にはぐっすりと朝まで熟睡してしまいました。

しかし、朝目覚めても全然シャキッとしません。温泉疲れとは異なる性質の疲れ方です。発熱はしていないのに、それに近い感じの風邪の初期症状のような脱力感です。身体がフワフワするような感じがしました。どこか違和感を感じ始めていました。

その旅館では、朝食は一斉に食堂でとるのですが、隣にいたカップルが「何かこの温泉は疲れるね」「そうね。私も妙に疲れを感じている」と会話しているのを耳にしたので、私はギクッとしました。そして、「やっぱりそうか」と思いました。ちなみに、その日は私とそのカップルともう一組しか泊まっていないようでした。もう一組のカップルも距離的にその会話が聞こえていたはずですが、無言で食事をしていました。その方々も元気がないように思いました。

私はそのとき、「この旅館全体が何か生気というか人のパワーを吸い取っているのではないかな」と感じました。「そんなアホな」と言われそうですが、心と身体は至って正直です。旅館の経営者の方やスタッフの方も顔色が悪く、どこか元気がない感じがしました。

その旅館をチェックアウトして、次の温泉地に向かったのですが、いつの間にかいつもどおりの体調に戻っていました。

後でその温泉の写真を見ると、そこに行ったという実感が全く湧かなかったのです。

私は温泉に行ったときは、必ず写真を撮るのですが、不思議な体験をした旅館の写真は、何故か「どうもそこに行った実感がない」ということが多いです。

## 第12話　空かずの間

中国地方の古い温泉旅館のお話です。

ここは、部屋に入ったときから何故か隣の部屋が気になっていました。というのは、私が泊まった部屋の襖よりも隣の襖が立派だったからです。

少し補足しますと、そこは古い旅館で、部屋の入口が襖になっていて、その外にスリッパを脱ぐので、隣には人がいないことが分かっていたのです。そこで、少し隣の部屋の中を見てみようと思ったのです。外からは鍵らしきものはありませんでした。

私が隣の部屋の襖を開けようとすると、それは開きませんでした。力を入れると開いていたのかもしれませんが、簡単には開きませんでした。そのとき、ちょうど旅館の人が来たので、襖を開けようとするのをやめました。

私は非常にバツが悪い思いをしました。そこで、「隣の部屋が見たくなりまして」と申し開きをしたのです。すると、旅館の方はどこか言いにくそうに、「その部屋は現在使用していませんので」と小声で答えたのです。何か奥歯にものがはさまったような、少し脅えたような感じでした。そして、それ以上何も言わず、そそくさと階段を下りて行かれました。そもそも、旅館の方が何故そこに偶然来られたのかもよく分かりません。何か用事があったわけでもなさそうです。その瞬間、すごく怖い感じがしました。「もうそれ以上、隣の部屋に関わってはいけないな」と思いました。

この旅館は部屋にトイレがなく、共用のトイレに行くときにその部屋の前を通ることになるのですが、夜に通るときはどことなく薄気味悪かったです。廊下も薄暗くて少し怖かったです。その部屋からはかなり「その気配」を感じました。その部屋の前を通るときは、自然になるべく襖から離れて、心の中で不動明王御真言をお唱えしながら通っていました。

隣の部屋から物音などは聞こえて来なかったのですが、どこか隣の部屋の壁に気が吸い寄せられるという感じがしました。

そのことと関係があったのかどうかは分かりませんが、この日は夢見が非常に悪かったです。

## 第13話 本物のお札を貼っている

関東のある温泉地の旅館のお話です。

山奥の一軒家ではなく、温泉地の旅館でした。自家源泉の源泉かけ流しのいい泉質の旅館でした。どちらかと言えば、見るからにいわくがあり出そうな感じの旅館でした。その辺りのことは何となく分かります。部屋に入ると、やはりどことなく空気が重たい感じがします。

部屋の中をよく見ると、柱の高いところにお札を貼っていました。よく掛け軸の裏にお札を貼っているというのはありますが、これほどオープンにお札を貼っているのは珍しいです。しかも、火事除けのお札とかの雰囲気ではなく、少し気味の悪い動物のようなものが描かれている珍しいお札でした。写真でも撮っておこうかとも思いましたが、気分が乗らずやめました。

少し寝苦しくはあったのですが、何とか寝付けました。特に、何も出ませんでした。お札の効果があったのかどうかはよく分かりません。

全く関係のない話ですが、本業の弁護士業でマンションの隣の部屋の騒音がうるさいということで、現地確認に行ったことがあります。「夜の騒音がひどい」ということなので、21時過ぎに行きました。

古いマンションなので、依頼者の部屋に入った瞬間、かなり空気が重い感じがしました。よく見ると、仏壇らしきものに、古いまっ黒な像を置いておられました。見たことのないような不思議な動物の像でした。見た瞬間、背筋が寒くなりました。風邪をひいた初期に悪寒が走る感じです。結局、隣の部屋の騒音はよく聞こえませんでした。

一緒に行った私の事務所の弁護士も、その真っ黒な像と部屋の中の空気の重さを感じ、大層気味悪がっていました。そのせいかどうかは分かりませんが、帰りにその弁護士は車を運転していて交通事故を起こしかけたそうです。

今から思えば、旅館の柱の高いところに貼っていたお札はその地域の守り神かなと思ったりします。

「あれを剥がしていたらどうなったのだろう」と思った瞬間、その旅館の温泉の4階の一か所に、清め塩が盛られていたことを思い出しました。

## 第14話 トンネル

北陸の秘湯のお話です。

そこは、最寄りの駅から山道を歩いていくのです。

かれこれ1時間ほどは歩きます。

その間にトンネルが3か所あるのですが、どうもそのうちの一つがかなり空気が重いのです。何故かは分かりません。

そこは一番長いトンネルで30メートルくらいはあると思います。

トンネルの上から水がポトポト滴っていました。照明もかなり薄暗かったです。

「ちょっと嫌やな」と思いながらもそのトンネルを歩いていくと、トンネルの中ぐらいに白っぽくて何かが落ちているのが見えました。そこだけ周りと色が違うのですぐに分かりました。それは小さい人形でした。プラスチック製ではなく、布製の手作りの人形でした。

私はあまり見ない方がいいなと思って、少し早足で通り過ぎました。

トンネルを出てからも何か後ろが気になって仕方ありませんでした。

帰りは行きほどは怖くなかったのですが、トンネルの中では少し緊張しました。行きにあった人形には気づきませんでした。人形があったのかどうかも分かりません。

この話にはオチがあります。ある方とたまたまこの温泉のお話をしていたときに、その方が「あそこの長いトンネルは怖かったでしょう」と何気なく言われたのです。私はドキッとしました。「そう言われればそうだったかな」としらばっくれて、これ以後その話題にならないようにしました。何故そうしたかと言うと、もしその方が「トンネルの中で白っぽい人形を見なかったですか?」などと聞いてきたら、やばいなと思ったからです。

「感じる人は感じるのだな」とつくづく思いました。

困った話

## 第15話 まずい名物料理

九州のある温泉のお話です。

ここは料理屋さんに温泉が付いているといった感じの温泉で、建物が手造りでかなり奇抜です。新鮮なモール泉もご主人の人柄も素晴らしい、いい温泉です。

そこで、そこの名物といわれる丼系の食べ物を食してみました。すると、「あれっ」という感じで、あまり美味しくありません。中途半端に甘いのです。本来は甘くなくてもいい料理なのに、変に甘いのです。

もしかすると、「私の味覚がおかしいのかな」と思って別の料理を注文すると、それはそれなりに美味かったです。

結局「ここは丼物を甘くするんだ」と思って、その名物の料理を全部食べました。途中で少し胸やけがしていました。嫌な予感がしていました。すると、案の定、近くの別の温泉に立ち寄ったところ、そこで気分が悪くなってしまいました。

温泉巡りの間に食べる地元の料理は大体美味しいのですが、ここは少し勝手が違っていました。吐き気はなかなか収まらず、その日は予定していた日帰り入浴に行けませんでした。

「料理には好き好きがある」ということでお許しいただきたいと思います。あの名物料理は私以外の人にはもっと美味しいのだろうと思います。

あるいは、そのときに限って、「塩と砂糖を間違えて入れてしまった」的な基本的なミスがあったのかもしれません（あるはずないやろ）。

## 第16話 熱過ぎる

これまでいろいろな温泉に行きましたが、熱すぎて入れなかったところが2か所あります。

一つは、岩手県のある温泉地の湯治場的な旅館です。

浴槽は一つだけなのですが、これが非常に熱い。一応ホースで水を入れることはできるのですが、これがどういう訳かちょろちょろとしか出ません。しかも、源泉が熱くて量が多いので、浴槽の中はおそらく48～50度くらいはあると思います。足をつけることさえできません。

湯治の方がいらっしゃって、その方は浴槽に浸からずにお湯をかけながらのんびりとされていました。その人も熱くて入れなかったのだろうと思います。

私は洗面器にお湯を汲んで、ちょろちょろの水をたくさん入れて2回ほど温泉をかぶって出ました。それだけで十分温泉に入った気になりました。

もう一つは、福島県のある温泉地の共同湯です。

これも熱かった。足をつけただけで、思わず引き上げてしまうくらいの熱さでした。足は真っ赤になって半分火傷しています。ここも浴槽内の温泉の温度が50度くらいだったかもしれません。

しかし、この温泉には地元の方と思しき方が一人で平然と入っていらっしゃいました。私は「嘘やろう」と独り言っていました。

鋼の皮膚とでもいいますか、「世の中にはすごい人がいるものだ」と感心しました。「こんな熱い温泉によく入れますね」とお尋ねすると、「ああー」と言いながら肯いておられました。老人を馬鹿にするようなことは口が裂けても言えないので、この話はこの辺にしておきます。

第17話

## 野菜洗うべからず

関西のポリバス風呂のお話です。

ここは道が分かりにくく、苦労して辿り着きました。

野原にポリバスがあり、源泉がかけ流されていました。湯量が多く、硫化水素臭のするいい泉質でした。

「さあ、入ろうか」と思って服を脱ごうとしたときでした。ポリバスに「野菜洗うべからず」と書いているのに気づきました。

「まあ、野菜には農薬とか、土などが付いているから、このポリバスで洗ってはいけないのだろうな。入浴するべからずと書いている訳ではないから浸かってもいいのだろう。そもそもポリバス自体に人間が入るためのものだから当然入っていいのだろう」と思って服を脱いで浸かったのでした。

つるつる感のあるぬる湯のいい泉質でした。しかも、野原のポリバスの源泉に浸かっているというだけでわくわくします。当然、野原で何も遮蔽物はありません。野湯にはつきものの話です。

でも、浸かってからよくよく考えると、「こんな野源にポリバスを無造作に置いていて人間が入るということ自体想定されていないのではないか。食べる野菜を洗ってはいけないというくらいだから、当然不衛生な人間の身体を入れてはいけないということにもなるのかな」とも思われてきました。

私の本来の仕事でも、契約書の条項の解釈を巡ってトラブルになることがあります。「いくつか解釈できるときは、なるべくリスクの大きい方の解釈で対策を考える」というのが私の持論です。

私は決断しました。「君子危うきに近寄らず」で、早々に出て服を着て引き上げました。

## 第18話 困ったバス停

東北のある温泉地のお話です。

その温泉地で一泊して、翌日はバスで移動して、いくつか立ち寄り湯をして、次の宿泊地に行く予定でした。

源泉かけ流しの共同湯の多い、いい温泉地でした。私は大抵スマホの「乗り換え案内」で予定を立てた上で、バスの停留所の時刻表を事前に確認するのです。何度か直前にバスの時刻表が変わっていて困ったことがあったからです。

しかし、その日は昼間立ち寄り湯に長く入ったため、旅館に着いたのが遅く、すぐに食事をして温泉に入って眠りました。

しかも、また運が悪いことに次の日は朝が早かったので、ぶっつけ本番でバス停に行ったのです。

バス停の場所は旅館の方から大体聞いていていました。道路沿いにバス停の時刻表の看板があるので、てっきりそこがバス停だと思っていました。そして、出発時刻の5分前にそのバス停に行って時刻表を確認すると、何と予定していたバスの便がありません。慌てて旅館に戻って時間を確認しようとしたところ、バスが私の目の前を走っていくではありませんか。

私は「きっとこのバスに違いない」と思って、荷物を置いて全力で走ってそのバスに追いついて止めました。バスの本数が非常に少ないので、それしかないことがすぐに分かったのです。そのバスに乗り遅れると予定していた温泉巡りができなくなってしまうので、必死で走って本気でバスに追いついて止めました。そして運転手さんに事情をお話して少しだけ待ってもらって、荷物を取りに全力で走って何とかそのバスに乗り込むことができました。

バスに乗ってから、この地にはバス会社が2つあって「同じ名前のバス停が違う場所に2つある」という事実を知りました。

スマホに出るバス停が道路沿いのバス停だと思っていたのに、少し先に行って道路を曲がったところに目的のバス停があったのです。全く困ったバス停でした。これまで乗り過ごして困られた方が、ほかにもおられるのではないかと思います。

第19話
# スリッパの裏の雪

温泉のリスクの一つに滑るということがあります。

浴室の床が滑りやすい材質で、泉質がつるつるヌルヌルだと浴室を歩いていてよく滑りそうになります。

私は浴室の中ではありませんが、まるでコントのように3回も連続でつるっと滑ったことがあります。

ある東北地方の温泉でした。雪が降っている露天風呂に入って部屋に戻ろうとしたのです。スリッパを履いて途中外の石段を通って部屋に戻るのですが、戻った瞬間廊下で見事に滑ってこけました。たまたま近くに女性のグループがいたので、みなさん「キャーッ!」と叫んでいました。幸い打ちどころは悪くなかったため、立ち上がることができました。

しかし、次の直後、足を踏み出そうとしてまたすってんころりん。女性のグループの方が「大丈夫ですか?」と声をかけてくれました。「あれ?何でこんなに滑るんだろう?」。私はだんだん異常事態に気付きました。

スリッパの裏を見ると、外の石段を歩いたときに付着した雪が固くこびりついています。

「ああ、これが原因か」私はスリッパの裏の雪を指で取ろうとしましたが、固くてなかなか取れません。近くを見ると、木の切れ端のようなものがあったので、それを取ろうとして足を踏み出したところ、またすってんころりん。

3度目の正直で、最後にこけたのが一番身体に堪えました。女性のグループは手で口を押えて、不思議そうに私を見ているだけでした。

「朝からこの人酔ってるのかしら？」。そのような声が聞こえた気がしました。

## 第20話 飛び起きてしまった

関東の山の中のある秘湯のお話です。ここは、何時間も山道を歩いていかないと行けない、とある山の中の秘湯です。

青森県の酸ヶ湯温泉は、積雪量が多いことで有名です。冬場にここに泊まると屋根から「ドドーン」と積雪が落ちて、その震動でびっくりして飛び起きたことがあります。

ここは、登山客が多く集まるところで、居間でご主人がお客さんと酒を酌み交わすようなアットホームないい感じの旅館でした。湯の華が舞う肌に優しい源泉かけ流しの温泉に浸かって、昼間の登山の疲れを癒やしていたのです。

しかし、夜寝ていると、突然、ブワーと異様な風の圧力を感じたのでした。それとともに、バターンという大きな音がしたので、私は驚いて飛び起きました。

夜中に風圧で目が覚めるのは実に怖いです。音とか光ではなく風圧というところが非日常的だからだと思います。

何と、そのときはドアの戸がはずれて私の寝ていた布団の方に倒れてきたのです。木でできた比較的薄めのドアでした。それで、風圧が生じたのです。

寝ているときにドアの戸がはずれるというのはどこかコントみたいですが、かなり驚きました。まだ、寒い時期でしたが、ご主人を呼んですぐに修理してもらいました。ご主人は深夜にもかかわらず、起きてくれて大工仕事をしてくれました。

「ときどきこのようになるんです」とのことで、慣れた感じで修理していただきました。

しかし、いったん飛び起きて目が覚めてしまったので、なかなかその後は寝付けず、苦労した記憶があります。

第21話

# 感電しそうな旅館

九州のある温泉地の旅館のお話です。

昔の銭湯にはよく電気風呂があったのですが、私はあのビリビリする感じが大嫌いでした。

源泉かけ流しの温泉旅館には、本来不要な電気風呂は普通はないのですが、何とここにはありました。しかも、何やら手作り感がありました。浴室に電気の配電板らしきものがあったり、電気風呂の浴槽の中に電極がむき出しになっていたので、「入ると感電死してしまうのではないか」と怖い感じがしました。「手だけでも浸けてみようかな」と思ったのですが、それさえも怖くてやめました。

本当に入っても大丈夫かどうか興味がありました。誰かが電気風呂に入らないかと待っていましたが、そういうときに限って「独泉」でした。

源泉かけ流しで、内風呂も露天風呂もなかなか快適でいい温泉でした。玄関や浴槽の中には、さまざまな置物があって、結構奇抜な温泉でした。

何よりもこの旅館の名前自体が、あまりにもインパクトがありました。

「こんなにいい泉質の源泉かけ流しの温泉なのに、無理して人に恐怖心を与えるような電気風呂をわざわざ作らなくてもいいのに」。そう思うのは、私だけでしょうか。

## 第22話 スイッチが入るご主人

東北のある温泉地の旅館のお話です。

朝早くから日帰り入浴をしていて、お湯を借りに行きました。硫化水素臭漂う薄濁りの源泉かけ流しでした。

帰り際、ご主人が出て来られたのですが、何故か、スイッチが入ったように（取り憑かれたかのように）、温泉の泉質などについていろいろお話しになられます。まあ確かに、泉質はかなりレベルが高いのです。

私は次の温泉地に行かないといけないので、10分くらい経った頃に時計を見るふりをすると、「この後はどちらに行かれるのですか？」と聞かれたのでその旅館の名前を言うと、「それなら私が送って行きましょう。」と言われたのでした。

しかし、フロントの辺りに宿泊客の浴衣姿の人がチラホラ見えたし、ちょうどチェックアウトの時間でした。フロントにはご主人しかいない状況だったので、「不思議なことを言われるな」と思って丁寧にお断りしました。ちなみに、次の旅館までは車で15分くらいかかるくらいの距離でした。

第2作でも、九州のある温泉で恐怖体験をする前に、おそば屋さんの店員さんで同じような経験をした話をしました。急にスイッチが入ったようになって雰囲気が変わって、「送って行きましょう」

ということになったというお話でしたが、あのときの店員さんの眼と全く同じ感じでした。「虚ろですが芯の強さある眼」でした。

温泉には単なる「親切を超えた何か得体の知れないもの」があるのかもしれません。

## 第23話　感じの悪い地元民

北関東のある温泉地の共同湯のお話です。

ここは濃い硫黄泉の源泉かけ流しです。

温度を分けていくつかの浴槽があるのですが、一番熱い浴槽に入るときは、先に入っている人に断って入ることになっています。何でも人が温泉に入ると熱い湯が先に入っている人に当たって熱いからだそうです。

しかし、その表示が見えにくかったので、私は初めて行ったとき、つい断らずに入ってしまったのです。すると、地元の方から「いきなり入って熱いだろう。断ってから入るものだ」とかなり怒られました。しかも、延々と説教を垂れます。まあ、しつこいというか粘着質のおっさんでした。

ここは何か地元の人が特定の浴槽を独占しているようで、大変感じが悪かったです。ばか熱い湯に入って何が嬉しいのか、偉いのかよく分かりません。単にうっとうしいだけなので、私はこんなくだらない温泉には二度と行きません。

私の地元の岡山県の某駅に、この温泉地のポスターが貼ってありましたが、この温泉地はこんなくだらない美辞麗句を並べた宣伝をする前に、地元の方のマナーから徹底的に直すべきです。

温泉に入ると精神がリラックスして、日頃のストレスから解放されるのが普通なのですが、このおっさんは何か他人に因縁をつけるために温泉に来ているのかと思われるようなタイプの人間でした。

ちなみに、この共同湯の源泉を引いている旅館がこの近くに何軒かありますが、これらの旅館の人は概して普通の方です。

## 第24話 女性を呼ぼうとする温泉

関東のある温泉地の旅館のお話です。

源泉かけ流しで泉質のレベルが高い旅館でした。仲居さんの愛想もいいので、いいところに来たなと思っていました。

食事が後半に差しかかったあたりで、仲居さんが突然「お客さん、そろそろ呼びましょうか？」と言ったのです。私は訳が分からず（温泉巡りをし出した頃でまだ駆け出しでした）、「え？　何を呼ぶの？」と答えたのです。

すると、その仲居さんは「また、また。お客さん」と言って手を振って笑い始めるのです。

私は訳が分からず、その意味を真面目に尋ねると、コンパニオンの女性を呼ぶということだったのです。「いえ。結構です。温泉に入りに来ただけですから」と私が答えると、その仲居さんは「温泉に入っただけじゃ面白くないでしょう。私に遠慮しないでいいですよ。コンパニオンを呼びましょう」となおも私にコンパニオンを勧めるのです。

「私が一人で来ていて、すけべそうに見えたのかな。それで、コンパニオンを呼ぶのが目的だったと思われたのかな」と思って、一人で大笑いをしました。

ちなみに、今はどうか知りませんが、当時はその温泉地は東京からコンパニオンのアルバイトをするために来る女性が多くいたそうです。

今も九州にはそういった温泉地のコンパニオンが結構いらっしゃるようです。何年か前でしたが、九州のある旅館に行ったのですが、ＯＬ風の制服に身を包んだ4、5人のコンパニオンがいらっしゃいました。「へぇー、こんな感じのコンパニオンもいるんだな」と、そのとき妙に感心したことがあります。

## 第25話 電気が消えた

東日本のある温泉旅館での出来事です。

そこは、源泉が泡付きで、湯量が多く、泉質的には申し分のない旅館でした。

しかし、旅館というよりもビジネスホテル風で、温泉情緒には少し欠ける感じがしていました。

食事は近くの居酒屋で食べたのですが、旅館に電話すると、「そこから歩いて10分くらいなので歩いて来てください」とのことでした。その居酒屋には立ち寄った別の日帰り温泉から直行したのですが、どう考えても歩いて10分という距離ではありませんでした。

私が仕方なしに居酒屋でタクシーを呼ぼうとすると、「この辺はタクシーは来ないよ」ということで、その居酒屋の方がご親切にも旅館まで送って行ってくれました。車で田んぼの中の道を通ったのですが、真っ暗でかなり怖かったです。「こんなところを歩いていたら」と思うとぞっとしました。

旅館に着くと、温泉は21時までとのことでした。時間があまりなかったのですが、取りあえず温泉に入りました。温泉は冒頭に申し上げたとおり、申し分のないものでした。

少しぬるめであまりにも泉質がいいので、ついうとうとしていました。すると、突然電気が消えて真っ暗になったのです。警告も何もなく、いきなりでした。ちょうど露天風呂に入っていたので、真っ暗になるとかなり怖かったです。「目が慣れるまでじっとしていないと、滑ったりつまづいたりして危ないな」と思って、しばらくじっとしていました。

すると、壁の一点に目が吸い寄せられました。どうもそれが人の顔に見えたのでした。霊的には怖さを感じなかったので、それ以上は壁を見ないようにして内風呂を通って脱衣場に行きました。真っ暗な脱衣場で着替えて、フロントに出るまでの時間が長く感じられました。

## 第26話　通れない山道

東北の温泉旅館のお話です。

タクシーで、以前から行きたかった秘湯に行ってもらうことになりました。

タクシーの運転手さんは目的地の旅館の場所を知らなかったようなので、私がスマホのナビで案内をすることになりました。

すると、片側一車線の道路から山の方に折れている道路が表示されたので、その方向をタクシーの運転手さんに指示したのです。少し舗装された道路を通って行くと、未舗装の山道になりました。

タクシーは10メートルくらい山道を上って行きました。その道は次第に細くなっていきました。夕方近くになっていて、山の中はもう薄暗かったです。見た感じでは、明らかに全く使われていない道路です。おかしな道に迷い込んだような恐怖を感じました。外は薄暗いのに、山の中は真っ暗です。何かが出てきてもおかしくない状況です。木の枝が山道に意図的に覆い被っているようでした。運転手さんも同じ気持ちを抱いたと思います。

するとと、車が急停止しました。目の前には大きな木が倒壊して道を完全に塞いでいました。倒壊した木の奥は真っ暗でした。昼間でも怖そうな、入りたくない場所でした。「こりゃ、無理だ。引っ返すべ」。運転手さんはそのようなことを言って、バックで車を返そうとしました。

すると、タイヤが落ちていた木の枝を引っかけたらしく、ものすごい音がしました。木の枝がタイヤと車体の間に挟まったようで、それを取り除くのに時間がかかりました。周りはすっかり暗くなっていて怖かったです。

舗装のあるところまで帰ってもらってから、やっとスマホがつながったので、目的地の旅館に電話をして、運転手さんに代わってもらいました。

すると、もう少し進んだところを右折すれば良かったとのことでした。少し遠回りだったのかもしれませんが、今度はちゃんと舗装されていて、無事目的地に着くことができました。

よくスマホのナビだと、「工事中」とか「遮断」などの標示が出るのですが、そのときは全く出ませんでした。今から思い起こせば、まるで入ってはいけない山道に誘い込まれているような不思議な感じがしていました。

その他

第27話

# 散らばりまくりのホテル

九州のある温泉地のホテルのお話です。

私がかなり以前にそのホテルに行ったとき、衝撃的な光景を見ました。玄関を入った瞬間、ロビーで新聞や雑誌が机の上など至るところに山積みになったり散らばっていたのです。私は「何事か」と凍り付いてしまいました。

一瞬、「こりゃやばいぞ」と宿泊の予約をしたことを後悔しました。しかし、通された部屋の中は綺麗で、温泉は泉質のいい源泉かけ流しで、料理もまあまあでした。

ただ、私がロビーに行くとホテルの人が私を監視するのです。「写真を撮りたい」という私の意図を見抜いていたのだと思います。でも、「そんなことに気を遣うのであれば、ぱっと片付ければいいのに」と不思議に思いました。結局、写真は撮れずじまいでした。

その後十何年かして、再びそのホテルの近くの別の旅館に行くことがあり、その話題になりました。

すると、新聞などが散らかっていた理由が分かりました。そのホテルのご家族に、散らかっていた方が落ち着くという感じの方がおられたのです。「今は綺麗になっていると思うよ」と言われたので、そのホテルに行ってみると、玄関ロビーが見事に綺麗になっていました。

ご主人も見覚えがありました。

源泉かけ流しの高品質のモール泉もそのままで嬉しかったです。

## 第28話 親切すぎる温泉

鹿児島県の有名温泉地の少しはずれにある日帰り入浴施設のお話です。

街中にあり、看板が壊れているので、少し入口が分かりにくいところにあります。湯量が多く、泉質もレベルの高い温泉でした。

近くの立ち寄り湯からこの温泉に電話をして行き方を尋ねたところ、「分かりにくいから迎えに行きますよ」とのことでした。車で15分ほどかかるので申し訳ないなと思っていたのですが、60歳くらいの女性が本当に来てくれて、入浴料５００円をお支払いしてお湯をいただきました。

「どこに泊まられるのですか？」と聞かれたので、海岸沿いのホテルの名前を言ったのですが、「その前にもう一つ共同湯に立ち寄り入浴をしたい」と言うと、そこは車で10分くらいなので送って行きますよとのことでした。

「500円の入浴料でここまでしていただいて申し訳ない」と恐縮しましたが、実はタクシーしか行きようがないというのでお言葉に甘え、共同湯まで連れて行ってもらいました。

「後は大丈夫ですよ」と言っていたのですが、その女性は待っていてくれて、最終目的地の宿泊先まで送ってくれました。

ご当地の温泉業界やご家族などのお話をしたのですが、最後に「何故こんなにご親切にしてくれたのですか？」と尋ねると、「ここをいいところだと他県の人に知ってもらいたいからですよ」と答えられました。

私が財布を取り出して「お気持ちだけでも」と言ったところ、「いやいや。いらない、いらない」と言ってお断りされるのです。私が「では、私が書いた温泉の本を送らせてもらいます」と言うと、「いろいろ温泉のことに詳しいので、何か温泉の仕事をされている人だと思ったわ。でないと、こんな辺鄙なところには来ないもんね」と笑いながら仰られていました。そして、共同湯のご主人が知り合いだったらしく、「こちらの方は温泉で有名な先生ですよ」とまで紹介してくれました。

岡山に帰ってから私の本（第1作）と岡山名物の「大手饅頭」をお送りしたところ、実に達筆なお礼状が届きました。

第29話

# まむし売りのおばあさん

全国の温泉に行くと、そのご当地の珍しい物に出くわすことがあります。

これはある東北の温泉でのお話です。

私はあまり土産物屋さんには立ち寄らないのですが、そこにはどこか吸い寄せられるように入ってしまいました。いわゆる市販の物というより地元で作った「ふき味噌」などを売っているお店でした。お店の外に瓶があるので、何かと思って見たら蛇が入っていました。「それはまむしですよ。大変生命力が強くて、水だけで一年も生きている。だから、まむしを粉にして飲むと元気になるんだ」

店のおばあさんが近寄って来て突然話し出したのです。懐かしい感じがするおばあさんでした。私もつい心を許して、「どこで取れるんですか?」「どうやって取るんですか?」などと質問して話が弾みました。

おばあさんは、奥から別のまむし酒を出してきました。すると、一升瓶の中に一匹のまむしと小さい固まりが3つ沈んでいました。

「このまむしは焼酎に漬けたら子を産んだ。だからこの酒はよく効くよ。飲んでみるかい?」

おばあさんの言葉はどういう訳か耳に心地よいのですが、丁寧にお断りしました。私はそもそも蛇が大の苦手です。

そのお店はまむしの粉末も売っていました。大体店の中の商品は数百円のものが多かったのですが、そのまむしの粉は数万円でした。

「まむしの粉はひと月にどれくらい売れるんですか?」。私はそれを聞きたくて堪りませんでした。すると、おばあさんは私の心の中を読んだかのように、「このまむしの粉はよく出るんだ。一昨日もお客さんが3万円で買って行ったんだ」と言われたのです。「そうか、売れないと置かないよな」。思わず納得してしまいました。

東北の秘湯に行くと、方言の壁があってなかなかコミュニケーションが取りにくいことがあるのですが、このおばあさんと話していると、ふんわりした和やかな気持ちになったことを覚えています。どこか現実離れした不思議な感じのおばあさんでした。

## 第30話　温泉とメガネの話

私は実はかなりの近視で、メガネをかけないと日常生活どころか、何も見えません。温泉に入るときも当然メガネをかけています。メガネを外すのは眠るときだけです。海外旅行に行くときは、もしメガネが壊れてしまったらと考えて、スペアのメガネを持っていくくらいです。

それはある北関東の温泉で起こりました。

源泉かけ流しの浴槽にザブーンと入りました。浴槽からドバドバと源泉が溢れる最高の瞬間です。その前に私はメガネを外していたのです。顔を洗うためです。メガネは浴槽の縁に置いていました。それが溢れた源泉に流されて、外側に落ちたのでした。「あっ、やばい。メガネが流れる！」

私は焦りました。というのは、浴槽から溢れる源泉が排水口に流れ出るのを見ていたからでした。私は咄嗟に排水口の溝に手を入れました。するとメガネがぎりぎり手に引っかかってくれました。もしメガネがあのまま排水口に流されてしまっていたらと考えると、ぞっとします。

もう一つは、中部地方の温泉で朝、メガネが見当たらなかったことがあります。幸い部屋食だったので何とかメガネなしで朝食を済ませることができました。

しかし、チェックアウトする段階になってもメガネは見つかりません。部屋の中をくまなく手探りで探しましたが見つかりません。前日に相当酒を飲んで酩酊したことを後悔しましたが手遅れです。このままメガネなしで外に出るしかありません。しかし、何も見えないので非常に怖い。

「あー、駄目だ。エラいことになった」

私は途方に暮れてふとんに寝転がったのです。すると、たまたま伸ばした手に固い感触がありました。「ああ、良かった。ここにあった」。メガネが上ぶとんとシーツの間に挟まっていたのです。このときは本当に嬉しかったです。

# 温泉インデックス&ジャンル別温泉リスト

## 満足できる宿泊260選

| No. | 都道府県 | 温泉 | 施設 | ページ |
|---|---|---|---|---|
| 33 | 青森県 | 池ノ端温泉 | らんぷ温泉 | 40 |
| 34 | | | 三本柳温泉 | 41 |
| 35 | | 浅虫温泉 | 辰巳館 | 41 |
| 36 | | | つがる富士見荘 | 42 |
| 37 | 岩手県 | 鶯宿温泉 | 小枝旅館 | 42 |
| 38 | | つなぎ温泉 | 湯守　ホテル大観 | 43 |
| 39 | | 千貫石温泉 | 湯元東館 | 43 |
| 40 | | 松川温泉 | 峡雲荘 | 44 |
| 41 | | 岩手湯本温泉 | かたくりの宿一休館 | 44 |
| 42 | | 湯川温泉 | せせらぎの宿　吉野屋 | 45 |
| 43 | | 新安比温泉 | 静流閣 | 45 |
| 44 | | 一関温泉 | 山桜　桃の湯 | 46 |
| 45 | | 玄武温泉 | ロッヂたちばな | 46 |
| 46 | | 国見温泉 | 森山荘 | 47 |
| 47 | | 台温泉 | 観光荘 | 47 |
| 48 | | 永岡温泉 | 夢の湯 | 48 |
| 49 | 宮城県 | 青根温泉 | 湯元不忘閣 | 48 |
| 50 | | 鳴子温泉 | 久田旅館 | 49 |
| 51 | | 鳴子温泉郷　中山平温泉 | 蛇のゆ湯吉 | 49 |
| 52 | | 東鳴子温泉 | 勘七湯 | 50 |
| 53 | 秋田県 | 泥湯温泉 | 奥山旅館 | 50 |
| 54 | | 乳頭温泉 | 蟹場温泉 | 51 |
| 55 | | 男鹿温泉 | 男鹿ホテル | 51 |
| 56 | | | 大館矢立ハイツ | 52 |
| 57 | | 十和田大湯温泉 | 源泉かけ流しの宿　旅館岡部荘 | 52 |
| 58 | | 秋の宮温泉郷 | 宝寿温泉 | 53 |
| 59 | | | ほほえみの郷　観音湯 | 53 |
| 60 | | | クウィンス森吉 | 54 |
| 61 | 山形県 | かみのやま温泉 | はたや旅館 | 54 |
| 62 | | 肘折温泉 | 三浦屋旅館 | 55 |
| 63 | | 銀山温泉 | 旅館松本 | 55 |
| 64 | | さくらんぼ東根温泉 | 琥珀の湯　欅の宿 | 56 |
| 65 | | 羽根沢温泉 | 加登屋旅館 | 56 |
| 66 | | あつみ温泉 | かしわや旅館 | 57 |

| No. | 都道府県 | 温泉 | 施設 | ページ |
|---|---|---|---|---|
| 67 | 山形県 | 飯豊温泉 | 国民宿舎　飯豊梅花皮荘 | 57 |
| 68 | | | 大野目温泉 | 58 |
| 69 | | 赤湯温泉 | 大和屋 | 58 |
| 70 | | 赤倉温泉 | 悠湯の宿　湯澤屋 | 59 |
| 71 | | 肘折温泉 | 金生館 | 59 |
| 72 | 福島県 | 高湯温泉 | 静心山荘 | 60 |
| 73 | | いわき湯本源泉 | 元禄彩雅宿　古滝屋 | 60 |
| 74 | | 横向温泉 | 滝川屋旅館 | 61 |
| 75 | | | 街なか100%天然温泉ホテルシーアンドアイ郡山 | 61 |
| 76 | | 井戸川温泉 | やすらぎの里　井戸川温泉 | 62 |
| 77 | | 沼尻温泉 | 田村屋旅館 | 62 |
| 78 | | 昭和温泉 | 奥会津からむしの里　しらかば荘 | 63 |
| 79 | | 幕川温泉 | 吉倉屋旅館 | 63 |
| 80 | | | ひばり温泉 | 64 |
| 81 | | 会津東山温泉 | せせらぎの湯　おやど東山 | 64 |
| 82 | 茨城県 | | 五浦観光ホテル | 65 |
| 83 | | | レイクサイドつくば | 65 |
| 84 | 栃木県 | | 小滝鉱泉 | 66 |
| 85 | | 板室温泉 | 奥那須大正村幸乃湯 | 66 |
| 86 | | 那須温泉 | 喜久屋旅館 | 67 |
| 87 | | 那須温泉 | ニューおおたか | 67 |
| 88 | | 塩原温泉 | 心づくしの宿　ぬりや | 68 |
| 89 | | 塩原温泉 | 源泉の湯　東や | 68 |
| 90 | 群馬県 | 万座温泉 | 豊国館 | 69 |
| 91 | | 宝川温泉 | 汪泉閣 | 69 |
| 92 | | 草津温泉 | 日新館 | 70 |
| 93 | | 沢渡温泉 | 龍鳴館 | 70 |
| 94 | | 四万温泉 | 中生館 | 71 |
| 95 | | 赤城温泉 | 花の宿　湯之沢館 | 71 |
| 96 | | 水上温泉 | 天野屋旅館 | 72 |
| 97 | | 座禅温泉 | シャレー丸沼 | 72 |
| 98 | | 老神温泉 | 東明館 | 73 |
| 99 | | 鬼押温泉 | ホテル軽井沢1130 | 73 |

| No. | 都道府県 | 温泉 | 施設 | ページ |
|---|---|---|---|---|
| 100 | 群馬県 | 星尾温泉 | 木の葉石の湯 | 74 |
| 101 | 千葉県 | | SPA&HOTEL　舞浜ユーラシア | 74 |
| 102 | | 亀山温泉 | 亀山温泉ホテル | 75 |
| 103 | | | いろりの宿　七里川温泉 | 75 |
| 104 | | 成田空港温泉 | 空の湯 | 76 |
| 105 | 神奈川県 | 湯河原温泉 | 源泉上野屋 | 76 |
| 106 | | | 箱根高原ホテル | 77 |
| 107 | | 箱根強羅温泉 | 箱根太陽山荘 | 77 |
| 108 | | | 箱根湯の花プリンスホテル | 78 |
| 109 | | 箱根湯本温泉 | 萬寿福旅館 | 78 |
| 110 | | 箱根宮ノ下温泉 | 月廼屋旅館 | 79 |
| 111 | 新潟県 | 咲花温泉 | 一水荘 | 79 |
| 112 | | 角神温泉 | ホテル角神 | 80 |
| 113 | | 瀬波温泉 | 木もれびの宿　ゆのか | 80 |
| 114 | | | 目の温泉　貝掛温泉 | 81 |
| 115 | | 越後高瀬温泉 | 古川館 | 81 |
| 116 | | 長岡温泉 | 湯元舘 | 82 |
| 117 | | | 寺宝温泉 | 82 |
| 118 | | 松之山温泉 | ひなの宿ちとせ | 83 |
| 119 | 富山県 | | 黒薙温泉旅館 | 83 |
| 120 | | | 法林寺温泉 | 84 |
| 121 | 石川県 | 金沢温泉 | 金石荘 | 84 |
| 122 | | 中宮温泉 | 湯宿くろゆり | 85 |
| 123 | 福井県 | | 国民宿舎　鷹巣荘 | 85 |
| 124 | 山梨県 | 甲府温泉 | シャトレーゼホテル談露館 | 86 |
| 125 | | 竜王ラドン温泉 | 湯ーとぴあ | 86 |
| 126 | | | 甲府昭和温泉　ビジネスホテル | 87 |
| 127 | | 湯沢温泉 | 不二ホテル | 87 |
| 128 | | 三富温泉郷 | 白龍閣 | 88 |
| 129 | | 裂石温泉 | 雲峰荘 | 88 |
| 130 | 長野県 | 田沢温泉 | ますや旅館 | 89 |
| 131 | | 田沢温泉 | 富士屋 | 89 |
| 132 | | 松代温泉 | 黄金の湯　松代荘 | 90 |
| 133 | | 浅間温泉 | 香蘭荘 | 90 |

| No. | 都道府県 | 温泉 | 施設 | ページ |
|---|---|---|---|---|
| 134 | 長野県 | 湯田中渋温泉郷　安代温泉 | 山崎屋旅館 | 91 |
| 135 | | 湯田中渋温泉郷　穂波温泉 | 湯の原旅館 | 91 |
| 136 | | 湯田中渋温泉郷　星川温泉 | 志なのや旅館 | 92 |
| 137 | | 角間温泉 | ようだや旅館 | 92 |
| 138 | | 野沢温泉 | 常盤屋旅館 | 93 |
| 139 | | 山田温泉 | 心を整える宿　風景館 | 93 |
| 140 | | 美ヶ原温泉 | 百日紅の宿　丸中旅館 | 94 |
| 141 | | 熊の湯・硯川温泉 | 硯川ホテル | 94 |
| 142 | | 葛温泉 | 仙人閣 | 95 |
| 143 | | 乗鞍高原温泉 | 青葉荘 | 95 |
| 144 | | 有明温泉 | 国民宿舎有明荘 | 96 |
| 145 | | 白骨温泉 | 湯元齋藤旅館 | 96 |
| 146 | | | 鹿の瀬温泉 | 97 |
| 147 | | 来馬温泉 | 風吹荘 | 97 |
| 148 | | | 裾花峡天然温泉宿　うるおい館 | 98 |
| 149 | | | 栈温泉旅館 | 98 |
| 150 | | 安曇野穂高温泉郷 | 富士尾山荘 | 99 |
| 151 | | 戸倉上山田温泉 | 旬樹庵　湯本柏屋 | 99 |
| 152 | 岐阜県 | 濁河温泉 | 濁河温泉ロッジ | 100 |
| 153 | | 奥飛騨温泉郷　平湯温泉 | ひらゆの森 | 100 |
| 154 | | 奥飛騨温泉郷　新穂高温泉 | 槍見舘 | 101 |
| 155 | | 稲荷温泉 | 不老荘 | 101 |
| 156 | 静岡県 | 梅ヶ島温泉 | 泉屋旅館 | 102 |
| 157 | | 湯ヶ島温泉 | 川端の宿　湯本館 | 102 |
| 158 | | 伊東温泉 | 陽気館 | 103 |
| 159 | | 伊東温泉 | ケイズハウス伊東温泉 | 103 |
| 160 | | 天城温泉 | モダン宿坊　禅の湯 | 104 |
| 161 | | 熱海温泉 | 芳泉閣 | 104 |
| 162 | 愛知県 | 湯谷温泉 | はづ木 | 105 |
| 163 | 三重県 | | アクアイグニス片岡温泉 | 105 |
| 164 | 滋賀県 | | 須賀谷温泉 | 106 |
| 165 | 兵庫県 | 城崎温泉 | 扇屋旅館 | 106 |
| 166 | 奈良県 | 吉野温泉 | 元湯 | 107 |
| 167 | | 湯泉地温泉 | 十津川荘 | 107 |

| No. | 都道府県 | 温泉 | 施設 | ページ |
|---|---|---|---|---|
| 168 | 和歌山県 | 那智勝浦温泉 | ホテル浦島 | 108 |
| 169 | | 湯の峰温泉 | 民宿　てるてや | 109 |
| 170 | | 湯の峰温泉 | 民宿　あずまや荘 | 109 |
| 171 | | 南紀勝浦　湯川温泉 | 恵比須屋 | 110 |
| 172 | | 南紀白浜温泉 | きくや旅館 | 110 |
| 173 | | 白浜温泉 | ホテル　花飾璃 | 111 |
| 174 | 鳥取県 | はわい温泉 | ゆの宿彩香 | 111 |
| 175 | | はわい温泉 | 望湖楼 | 112 |
| 176 | | 三朝温泉 | 清流荘 | 112 |
| 177 | | 東郷温泉 | 旭旅館 | 113 |
| 178 | | 東郷温泉 | 湖泉閣養生館 | 113 |
| 179 | | 岩井温泉 | 明石家 | 114 |
| 180 | | 吉岡温泉 | 湯守の宿　田中屋 | 114 |
| 181 | | 鳥取温泉 | 観水庭　こぜにや | 115 |
| 182 | 島根県 | 斐乃上温泉 | 民宿たなべ | 115 |
| 183 | | 湯の川温泉 | 湯元　湯の川 | 116 |
| 184 | | かきのき温泉 | はとのゆ | 116 |
| 185 | | さぎの湯温泉 | 竹葉 | 117 |
| 186 | | 玉造温泉 | 湯陣　千代の湯 | 117 |
| 187 | 岡山県 | 奥津温泉 | 民宿瀬音 | 118 |
| 188 | | 奥津温泉 | 池田屋　河鹿園 | 118 |
| 189 | 広島県 | 湯来温泉 | 国民宿舎　湯来ロッジ | 119 |
| 190 | 山口県 | 川棚温泉 | 玉椿旅館 | 119 |
| 191 | | 湯田温泉 | 松田屋ホテル | 120 |
| 192 | 愛媛県 | 東予温泉 | いやしのリゾート | 120 |
| 193 | | | 仙遊寺　宿坊創心舎 | 121 |
| 194 | | 道後温泉 | 湯の宿　さち家 | 121 |
| 195 | | | 山出憩いの里温泉 | 122 |
| 196 | 高知県 | そうだ山温泉 | 和 | 122 |
| 197 | | 香美温泉 | 湖畔游 | 123 |
| 198 | | | 四万十源流癒しの里　郷麓温泉 | 123 |
| 199 | | | 海癒 | 124 |
| 200 | 福岡県 | 博多温泉 | 富士の苑 | 124 |
| 201 | | 筑後川温泉 | ふくせんか | 125 |

| No. | 都道府県 | 温泉 | 施設 | ページ |
|---|---|---|---|---|
| 202 | 福岡県 | 二日市温泉 | 大観荘 | 125 |
| 203 | | 吉井温泉 | ニュー筑水荘 | 126 |
| 204 | 佐賀県 | 古湯温泉 | つかさ | 126 |
| 205 | 長崎県 | 小浜温泉 | 伊勢屋 | 127 |
| 206 | | 小浜温泉 | 旅館　山田屋 | 127 |
| 207 | | 雲仙温泉 | 丸登屋旅館 | 128 |
| 208 | | 湯ノ本温泉 | 国民宿舎壱岐島荘 | 128 |
| 209 | | 九十九島温泉 | 九十九島シーサイドテラスホテル&スパ　花みづき | 129 |
| 210 | | 島原温泉 | ホテル　南風楼 | 129 |
| 211 | 熊本県 | 菊池温泉 | 栄屋旅館 | 130 |
| 212 | | 天草下田温泉 | 泉屋旅館 | 130 |
| 213 | | 植木温泉 | 和風旅館　鷹の家 | 131 |
| 214 | | 平山温泉 | すやま温泉 | 131 |
| 215 | | | 三浦屋温泉ビジネスホテル | 132 |
| 216 | | 杖立温泉 | 葉隠館 | 132 |
| 217 | | 杖立温泉 | 純和風旅館　泉屋 | 133 |
| 218 | | はげの湯温泉 | 旅館　山翠 | 133 |
| 219 | | 黒川温泉 | 黒川荘 | 134 |
| 220 | | 黒川温泉 | 南城苑 | 134 |
| 221 | | 黒川温泉 | 湯本荘 | 135 |
| 222 | | | 幸徳温泉 | 135 |
| 223 | | 小田温泉 | 山しのぶ | 136 |
| 224 | 大分県 | 宝泉寺温泉 | 民宿　たから温泉 | 136 |
| 225 | | 川底温泉 | 螢川荘 | 137 |
| 226 | | 湯坪温泉 | 御宿　泉水 | 137 |
| 227 | | 別府温泉 | 松亀荘 | 138 |
| 228 | | 筋湯温泉 | 朝日屋旅館 | 138 |
| 229 | | 別府鉄輪温泉 | 旅館　さくら屋 | 139 |
| 230 | | 別府鉄輪温泉 | 御宿温泉閣 | 139 |
| 231 | | 別府みょうばん温泉 | 別府温泉保養ランド | 140 |
| 232 | | 由布院温泉 | 野蒜山荘 | 140 |
| 233 | | 天ヶ瀬温泉 | 山荘天水 | 141 |
| 234 | 宮崎県 | 京町温泉 | 玉泉館 | 141 |

| No. | 都道府県 | 温泉 | 施設 | ページ |
|---|---|---|---|---|
| 235 | 宮崎県 | 白鳥温泉 | 上湯 | 142 |
| 236 | 鹿児島県 | 湯之尾温泉 | 民宿ガラッパ荘 | 142 |
| 237 | | 指宿温泉 | 休暇村指宿 | 143 |
| 238 | | 指宿温泉 | 温泉宿　元屋 | 143 |
| 239 | | 吹上温泉 | 湖畔の宿　みどり荘 | 144 |
| 240 | | 吹上温泉 | もみじ温泉 | 144 |
| 241 | | | 岩戸温泉 | 145 |
| 242 | | | 季一湯 | 145 |
| 243 | | 妙見温泉 | 素泊まりの宿　きらく温泉 | 146 |
| 244 | | 妙見温泉 | 湯治の宿　妙見館 | 147 |
| 245 | | 湯之元温泉 | 旅館　江楽園 | 147 |
| 246 | | 上山温泉 | 渓谷苑 | 148 |
| 247 | | 霧島温泉 | 旅行人山荘 | 148 |
| 248 | | | 加治木温泉ホテル | 149 |
| 249 | 沖縄県 | ちゃたん恵み温泉 | 美浜の湯テルメ　ヴィラ ちゅらーゆ | 149 |
| 250 | | 天然温泉さしきの「猿人の湯」 | ユインチホテル南城 | 150 |
| | | | | |
| 251 | 秋田県 | 特別編1 夏瀬温泉 | 都わすれ | 151 |
| 252 | 神奈川県 | 特別編2 箱根湯本温泉 | 萬翠楼 福住 | 152 |
| 253 | 神奈川県 | 特別編3 箱根塔ノ沢温泉 | 元湯　環翠楼 | 153 |
| 254 | 神奈川県 | 特別編4 箱根塔ノ沢温泉 | 福住楼 | 154 |
| 255 | 神奈川県 | 特別編5 箱根芦ノ湯温泉 | 松坂屋本店 | 155 |
| 256 | 山口県 | 特別編6 湯田温泉 | 名勝　山水園 | 156 |
| 257 | 熊本県 | 特別編7 白川温泉 | 山荘　竹ふえ | 157 |
| 258 | 熊本県 | 特別編8 滝の上温泉 | お宿花風月 | 158 |
| 259 | 熊本県 | 特別編9 白川温泉 | 藤のや | 159 |
| 260 | 鹿児島県 | 特別編10 妙見温泉 | 忘れの里　雅叙苑 | 160 |

## 満足できる日帰り185選

| No. | 都道府県 | 温泉 | 施設 | ページ |
|---|---|---|---|---|
| 1 | 北海道 | ニセコ湯本温泉 | 蘭越町交流促進センター　雪秩父 | 161 |
| 2 | | 標茶温泉 | 富士温泉 | 161 |
| 3 | | | コタン温泉 | 162 |
| 4 | | 岩尾別温泉 | 三段の湯 | 162 |
| 5 | | | 相泊温泉 | 163 |
| 6 | | | 花園温泉 | 163 |
| 7 | | | ローマノ福の湯 | 164 |
| 8 | 青森県 | 下風呂温泉 | 海峡の湯 | 164 |
| 9 | | | 鷹の羽温泉 | 165 |
| 10 | | | せせらぎ温泉 | 165 |
| 11 | | 小国温泉 | 小国町会保養所 | 166 |
| 12 | | | 花咲温泉 | 166 |
| 13 | | | 大白温泉 | 167 |
| 14 | | 高増温泉 | 不動乃湯 | 167 |
| 15 | | | 出町温泉 | 168 |
| 16 | | | 三陸温泉 | 168 |
| 17 | | | 星野リゾート　青森屋元湯 | 169 |
| 18 | | | ひばの湯　ぽぷら | 169 |
| 19 | | | 玉勝温泉 | 170 |
| 20 | | 奥薬研温泉 | 元祖かっぱの湯 | 170 |
| 21 | | | さかた温泉 | 171 |
| 22 | | | 六戸温泉 | 171 |
| 23 | | | 熊ノ沢温泉 | 172 |
| 24 | | | 虹の湖温泉　食堂 | 172 |
| 25 | | | 田舎館村老人憩の家 | 173 |
| 26 | | | 平川温泉 | 173 |
| 27 | 岩手県 | 一関温泉郷 | 真湯温泉センター交流館 | 174 |
| 28 | | | 東和温泉 | 174 |
| 29 | | 踊鹿温泉 | 天乃湯 | 175 |
| 30 | 宮城県 | 黄金川温泉 | 白鳥荘 | 175 |
| 31 | | 豆坂温泉 | 三峰荘 | 176 |
| 32 | 秋田県 | | かみのゆ温泉 | 176 |

| No. | 都道府県 | 温泉 | 施設 | ページ |
|---|---|---|---|---|
| 33 | 秋田県 | | 小坂町立老人憩の家　あかしや荘 | 177 |
| 34 | | 十和田大湯温泉 | 白山荘 | 177 |
| 35 | 山形県 | | 健康天然温泉　八百坊 | 178 |
| 36 | | | 百目鬼温泉 | 178 |
| 37 | | かみのやま温泉 | 下大湯 | 179 |
| 38 | 福島県 | 会津みなみ温泉 | 里の湯 | 179 |
| 39 | | 岳温泉 | 岳の湯 | 180 |
| 40 | | 飯坂温泉 | 大門の湯、十綱湯 | 180 |
| 41 | | 中津川温泉 | 藤屋旅館　ザクの湯 | 181 |
| 42 | | 中川温泉 | 福祉センターゆうゆう館 | 181 |
| 43 | | いわき湯本温泉 | さはこの湯 | 182 |
| 44 | | | 桧原ふれあい温泉　湖望 | 182 |
| 45 | 栃木県 | | 日光山温泉寺 | 183 |
| 46 | | | 那須塩原駅前温泉 | 183 |
| 47 | 群馬県 | 京塚温泉 | しゃくなげ露天風呂 | 184 |
| 48 | | 応徳温泉 | くつろぎの湯 | 184 |
| 49 | | 伊香保温泉 | 伊香保露天風呂 | 185 |
| 50 | | 川原湯温泉 | 王湯 | 185 |
| 51 | | | 鈴森の湯 | 186 |
| 52 | | 湯の小屋温泉 | ハレルヤ山荘 | 186 |
| 53 | | 八千代温泉 | 芹の湯 | 187 |
| 54 | | 水上温泉 | 温泉センター　諏訪ノ湯 | 187 |
| 55 | | 白根温泉 | 大露天風呂薬師之湯 | 188 |
| 56 | 埼玉県 | | 百観音温泉 | 188 |
| 57 | | 早稲田天然温泉 | めぐみの湯 | 189 |
| 58 | 千葉県 | 濃溝温泉 | 千寿の湯 | 189 |
| 59 | 東京都<br>八丈島 | | 裏見ケ滝温泉、<br>末吉温泉みはらしの湯 | 190 |
| 60 | | 武蔵小山温泉 | 清水湯 | 190 |
| 61 | 神奈川県 | 箱根湯本温泉 | かっぱ天国 | 191 |
| 62 | | 箱根湯本温泉 | 和泉 | 191 |
| 63 | 新潟県 | | 桂温泉 | 192 |
| 64 | | 越後湯沢温泉 | 神泉の湯 | 192 |
| 65 | | | えちご川口温泉リゾート | 193 |

| No. | 都道府県 | 温泉 | 施設 | ページ |
|---|---|---|---|---|
| 66 | 新潟県 | 岩室温泉 | だいろの湯 | 193 |
| 67 | | 出湯温泉 | 華報寺共同浴場 | 194 |
| 68 | | かのせ温泉 | 赤湯 | 194 |
| 69 | 富山県 | | 天然温泉　海王 | 195 |
| 70 | 石川県 | | 松任千代野温泉 | 196 |
| 71 | 山梨県 | | 山口温泉 | 196 |
| 72 | | | 山宮温泉 | 197 |
| 73 | | | 新遊亀温泉 | 197 |
| 74 | | 正徳寺温泉 | 初花 | 198 |
| 75 | | 西山温泉 | 湯島の湯 | 198 |
| 76 | 長野県 | 鹿教湯温泉 | 高梨共同浴場 | 199 |
| 77 | | 扉温泉 | 桧の湯 | 199 |
| 78 | | | 千古温泉 | 200 |
| 79 | | 下諏訪温泉 | 新湯 | 200 |
| 80 | | 別所温泉 | 大師湯 | 201 |
| 81 | | 野沢温泉 | 真湯温泉、熊の手洗湯 | 201 |
| 82 | | 野沢温泉 | 滝の湯、十王堂の湯 | 202 |
| 83 | | 霊泉寺温泉 | 共同浴場 | 202 |
| 84 | | 渋温泉 | 大湯、初湯 | 203 |
| 85 | | 白馬塩の道温泉 | 倉下の湯 | 203 |
| 86 | | 白骨温泉 | 公共野天風呂 | 204 |
| 87 | | | 子安温泉 | 204 |
| 88 | 岐阜県 | 奥飛騨温泉郷　新穂高温泉 | 中崎山荘 | 205 |
| 89 | 静岡県 | 焼津黒潮温泉 | 元湯　なかむら館 | 205 |
| 90 | | | 源泉駒の湯荘 | 206 |
| 91 | | 観音温泉 | 観音プリンシプル | 206 |
| 92 | | 伊豆大川温泉 | 磯の湯 | 207 |
| 93 | | 湯ヶ島温泉 | 河鹿の湯 | 207 |
| 94 | | 白岩温泉 | 希望園 | 208 |
| 95 | | 川根温泉 | ふれあいの泉 | 208 |
| 96 | 愛知県 | 一畑薬師寺 | 御霊泉 | 209 |
| 97 | 三重県 | | あのう温泉 | 209 |
| 98 | | 内山温泉 | 共同浴場 | 210 |
| 99 | 京都府 | | 天翔の湯　大門 | 210 |

| No. | 都道府県 | 温泉 | 施設 | ページ |
|---|---|---|---|---|
| 134 | 佐賀県 | 武雄温泉 | 家老湯 | 228 |
| 135 | 長崎県 | | 千綿花房温泉 | 228 |
| 136 | | はさみ温泉 | 湯治楼 | 229 |
| 137 | | 島原温泉 | ゆとろぎの湯 | 229 |
| 138 | | | 道の尾温泉 | 230 |
| 139 | 熊本県 | 山鹿温泉 | 味の家飯店 | 230 |
| 140 | | 山川温泉 | 共同浴場 | 231 |
| 141 | | 平小城温泉 | 城山公衆浴場 | 231 |
| 142 | | 山鹿温泉 | 露天湯　椛 | 232 |
| 143 | | | 幸福温泉 | 232 |
| 144 | | わいた温泉郷 | 富温泉 | 233 |
| 145 | | 山川温泉 | ホタルの里温泉 | 233 |
| 146 | | 岳の湯地獄谷温泉 | 裕花 | 234 |
| 147 | | 田の原温泉 | 流憩園 | 234 |
| 148 | 大分県 | 長湯温泉 | きもと温泉 | 235 |
| 149 | | 長湯温泉 | ラムネ温泉館 | 235 |
| 150 | | 長湯温泉 | しづ香温泉 | 236 |
| 151 | | 筌の口温泉 | 筌の口共同浴場 | 236 |
| 152 | | 折戸温泉 | つきのほたる | 237 |
| 153 | | | 赤松温泉 | 237 |
| 154 | | くにさき六郷温泉 | 夷谷温泉 | 238 |
| 155 | | 別府鉄輪温泉、別府明礬温泉 | 谷の湯、照湯温泉 | 238 |
| 156 | | 別府温泉 | 市の原共同温泉、亀川筋湯温泉 | 239 |
| 157 | | 別府温泉 | 竹瓦温泉 | 239 |
| 158 | | | 新湊温泉 | 240 |
| 159 | | | 王子温泉 | 240 |
| 160 | | 由布院温泉 | 加勢の湯 | 241 |
| 161 | | アサダ温泉 | ひまわりの湯 | 241 |
| 162 | | | 湯山の里温泉 | 242 |
| 163 | | | 奥みょうばん山荘 | 243 |
| 164 | | 別府柴石温泉 | 長泉寺薬師湯、四の湯温泉 | 243 |
| 165 | | 栃木温泉 | 紅葉谷の湯 | 244 |
| 166 | | 湯坪温泉 | ふだんぎの湯 | 244 |
| 167 | | 深耶馬温泉 | 岩戸湯 | 245 |

| No. | 都道府県 | 温泉 | 施設 | ページ |
|---|---|---|---|---|
| 168 | | 筋湯温泉 | 岩ん湯、薬師湯 | 245 |
| 169 | | | 海門温泉 | 246 |
| 170 | | 九日市温泉 | 万年の湯 | 246 |
| 171 | 宮崎県 | 亀沢温泉 | 亀沢共同浴場 | 247 |
| 172 | | 京町温泉 | 岡松温泉 | 247 |
| 173 | | | コスモス温泉 | 248 |
| 174 | 鹿児島県 | 山川砂むし温泉 | 砂湯里 | 248 |
| 175 | | | 重富温泉 | 249 |
| 176 | | 保養温泉 | 京湯 | 249 |
| 177 | | 塩浸温泉 | 龍馬公園 | 250 |
| 178 | | 吉松温泉郷 | 原口温泉 | 250 |
| 179 | | 紫尾温泉 | 神の湯 | 251 |
| 180 | | トカラ列島悪石島 | 湯泊温泉露天風呂、内風呂、海中温泉 | 252 |
| 181 | | | みょうばんの湯 | 253 |
| 182 | | 天然温泉 | 湯乃山 | 253 |
| 183 | | 海潟温泉 | 江之島温泉 | 254 |
| 184 | | | 関平温泉 | 254 |
| 185 | | 川内高城温泉 | 梅屋旅館 | 255 |

小林裕彦が選んだ！

## ジャンル別温泉リスト

★は本書で紹介した温泉

第1作：『温泉博士が教える最高の温泉　本物の源泉かけ流し300湯』（集英社）

第2作：『温泉博士×弁護士が厳選　とっておきの源泉かけ流し325湯』（合同フォレスト）

第3作：本書

| 1　十大共同湯のある温泉地　【日帰り】 | | | |
|---|---|---|---|
| ① | | 大鰐温泉　（青森県） | 第2作 |
| ② | | 十和田大湯温泉　（青森県） | 第2作 |
| ③ | | 飯坂温泉（福島県） | 第1作 |
| ④ | | えちごせきかわ温泉郷（新潟県） | 第2作 |
| ⑤ | | かみのやま温泉（山形県） | 第1作 |
| ⑥ | | 野沢温泉（長野県） | 第1作 |
| ⑦ | | 渋温泉（長野県） | 第1作 |
| ⑧ | ★ | 伊東温泉（静岡県）　宿泊 | 第3作 |
| ⑨ | | 別府温泉（大分県） | 第1作 |
| ⑩ | | 天ヶ瀬温泉（大分県） | 第2作 |

| 2　十大足元湧出温泉 | | | |
|---|---|---|---|
| ① | | 丸駒温泉旅館（北海道） | 第1作 |
| ② | | 蔦温泉旅館（青森県） | 第1作 |
| ③ | | 乳頭温泉郷　鶴の湯温泉（秋田県） | 第1作 |
| ④ | | 蔵王温泉　かわらや（山形県）　日帰り | 第1作 |
| ⑤ | | 木賊温泉（福島県）　日帰り | 第1作 |
| ⑥ | | 千原温泉　千原湯谷湯治場（島根県）　日帰り | 第2作 |
| ⑦ | | 地獄温泉　青風荘（熊本県） | 第2作 |
| ⑧ | ★ | 川底温泉　螢川荘（大分県） | 第3作 |
| ⑨ | | 壁湯温泉　旅館　福元屋（大分県） | 第2作 |
| ⑩ | | 湯川内温泉　かじか荘（鹿児島県） | 第1作 |

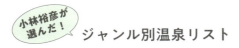

| 3　新十大美人・美肌湯 | | | |
|---|---|---|---|
| ① | | 鳴子温泉郷・中山平温泉　しんとろの湯（宮城県） 日帰り | 第1作 |
| ② | | 湯田川温泉　田の湯（山形県） 日帰り | 第2作 |
| ③ | ★ | 八千代温泉　芹の湯（群馬県） 日帰り | 第3作 |
| ④ | | 美又温泉　とらや旅館（島根県） | 第2作 |
| ⑤ | | 長崎温泉　喜道庵（長崎県） 日帰り | 第2作 |
| ⑥ | | 熊の川温泉　熊ノ川浴場（佐賀県） 日帰り | 第1作 |
| ⑦ | | 山鹿温泉　さくら湯（熊本県） 日帰り | 第1作 |
| ⑧ | ★ | 植木温泉　和風旅館　鷹の家（熊本県） | 第3作 |
| ⑨ | | 人吉温泉　華まき温泉（熊本県） 日帰り | 第2作 |
| ⑩ | | 鉄輪温泉　神丘温泉　豊山荘（大分県） | 第1作 |

| 4　五大山の中温泉 | | | |
|---|---|---|---|
| ① | | 三斗小屋温泉　大黒屋（栃木県） | 第1作 |
| ② | | 赤湯温泉　山口館（新潟県） | 第1作 |
| ③ | | 湯元　本沢温泉（長野県） | 第1作 |
| ④ | | 湯俣温泉　晴嵐荘（長野県） | 第2作 |
| ⑤ | | 法華院温泉　山荘（大分県） | 第2作 |

| 5　新十大秘湯 | | | |
|---|---|---|---|
| ① | | ランプの宿　青荷温泉（青森県） | 第1作 |
| ② | | 湯浜温泉　ランプの宿　三浦旅館（宮城県） | 第2作 |
| ③ | | 杣温泉　湯の沢湯本杣温泉旅館（秋田県） | 第2作 |
| ④ | | 打当温泉　秘境の宿　マタギの湯（秋田県） | 第2作 |
| ⑤ | | 大平温泉　滝見屋（山形県） | 第1作 |
| ⑥ | ★ | 中津川温泉　藤屋旅館　ザクの湯（福島県） 日帰り | 第3作 |
| ⑦ | | 北温泉　北温泉旅館（栃木県） | 第1作 |
| ⑧ | ★ | 星尾温泉　木の葉石の湯（群馬県） | 第3作 |
| ⑨ | | 中宮温泉　にしやま旅館（石川県） | 第2作 |
| ⑩ | | 黒嶽荘（大分県） | 第2作 |

| 6　十大湯治温泉 | | | |
|---|---|---|---|
| ① | | 川湯温泉　開紘（北海道） | 第1作 |
| ② | | 民宿梅沢温泉（青森県） | 第2作 |
| ③ | | 鉛温泉　藤三旅館（岩手県） | 第1作 |
| ④ | | 大沢温泉　湯治屋（岩手県） | 第2作 |
| ⑤ | | 玉川温泉（秋田県） | 第1作 |
| ⑥ | | 栃尾又温泉　宝巌堂（新潟県） | 第2作 |
| ⑦ | | 三朝温泉　桶屋旅館（鳥取県） | 第2作 |
| ⑧ | | 柚木慈生温泉（山口県） | 第1作 |
| ⑨ | ★ | 妙見温泉　湯治の宿　妙見館（鹿児島県） | 第3作 |
| ⑩ | ★ | 指宿温泉　温泉宿　元屋（鹿児島県） | 第3作 |

| 7　五大冷泉 | | | |
|---|---|---|---|
| ① | | 岩下温泉旅館（山梨県） | 第1作 |
| ② | | 蒲田温泉　ＳＰＡ＆ＨＯＴＥＬ和（東京都） | 第2作 |
| ③ | | 奥蓼科温泉郷　渋御殿湯（長野県） | 第1作 |
| ④ | | 赤川温泉　赤川荘（大分県） | 第1作 |
| ⑤ | | 寒の地獄温泉（大分県） | 第1作 |

| 8　十大炭酸泉 | | | |
|---|---|---|---|
| ① | | 湯ノ岱温泉　上ノ国町国民温泉保養センター（北海道） 日帰り | 第1作 |
| ② | ★ | 寺宝温泉（新潟県） | 第3作 |
| ③ | ★ | 山口温泉（山梨県） 日帰り | 第3作 |
| ④ | | 仏生山温泉　天平湯（香川県） 日帰り | 第2作 |
| ⑤ | | 島原温泉　ＨＯＴＥＬシーサイド島原湯治処（長崎県） | 第2作 |
| ⑥ | | 筌ノ口温泉　山里の湯（大分県） 日帰り | 第1作 |
| ⑦ | | 七里田温泉　七里田温泉館　下湯（大分県） 日帰り | 第1作 |
| ⑧ | | 拍子水温泉　姫島村健康管理センター（大分県） 日帰り | 第2作 |
| ⑨ | ★ | 長湯温泉　ラムネ温泉館（大分県） 日帰り | 第3作 |
| ⑩ | | 湯之元温泉旅館（宮崎県） | 第1作 |

| | | 9　十大絵になる温泉 | |
|---|---|---|---|
| ① | | 不老ふ死温泉（青森県） | 第１作 |
| ② | ★ | 大鰐温泉　ヤマニ仙遊館（青森県） | 第３作 |
| ③ | ★ | 青根温泉　湯元不忘閣（宮城県） | 第３作 |
| ④ | | 草津温泉（奈良屋旅館）（群馬県） | 第１作 |
| ⑤ | | 姥子温泉　秀明館（神奈川県）　日帰り | 第１作 |
| ⑥ | | 山代温泉　古総湯（石川県）　日帰り | 第１作 |
| ⑦ | | 七味温泉　紅葉館（長野県） | 第１作 |
| ⑧ | | 下諏訪温泉　みなとや旅館（長野県） | 第１作 |
| ⑨ | | 武雄温泉　殿様湯（佐賀県）　日帰り | 第１作 |
| ⑩ | | はげの湯温泉　湯宿　小国のオーベルジュ　わいた館（熊本県） | 第２作 |

| | | 10　十大ドバドバ温泉 | |
|---|---|---|---|
| ① | | あたご温泉（青森県）　日帰り | 第２作 |
| ② | | 塩原温泉　やまなみ荘（栃木県） | 第１作 |
| ③ | | 庄川湯谷温泉　湯谷温泉旅館（富山県）　日帰り | 第１作 |
| ④ | | 玉川温泉（山梨県）　日帰り | 第１作 |
| ⑤ | | ホテル昭和（山梨県） | 第２作 |
| ⑥ | | 湯川温泉　さごんの湯（ホテルブルーハーバー）（和歌山県） | 第２作 |
| ⑦ | ★ | 博多温泉　元祖元湯（福岡県）　日帰り | 第３作 |
| ⑧ | ★ | 湯ノ本温泉　国民宿舎壱岐島荘（長崎県） | 第３作 |
| ⑨ | | 山鹿温泉　ビジネスホテル新青山荘（熊本県） | 第２作 |
| ⑩ | | 筋湯温泉　うたせ大浴場（大分県）　日帰り | 第１作 |

| | | 11　十大強烈臭温泉 | |
|---|---|---|---|
| ① | | 豊富温泉　ふれあいセンター（北海道）　日帰り | 第１作 |
| ② | | てしお温泉　夕映（北海道） | 第１作 |
| ③ | | 相乗温泉　羽州路の宿　あいのり（青森県） | 第２作 |
| ④ | | 巣郷温泉　高原温泉大扇（岩手県） | 第２作 |
| ⑤ | | 舟唄温泉　テルメ柏陵健康温泉館（山形県）　日帰り | 第２作 |
| ⑥ | | 喜連川早乙女温泉（栃木県）　日帰り | 第１作 |
| ⑦ | | 新津温泉（新潟県）　日帰り | 第１作 |
| ⑧ | | 西方の湯（新潟県） | 第１作 |
| ⑨ | | 月岡温泉　ゲストハウスたいよう（新潟県） | 第２作 |
| ⑩ | | 瀬波温泉　大和屋旅館（新潟県） | 第２作 |

## 12　七大ひなびた温泉地

| | | | |
|---|---|---|---|
| ① | | 台温泉（岩手県） | 第１作 |
| ② | | 湯野上温泉（福島県） | 第１作 |
| ③ | | 湯宿温泉（群馬県） | 第１作 |
| ④ | | 角間温泉（長野県） | 第１作 |
| ⑤ | | 温泉津温泉（島根県） | 第２作 |
| ⑥ | | 杖立温泉（熊本県） | 第２作 |
| ⑦ | | 川内高城温泉（鹿児島県） | 第１作 |

## 13　十大野湯

| | | | |
|---|---|---|---|
| ① | | カムイワッカ湯の滝（北海道） | 第１作 |
| ② | | 平田内温泉　熊の湯（北海道） | 第１作 |
| ③ | ★ | 相泊温泉（北海道）　日帰り | 第３作 |
| ④ | | 奥奥八九郎温泉（秋田県） | 第１作 |
| ⑤ | | 川原毛大湯滝（秋田県） | 第１作 |
| ⑥ | | 尻焼温泉（群馬県） | 第１作 |
| ⑦ | | 地鉈温泉（東京都） | 第２作 |
| ⑧ | | 明礬温泉　へびん湯、鶴の湯（大分県） | 第２作 |
| ⑨ | | 妙見温泉　和気湯（鹿児島県） | 第１作 |
| ⑩ | | 塩浸温泉　竹林の湯（鹿児島県） | 第２作 |

## 14　七大不思議温泉

| | | | |
|---|---|---|---|
| ① | | ピラミッド元氣温泉（栃木県） | 第１作 |
| ② | | 松之山温泉　白川屋旅館（新潟県） | 第２作 |
| ③ | | 永和温泉　みそぎの湯（愛知県）　日帰り | 第１作 |
| ④ | | 坂井温泉　湯本館（愛知県） | 第１作 |
| ⑤ | | 天然温泉　ロックの湯（三重県）　日帰り | 第２作 |
| ⑥ | ★ | 赤松温泉（大分県）　日帰り | 第３作 |
| ⑦ | | 大鶴温泉　夢想乃湯（大分県）　日帰り | 第２作 |

| 15 | | 十大ひなびた温泉旅館 | |
|---|---|---|---|
| ① | | 長万部温泉　長万部温泉ホテル（北海道） | 第2作 |
| ② | | 虎杖浜温泉　山海荘（北海道）　日帰り | 第2作 |
| ③ | | 湯川温泉　鳳鳴館（岩手県） | 第2作 |
| ④ | | 台温泉　水上旅館（岩手県） | 第2作 |
| ⑤ | | かみのやま温泉　ふぢ金旅館（山形県） | 第2作 |
| ⑥ | | 那須湯本温泉　雲海閣（栃木県） | 第2作 |
| ⑦ | | 草津温泉　月洲屋（群馬県） | 第2作 |
| ⑧ | | 湯坪温泉　ふだんぎの湯（大分県）　日帰り | 第3作 |
| ⑨ | ★ | 幸福温泉（熊本県）　日帰り | 第3作 |
| ⑩ | ★ | 指宿温泉　温泉宿元屋（鹿児島県） | 第3作 |

| 16 | | 七大「売り」のある温泉旅館 | | |
|---|---|---|---|---|
| ① | | 男鹿温泉郷　はまはげの湯元湯雄山閣（秋田県） | なまはげ | 第2作 |
| ② | | 白布温泉　湯滝の宿　西屋（山形県） | 打たせ湯 | 第2作 |
| ③ | | 肘折温泉　手彫り洞窟温泉　松屋（山形県） | 洞窟 | 第2作 |
| ④ | | 万座温泉　湯の花旅館（群馬県） | サルノコシカケ | 第2作 |
| ⑤ | | 芦ノ湯温泉　きのくにや旅館（神奈川県） | 源泉釜風呂 | 第2作 |
| ⑥ | ★ | 湯田温泉　松田屋ホテル（山口県） | 維新の湯 | 第3作 |
| ⑦ | ★ | 仙遊寺　宿坊創心舎（愛媛県） | 四国八十八ケ所 | 第3作 |

| 17 | | 七大食堂併設日帰り温泉 | |
|---|---|---|---|
| ① | | お食事　温泉処　いやさか（福島県） | 第2作 |
| ② | | 箱根仙石原温泉　かま家（神奈川県） | 第2作 |
| ③ | ★ | 安曇野穂高温泉郷　富士尾山荘（長野県） | 第3作 |
| ④ | | 今井浜温泉　舟戸の番屋露天風呂（静岡県） | 第2作 |
| ⑤ | | 別府温泉　茶房たかさき（大分県） | 第2作 |
| ⑥ | | 深耶馬渓温泉　若山温泉（大分県） | 第2作 |
| ⑦ | | 宮之城温泉　さがら温泉（鹿児島県） | 第2作 |

| 18 | | 五大巨大混浴風呂 | |
|---|---|---|---|
| ① | | 湯の瀬温泉　湯の瀬旅館（山形県） | 第2作 |
| ② | ★ | 宝川温泉　汪泉閣（群馬県） | 第3作 |
| ③ | | 白骨温泉　泡の湯旅館（長野県） | 第1作 |
| ④ | | 玉造温泉　湯之助の宿長楽園（島根県） | 第1作 |
| ⑤ | | 硫黄谷温泉　霧島ホテル（鹿児島県） | 第2作 |

## 都道府県別温泉一覧
（第１作～第３作、計1,092湯）

| 温泉 | 施設 | 所在地 | 宿/日 | 収録刊 |
|---|---|---|---|---|
| **北海道** | | | | |
| 湯の川温泉 | 大盛湯 | 北海道函館市湯川町2-18-23 | 日帰り | 第1作 |
| 湯の川温泉 | 湯の浜ホテル | 北海道函館市湯川町1-2-30 | 宿泊 | 第3作 |
| 西ききょう温泉 | 西ききょう温泉 | 北海道函館市西桔梗町444-1 | 日帰り | 第1作 |
| 石田温泉 | 石田温泉旅館 | 北海道函館市柏野町117-7 | 宿泊 | 第1作 |
| 恵山温泉 | 恵山温泉旅館 | 北海道函館市柏野町117-150 | 宿泊 | 第2作 |
| | 昭和温泉 | 北海道函館市昭和2-39-1 | 日帰り | 第2作 |
| | ホテル函館ひろめ荘 | 北海道函館市大船町832-2 | 宿泊 | 第3作 |
| | 花園温泉 | 北海道函館市花園町40-34 | 日帰り | 第3作 |
| | アサヒ湯 | 北海道帯広市東3条南14-19 | 日帰り | 第1作 |
| | 白樺温泉 | 北海道帯広市白樺16条西12-6 | 日帰り | 第2作 |
| | 温泉ホテルボストン | 北海道帯広市西1条南3-15 | 宿泊 | 第3作 |
| | ローマノ福の湯 | 北海道帯広市東9条南12-4 | 日帰り | 第3作 |
| 滝の湯温泉 | 癒恵の宿一羽のすずめ | 北海道北見市留辺蘂町滝の湯131 | 宿泊 | 第2作 |
| 北見温泉ポンユ | 三光荘 | 北海道北見市留辺蘂町泉360 | 宿泊 | 第2作 |
| おんねゆ温泉郷 | 滝の湯センター夢風泉 | 北海道北見市留辺蘂町滝の湯128 | 宿泊 | 第3作 |
| 丸駒温泉 | 丸駒温泉旅館 | 北海道千歳市幌美内7 | 宿泊 | 第1作 |
| 登別温泉 | 観音湯 | 北海道登別市登別温泉町119-1 | 日帰り | 第1作 |
| 登別温泉 | 第一滝本館 | 北海道登別市登別温泉町55 | 宿泊 | 第3作 |
| 登別カルルス温泉 | 鈴木旅館 | 北海道登別市カルルス町12 | 宿泊 | 第1作 |
| 東前温泉 | しんわの湯 | 北海道北斗市東前85-5 | 日帰り | 第2作 |
| 知内温泉 | ユートピア和楽園 | 北海道上磯郡知内町字湯ノ里284 | 宿泊 | 第3作 |
| 濁川温泉 | 新栄館 | 北海道茅部郡森町字濁川49 | 宿泊 | 第1作 |
| ニセコ昆布温泉郷 | ニセコグランドホテル | 北海道虻田郡ニセコ町ニセコ412 | 宿泊 | 第2作 |
| | ニセコ黄金温泉 | 北海道磯谷郡蘭越町字黄金258-1 | 日帰り | 第1作 |
| | ニセコ黄金温泉 | 北海道磯谷郡蘭越町字黄金258 | 日帰り | 第2作 |
| ニセコ湯本温泉 | 蘭越町交流促進センター雪秩父 | 北海道磯谷郡蘭越町湯里680 | 日帰り | 第3作 |
| 上の湯温泉 | 銀婚湯 | 北海道二海郡八雲町上ノ湯199 | 宿泊 | 第1作 |
| 磐石温泉 | 磐石の湯 | 北海道二海郡八雲町上の湯 | 宿泊 | 第1作 |
| 平田内温泉 | 熊の湯※ | 北海道二海郡八雲町熊石平町 | 日帰り | 第1作 |

※2024年9月現在、休業または廃業している施設です。

| 温泉 | 施設 | 所在地 | 宿/日 | 収録刊 |
|---|---|---|---|---|
| 八雲温泉 | おぼこ荘 | 北海道二海郡八雲町鉛川622 | 宿泊 | 第2作 |
| | 見市温泉旅館 | 北海道二海郡八雲町熊石大谷町13 | 宿泊 | 第3作 |
| 二股らぢうむ温泉 | 二股らぢうむ温泉 | 北海道山越郡長万部町字大峯32 | 宿泊 | 第1作 |
| 長万部温泉 | 長万部温泉ホテル | 北海道山越郡長万部町温泉町402 | 宿泊 | 第2作 |
| 長万部温泉 | 大成館 | 北海道山越郡長万部町長万部400 | 宿泊 | 第3作 |
| 湯ノ岱温泉 | 上ノ国町国民温泉保養センター | 北海道檜山郡上ノ国町字湯ノ岱517-5 | 宿泊 | 第1作 |
| 神威脇温泉 | 神威脇温泉保養所 | 北海道奥尻郡奥尻町字湯浜98 | 日帰り | 第1作 |
| 貝取澗温泉 | あわび山荘 | 北海道久遠郡せたな町大成区貝取澗388 | 宿泊 | 第2作 |
| | 千走川温泉旅館※ | 北海道島牧郡島牧村字江ノ島561 | 宿泊 | 第2作 |
| | モッタ海岸温泉旅館 | 北海道島牧郡島牧村字栄浜362-1 | 宿泊 | 第2作 |
| | 宮内(ぐうない)温泉旅館 | 北海道島牧郡島牧村字泊431 | 宿泊 | 第3作 |
| いわない温泉 | おかえりなさい | 北海道岩内郡岩内町野束491 | 宿泊 | 第3作 |
| 旭岳温泉 | 湧駒荘 | 北海道上川郡東川町勇駒別旭岳温泉 | 宿泊 | 第1作 |
| 旭岳温泉 | アートヴィレッジ杜季(とき) | 北海道上川郡東川町勇駒別1418 | 宿泊 | 第3作 |
| 天人峡温泉 | 御やどしきしま荘 | 北海道上川郡東川町天人峡温泉 | 宿泊 | 第3作 |
| 白金温泉 | 温泉ゲストハウス美瑛白金の湯 | 北海道上川郡美瑛町字白金1034-1 | 宿泊 | 第2作 |
| 十勝岳温泉 | 湯元凌雲閣 | 北海道空知郡上富良野町十勝岳温泉 | 宿泊 | 第1作 |
| | 吹上露天の湯 | 北海道空知郡上富良野町吹上温泉 | 日帰り | 第2作 |
| | フロンティアフラヌイ温泉 | 北海道空知郡上富良野町新町4-4-25 | 宿泊 | 第3作 |
| てしお温泉 | 夕映 | 北海道天塩郡天塩町字サラキシ5807-4 | 宿泊 | 第1作 |
| 豊富温泉 | ふれあいセンター湯治浴槽 | 北海道天塩郡豊富町温泉 | 日帰り | 第1作 |
| 豊富温泉 | 川島旅館 | 北海道天塩郡豊富町温泉 | 宿泊 | 第1作 |
| 豊富温泉 | ニュー温泉閣ホテル | 北海道天塩郡豊富町温泉 | 宿泊 | 第3作 |
| | ホテル利尻 | 北海道利尻郡利尻町沓形字富士見町90 | 宿泊 | 第2作 |
| | カムイワッカ湯の滝 | 北海道斜里郡斜里町大字遠音別村湯の滝 | 日帰り | 第1作 |
| 斜里温泉 | 湯元館 | 北海道斜里郡斜里町西町13-11 | 宿泊 | 第1作 |
| 斜里温泉 | ホテルグリーン温泉 | 北海道斜里郡斜里町港町7 | 宿泊 | 第2作 |
| | 越川温泉 | 北海道斜里郡斜里町越川 | 日帰り | 第2作 |
| 岩尾別温泉 | 木下小屋 | 北海道斜里郡斜里町大字遠音別村字岩宇別 | 宿泊 | 第3作 |
| 岩尾別温泉 | 三段の湯 | 北海道斜里郡斜里町遠音別村 | 日帰り | 第3作 |
| 蟠渓温泉 | 蟠岳荘 | 北海道有珠郡壮瞥町字蟠溪18 | 宿泊 | 第3作 |

| 温泉 | 施設 | 所在地 | 宿/日 | 収録刊 |
|---|---|---|---|---|
| 虎杖浜温泉 | 民宿500マイル | 北海道白老郡白老町字虎杖浜2-4 | 宿泊 | 第1作 |
| 虎杖浜温泉 | 山海荘 | 北海道白老郡白老町字竹浦151 | 日帰り | 第2作 |
| 虎杖浜温泉 | ホテルいずみ | 北海道白老郡白老町字虎杖浜312-1 | 宿泊 | 第3作 |
| 虎杖浜温泉 | ホテル王将 | 北海道白老郡白老町字竹浦118-72 | 宿泊 | 第3作 |
| 十勝川温泉 | 丸美ヶ丘温泉ホテル | 北海道河東郡音更町宝来本通6-2 | 宿泊 | 第2作 |
| 糠平温泉 | 中村屋旅館 | 北海道河東郡上士幌町ぬかびら源泉郷南区 | 宿泊 | 第1作 |
| 幌加温泉 | 湯元鹿の谷 | 北海道河東郡上士幌町幌加 | 日帰り | 第1作 |
| 菅野温泉 | 然別峡かんの温泉 | 北海道河東郡鹿追町字然別国有林145林班 | 宿泊 | 第1作 |
| 然別湖温泉 | しかりべつ湖コタン氷上露天風呂 | 北海道河東郡鹿追町北瓜幕 | 日帰り | 第2作 |
| オソウシ温泉 | 鹿乃湯荘※ | 北海道上川郡新得町屈足オソウシ鹿ノ沢330 | 宿泊 | 第1作 |
| トムラウシ温泉 | 東大雪荘 | 北海道上川郡新得町屈足トムラウシ | 宿泊 | 第2作 |
| 芽登温泉 | 芽登温泉 | 北海道足寄郡足寄町芽登2979 | 宿泊 | 第1作 |
|  | 鶴居ノーザンビレッジホテルTAITO | 北海道阿寒郡鶴居村鶴居西1-5 | 宿泊 | 第3作 |
| 標茶温泉 | 味幸園 | 北海道川上郡標茶町オソツベツ原野下御卒別628 | 日帰り | 第1作 |
| オーロラ温泉 | オーロラファームヴィレッジ | 北海道川上郡標茶町字栄219-1 | 日帰り | 第1作 |
| 標茶（しべちゃ）温泉 | 富士温泉 | 北海道川上郡標茶町富士5-26 | 日帰り | 第3作 |
| 川湯温泉 | ホテル開紘 | 北海道川上郡弟子屈町川湯温泉2-6-30 | 宿泊 | 第1作 |
| コタン温泉 | 丸木舟 | 北海道川上郡弟子屈町字屈斜路コタン | 宿泊 | 第1作 |
| 屈斜路湖畔岬温泉郷 | 三香温泉 | 北海道川上郡弟子屈町字屈斜路391-15 | 宿泊 | 第2作 |
| 川湯温泉 | お宿欣喜湯 | 北海道川上郡弟子屈町川湯温泉1-5-10 | 宿泊 | 第3作 |
|  | コタン温泉 | 北海道川上郡弟子屈町屈斜路コタン | 日帰り | 第3作 |
| 別海温泉 | べっかい郊楽苑 | 北海道野付郡別海町別海141-100 | 宿泊 | 第2作 |
| 養老牛温泉 | からまつの湯※ | 北海道標津郡中標津町養老牛温泉 | 宿泊 | 第1作 |
| 川北温泉 | 川北温泉 | 北海道標津郡標津町字川北1-3 | 宿泊 | 第1作 |
| 羅臼温泉 | 熊の湯 | 北海道目梨郡羅臼町湯ノ沢町 | 日帰り | 第2作 |
| 羅臼温泉 | 陶灯りの宿らうす第一ホテル | 北海道目梨郡羅臼町湯ノ沢町1 | 宿泊 | 第3作 |
|  | セセキ温泉 | 北海道目梨郡羅臼町瀬石 | 日帰り | 第2作 |
|  | 相泊温泉 | 北海道目梨郡羅臼町相泊 | 日帰り | 第3作 |

| 温泉 | 施設 | 所在地 | 宿/日 | 収録刊 |
|---|---|---|---|---|
| 青森県 | | | | |
| みちのく深沢温泉 | みちのく深沢温泉 | 青森県青森市大字駒込字深沢650 | 宿泊 | 第1作 |
| 酢ヶ湯温泉 | 酢ヶ湯温泉旅館 | 青森県青森市荒川南荒川山国有林酸湯沢50 | 宿泊 | 第1作 |
| さんない温泉 | 三内ヘルスセンター | 青森県青森市三内字沢部306-1 | 日帰り | 第1作 |
| 浅虫温泉 | 辰巳館 | 青森県青森市浅虫山下281 | 宿泊 | 第3作 |
| | 出町温泉 | 青森県青森市西滝2-6-23 | 日帰り | 第3作 |
| 百沢温泉 | 百沢温泉 | 青森県弘前市大字百沢字寺沢290-9 | 宿泊 | 第1作 |
| 新岡温泉 | 新岡温泉 | 青森県弘前市大字新岡字萩流161-12 | 宿泊 | 第1作 |
| 湯段温泉 | 時雨庵 | 青森県弘前市常盤野湯段萢4-36 | 宿泊 | 第2作 |
| 湯段温泉 | ゆだんの宿 | 青森県弘前市常盤野字湯段萢8 | 宿泊 | 第3作 |
| 桜温泉 | ニュー桜旅館 | 青森県弘前市大字賀田2-10-1 | 宿泊 | 第2作 |
| 嶽(だけ)温泉 | 赤格子館 | 青森県弘前市常盤野湯の沢21 | 宿泊 | 第2作 |
| 嶽温泉 | 田澤旅館 | 青森県弘前市大字常盤野字湯の沢10 | 宿泊 | 第3作 |
| | あたご温泉 | 青森県弘前市大字愛宕字山下127-25 | 日帰り | 第2作 |
| | 白馬龍神温泉 | 青森県弘前市大字小栗山字芹沢2-1 | 日帰り | 第2作 |
| 百沢温泉 | 温泉旅館　中野 | 青森県弘前市大字百沢字高田80 | 宿泊 | 第3作 |
| | 三本柳温泉 | 青森県弘前市大字百沢字温湯7 | 宿泊 | 第3作 |
| | せせらぎ温泉 | 青森県弘前市原ヶ平字奥野5-5 | 日帰り | 第3作 |
| | 花咲温泉 | 青森県弘前市大字津賀野字浅田987-1 | 日帰り | 第3作 |
| | 熊ノ沢温泉 | 青森県八戸市尻内町熊ノ沢34-251 | 日帰り | 第3作 |
| 青荷温泉 | ランプの宿青荷温泉 | 青森県黒石市大字沖浦字青荷沢滝ノ上1-7 | 宿泊 | 第1作 |
| 温湯(ぬるゆ)温泉 | 鶴の名湯　温湯温泉共同浴場 | 青森県黒石市大字温湯字鶴泉79 | 日帰り | 第1作 |
| 温湯温泉 | 山賊館 | 青森県黒石市温湯字鶴泉61 | 宿泊 | 第3作 |
| 長寿温泉 | 松寿荘 | 青森県黒石市下山形字村下97-1 | 宿泊 | 第3作 |
| | 星野リゾート青森屋元湯 | 青森県三沢市字古間木山56 | 日帰り | 第3作 |
| 蔦温泉 | 蔦温泉 | 青森県十和田市奥瀬字蔦野湯1 | 宿泊 | 第1作 |
| | 谷地温泉 | 青森県十和田市法量谷地1 | 宿泊 | 第3作 |
| 猿倉温泉 | 元湯　猿倉温泉 | 青森県十和田市奥瀬猿倉1 | 宿泊 | 第3作 |
| 三沢温泉 | 三沢保養センター | 青森県三沢市大字三沢字園沢41-32 | 日帰り | 第2作 |
| | 三陸温泉 | 青森県三沢市三川目3-912-1 | 日帰り | 第3作 |
| 恐山温泉 | 花染の湯 | 青森県むつ市大字田名部宇曽利山 | 日帰り | 第1作 |
| 奥薬研温泉 | 元祖かっぱの湯 | 青森県むつ市大畑町赤滝山 | 日帰り | 第3作 |

| 温泉 | 施設 | 所在地 | 宿/日 | 収録刊 |
|---|---|---|---|---|
| 森田温泉 | 森田温泉 | 青森県つがる市森田町森田月見野110-2 | 日帰り | 第1作 |
| | 光風温泉 | 青森県つがる市森田町下相野野田73-3 | 日帰り | 第2作 |
| 古遠部温泉 | 古遠部温泉 | 青森県平川市碇ケ関西碇ケ関山1-467 | 宿泊 | 第1作 |
| 新屋温泉 | 新屋温泉※ | 青森県平川市新屋字平野84-14 | 日帰り | 第1作 |
| 相乗温泉 | 羽州路の宿　あいのり | 青森県平川市碇ヶ関西碇ヶ関山185 | 宿泊 | 第2作 |
| 南田温泉 | ホテルアップルランド | 青森県平川市町居南田166-3 | 宿泊 | 第3作 |
| | 鷹の羽温泉 | 青森県平川市本町村元228-3 | 日帰り | 第3作 |
| 小国温泉 | 小国町会保養所 | 青森県平川市小国川辺149-3 | 日帰り | 第3作 |
| | 虹の湖温泉　食堂 | 青森県平川市切明山下29-20 | 日帰り | 第3作 |
| 不老ふ死温泉 | 不老ふ死温泉 | 青森県西津軽郡深浦町大字舮作字下清滝15 | 宿泊 | 第1作 |
| | 大白温泉 | 青森県中津軽郡西目屋村大字白沢字白沢口106 | 日帰り | 第3作 |
| 大鰐温泉 | 若松会館、青柳会館、大湯会館 | 青森県南津軽郡大鰐町 | 日帰り | 第2作 |
| 大鰐温泉 | ヤマニ仙遊館 | 青森県南津軽郡大鰐町蔵館村岡47-1 | 宿泊 | 第3作 |
| 大鰐温泉 | 民宿　赤湯 | 青森県南津軽郡大鰐町大鰐字大鰐131-1 | 宿泊 | 第3作 |
| | 田舎館村老人憩の家 | 青森県南津軽郡田舎館村畑中字藤本169 | 日帰り | 第3作 |
| | 平川温泉 | 青森県南津軽郡田舎館村大袋樋田3 | 日帰り | 第3作 |
| | あすなろ温泉 | 青森県北津軽郡板柳町掛落林字前田140-1 | 日帰り | 第1作 |
| 高増温泉 | 不動乃湯 | 青森県北津軽郡板柳町大字大俵字和田422-3 | 日帰り | 第3作 |
| | 民宿梅沢温泉 | 青森県北津軽郡鶴田町大字横萢字松倉51 | 宿泊 | 第2作 |
| | つがる富士見荘 | 青森県北津軽郡鶴田町大字廻堰大沢71-1 | 宿泊 | 第3作 |
| | すもも沢温泉郷 | 青森県上北郡七戸町字李沢道ノ下22-1 | 日帰り | 第2作 |
| | さかた温泉 | 青森県上北郡七戸町字東上川原20-20 | 日帰り | 第3作 |
| 六戸温泉 | 宝温泉 | 青森県上北郡六戸町犬落瀬字後田9-1 | 日帰り | 第2作 |
| | 六戸温泉 | 青森県上北郡六戸町犬落瀬押込93-4 | 日帰り | 第3作 |
| | 八甲ラジウム温泉 | 青森県上北郡東北町大字上野字北谷地39-186 | 日帰り | 第1作 |
| | 東北温泉 | 青森県上北郡東北町字上笹橋21-18 | 日帰り | 第1作 |
| | 姉戸川温泉 | 青森県上北郡東北町大字大浦字中久根下98 | 日帰り | 第1作 |
| 池ノ端温泉 | らんぷ温泉 | 青森県上北郡東北町大浦境ノ沢4-110 | 宿泊 | 第3作 |
| | ひばの湯　ぽぷら | 青森県上北郡東北町往来ノ下31-3 | 日帰り | 第3作 |
| | 玉勝温泉 | 青森県上北郡東北町上北南1-31-1088 | 日帰り | 第3作 |

| 温泉 | 施設 | 所在地 | 宿/日 | 収録刊 |
|---|---|---|---|---|
| 下風呂温泉 | 新湯※ | 青森県下北郡風間浦村下風呂家ノ尻13 | 宿泊 | 第1作 |
| 下風呂温泉郷 | まるほん旅館 | 青森県下北郡風間浦村下風呂113 | 宿泊 | 第2作 |
| 下風呂温泉 | 海峡の湯 | 青森県下北郡風間浦村大字下風呂字下風呂71-1 | 日帰り | 第3作 |

## 岩 手 県

| | | | | |
|---|---|---|---|---|
| つなぎ温泉 | 湯守　ホテル大観（たいかん） | 岩手県盛岡市繋字湯ノ館（つなぎ温泉）37-1 | 宿泊 | 第3作 |
| 鉛温泉 | 藤三旅館 | 岩手県花巻市鉛字中平75-1 | 宿泊 | 第1作 |
| 台温泉 | 旅館かねがや | 岩手県花巻市台温泉1-186 | 宿泊 | 第1作 |
| 台温泉 | 福寿館 | 岩手県花巻市台温泉2-9-1 | 宿泊 | 第1作 |
| 台温泉 | 藤助屋旅館 | 岩手県花巻市台温泉2-25 | 宿泊 | 第1作 |
| 台温泉 | 水上旅館 | 岩手県花巻市台1-183 | 宿泊 | 第2作 |
| 台温泉 | 観光荘 | 岩手県花巻市台1-166-1 | 宿泊 | 第3作 |
| 大沢温泉 | 湯治屋 | 岩手県花巻市湯口字大沢181 | 宿泊 | 第2作 |
| | 東和温泉 | 岩手県花巻市東和町安俵6-135 | 日帰り | 第3作 |
| 夏油温泉 | 元湯夏油 | 岩手県北上市和賀町岩崎新田1-22 | 宿泊 | 第1作 |
| 夏油温泉 | 夏油温泉観光ホテル※ | 岩手県北上市和賀町岩崎新田8-7 | 宿泊 | 第2作 |
| 夏油高原温泉郷 | 美人の湯　瀬美温泉 | 岩手県北上市和賀町岩崎新田1-128-2 | 宿泊 | 第2作 |
| 踊鹿（おどろか）温泉 | 天乃湯 | 岩手県遠野市青笹町糠前9地割4-1 | 日帰り | 第3作 |
| | 須川高原温泉 | 岩手県一関市厳美町祭畤山国有林46林班ト | 宿泊 | 第2作 |
| 一関温泉 | 山桜（やまざくら）桃（もも）の湯 | 岩手県一関市赤荻字笹谷393-6 | 宿泊 | 第3作 |
| 一関温泉郷 | 真湯温泉センター交流館 | 岩手県一関市厳美町字真湯1 | 宿泊 | 第3作 |
| 金田一温泉 | 仙養館 | 岩手県二戸市金田一大沼24 | 宿泊 | 第2作 |
| 松川温泉 | 松楓荘※ | 岩手県八幡平市松尾寄木1-41 | 宿泊 | 第2作 |
| 藤七温泉 | 彩雲荘 | 岩手県八幡平市松尾寄木北の又 | 宿泊 | 第2作 |
| 松川温泉 | 峡雲荘 | 岩手県八幡平市松尾寄木松川温泉 | 宿泊 | 第3作 |
| 新安比温泉 | 静流閣 | 岩手県八幡平市叺田43-1 | 宿泊 | 第3作 |
| 国見温泉 | 石塚旅館 | 岩手県岩手郡雫石町橋場字竜川山1-5 | 宿泊 | 第1作 |
| 網張温泉 | 休暇村岩手網張温泉 | 岩手県岩手郡雫石町網張温泉 | 宿泊 | 第2作 |
| 鶯宿温泉 | 小枝旅館 | 岩手県岩手郡雫石町鶯宿第6地割24-4 | 宿泊 | 第3作 |
| 玄武温泉 | ロッヂたちばな | 岩手県岩手郡雫石町長山有根3-5 | 宿泊 | 第3作 |
| 国見温泉 | 森山荘（もりさんそう） | 岩手県岩手郡雫石町橋場国見温泉 | 宿泊 | 第3作 |
| 湯川温泉 | 鳳鳴館 | 岩手県和賀郡西和賀町湯川52-127-2 | 宿泊 | 第2作 |
| 巣郷温泉 | 高原旅館大扇 | 岩手県和賀郡西和賀町巣郷63-158-9 | 宿泊 | 第2作 |

| 温泉 | 施設 | 所在地 | 宿/日 | 収録刊 |
|---|---|---|---|---|
| 岩手湯本温泉 | かたくりの宿一休館 | 岩手県和賀郡西和賀町湯本30-82 | 宿泊 | 第3作 |
| 湯川温泉 | せせらぎの宿　吉野屋 | 岩手県和賀郡西和賀町湯川52-113-1 | 宿泊 | 第3作 |
| 千貫石温泉 | 湯元東館 | 岩手県胆沢郡金ケ崎町西根二枚橋５-１ | 宿泊 | 第3作 |
| 永岡温泉 | 夢の湯 | 岩手県胆沢郡金ケ崎町永沢石持沢6-284 | 宿泊 | 第3作 |

## 宮 城 県

| | | | | |
|---|---|---|---|---|
| 作並温泉 | 岩松旅館 | 宮城県仙台市青葉区作並温泉元湯 | 宿泊 | 第1作 |
| 小原温泉 | かつらの湯 | 宮城県白石市小原坂上66 | 日帰り | 第2作 |
| 湯浜温泉 | ランプの宿　三浦旅館 | 宮城県栗原市花山字本沢岳山1-11 | 宿泊 | 第2作 |
| 鳴子温泉 | 旅館すがわら | 宮城県大崎市鳴子温泉字新屋敷5 | 宿泊 | 第1作 |
| 鳴子温泉 | ゆさや | 宮城県大崎市鳴子温泉湯元84 | 宿泊 | 第1作 |
| 鳴子温泉 | 旅館姥乃湯 | 宮城県大崎市鳴子温泉河原湯65 | 宿泊 | 第1作 |
| 鳴子温泉 | 西多賀旅館 | 宮城県大崎市鳴子温泉字新屋敷78-3 | 宿泊 | 第1作 |
| 鳴子温泉 | 村本旅館 | 宮城県大崎市鳴子温字泉末沢西17-3 | 宿泊 | 第2作 |
| 鳴子温泉 | 久田（きゅうでん）旅館 | 宮城県大崎市鳴子温泉字久田67 | 宿泊 | 第3作 |
| 東鳴子温泉 | いさぜん旅館 | 宮城県大崎市鳴子温泉赤湯11 | 宿泊 | 第1作 |
| 東鳴子温泉 | 高友旅館 | 宮城県大崎市鳴子温泉字鷲ノ巣33-1 | 宿泊 | 第1作 |
| 東鳴子温泉 | 赤這温泉阿部旅館 | 宮城県大崎市鳴子温泉字赤這125-1 | 宿泊 | 第1作 |
| 東鳴子温泉 | 勘七湯 | 宮城県大崎市鳴子温泉字赤湯18 | 宿泊 | 第3作 |
| 鬼首温泉 | 露天風呂の宿<br>とどろき旅館 | 宮城県大崎市鳴子温泉鬼首轟1 | 宿泊 | 第2作 |
| 川渡（かわたび）温泉 | 越後屋旅館 | 宮城県大崎市鳴子温泉川渡24-9 | 宿泊 | 第2作 |
| 中山平温泉 | なかやま山荘※ | 宮城県大崎市鳴子温泉星沼19-24 | 宿泊 | 第2作 |
| 中山平温泉 | しんとろの湯 | 宮城県大崎市鳴子温泉星沼18-9 | 日帰り | 第1作 |
| 鳴子温泉郷<br>中山平温泉 | 蛇のゆ湯吉 | 宮城県大崎市鳴子温泉星沼６-１ | 宿泊 | 第3作 |
| 豆坂温泉 | 三峰荘 | 宮城県大崎市三本木新沼字中谷地屋敷4 | 日帰り | 第3作 |
| 黄金川温泉 | 白鳥荘 | 宮城県蔵王町宮字中野129 | 日帰り | 第3作 |
| | 峩々温泉 | 宮城県柴田郡川崎町大前川峩々1 | 宿泊 | 第2作 |
| 青根温泉 | 湯元不忘閣 | 宮城県柴田郡川崎町青根温泉１の１ | 宿泊 | 第3作 |

## 秋 田 県

| | | | | |
|---|---|---|---|---|
| 南郷夢温泉 | 共林荘 | 秋田県横手市山内南郷字大払川139-1 | 宿泊 | 第2作 |
| | 大館矢立ハイツ | 秋田県大館市長走字陣場311 | 宿泊 | 第3作 |
| 男鹿温泉郷 | なまはげの湯<br>元湯雄山閣 | 秋田県男鹿市北浦湯本字草木原52 | 宿泊 | 第2作 |
| 男鹿温泉 | 男鹿ホテル | 秋田県男鹿市北浦湯本字草木原13-1 | 宿泊 | 第3作 |
| 川原毛温泉 | 川原毛大湯滝 | 秋田県湯沢市高松高松沢 | 宿泊 | 第1作 |

| 温泉 | 施設 | 所在地 | 宿/日 | 収録刊 |
|---|---|---|---|---|
| 小安峡温泉 | 旅館多郎兵衛 | 秋田県湯沢市皆瀬字湯元121-5 | 宿泊 | 第2作 |
| 秋の宮温泉郷 | 鷹の湯温泉<br>(立ち寄り入浴　休止中) | 秋田県湯沢市秋ノ宮殿上1 | 宿泊 | 第2作 |
| 秋の宮温泉郷 | 宝寿温泉 | 秋田県湯沢市秋ノ宮畑45 | 宿泊 | 第3作 |
| 小安峡温泉 | 元湯共同浴場<br>山神の湯 | 秋田県湯沢市皆瀬湯元 | 日帰り | 第2作 |
| 泥湯温泉 | 奥山旅館 | 秋田県湯沢市高松泥湯沢25 | 宿泊 | 第3作 |
| | ほほえみの郷　観音湯 | 秋田県湯沢市高松大日台48 | 宿泊 | 第3作 |
| 奥奥八九郎温泉 | 奥奥八九郎温泉 | 秋田県鹿角市小坂町小坂 | 宿泊 | 第1作 |
| 蒸ノ湯温泉 | 蒸ノ湯温泉 | 秋田県鹿角市八幡平字熊沢国有林32林班 | 宿泊 | 第1作 |
| 八幡平温泉 | 八幡平後生掛温泉 | 秋田県鹿角市八幡平熊沢国有林内 | 宿泊 | 第2作 |
| 十和田大湯温泉 | 上の湯、荒瀬の湯 | 秋田県鹿角市十和田大湯 | 日帰り | 第2作 |
| 十和田大湯温泉 | 源泉かけ流しの宿<br>旅館岡部荘 | 秋田県鹿角市十和田大湯字上の湯1-1 | 宿泊 | 第3作 |
| 十和田大湯温泉 | 白山荘 | 秋田県鹿角市十和田大湯荒瀬56 | 日帰り | 第3作 |
| 強首(こわくび)温泉 | 樅峰苑 | 秋田県大仙市強首字強首268 | 宿泊 | 第2作 |
| 湯ノ神温泉 | 神湯館 | 秋田県大仙市南外湯神台72-3 | 宿泊 | 第2作 |
| 杣(そま)温泉 | 湯の沢湯本杣<br>温泉旅館 | 秋田県北秋田市森吉字湯ノ沢7 | 宿泊 | 第2作 |
| 打当(うっとう)温泉 | 秘境の宿　マタギの湯 | 秋田県北秋田市阿仁打当仙北渡道上ミ67 | 宿泊 | 第2作 |
| | クウィンス森吉 | 秋田県北秋田市小又堂ノ下21-2 | 宿泊 | 第3作 |
| 金浦(このうら)温泉 | 学校の栖 | 秋田県にかほ市前川菱潟1 | 宿泊 | 第2作 |
| | かみのゆ温泉 | 秋田県にかほ市平沢字家の後2 | 日帰り | 第3作 |
| 乳頭温泉 | 鶴の湯温泉 | 秋田県仙北市田沢湖田沢字先達沢国有林50 | 宿泊 | 第1作 |
| 乳頭温泉 | 孫六温泉※ | 秋田県仙北市田沢湖田沢先達沢国有林3051 | 宿泊 | 第2作 |
| 乳頭温泉 | 蟹場温泉 | 秋田県仙北市田沢湖田沢先達沢国有林 | 宿泊 | 第3作 |
| 乳頭温泉 | 黒湯温泉 | 秋田県仙北市田沢湖生保内字黒湯2-1 | 宿泊 | 第1作 |
| 玉川温泉 | 玉川温泉 | 秋田県仙北市田沢湖玉川字渋黒沢 | 宿泊 | 第1作 |
| 南玉川温泉 | 湯宿　はなやの森 | 秋田県仙北市田沢湖玉川328 | 宿泊 | 第2作 |
| 水沢温泉郷 | 駒ヶ岳温泉 | 秋田県仙北市田沢湖生保内下高野80-68 | 宿泊 | 第2作 |
| 水沢温泉郷 | 露天風呂　水沢温泉 | 秋田県仙北市田沢湖生保内下高野73-15 | 日帰り | 第2作 |
| | 大深温泉 | 秋田県仙北市田沢湖玉川字大深沢地内 | 日帰り | 第2作 |
| 夏瀬温泉 | 都わすれ | 秋田県仙北市田沢湖卒田字夏瀬84 | 宿泊 | 第3作 |
| | 小坂町立老人憩の家<br>あかしや荘 | 秋田県鹿角郡小坂町小坂鉱山渡ノ羽58 | 日帰り | 第3作 |

| 温泉 | 施設 | 所在地 | 宿/日 | 収録刊 |
|---|---|---|---|---|
| 森岳温泉郷 | 森岳温泉ホテル | 秋田県山本郡三種町森岳木戸沢115-27 | 宿泊 | 第2作 |

## 山形県

| 温泉 | 施設 | 所在地 | 宿/日 | 収録刊 |
|---|---|---|---|---|
| 蔵王温泉 | かわらや | 山形県山形市蔵王温泉43 | 日帰り | 第1作 |
| | 大野目温泉 | 山形県山形市平久保35-2 | 宿泊 | 第3作 |
| | 健康天然温泉　八百坊 | 山形県山形市東青田5-1-1 | 日帰り | 第3作 |
| | 百目鬼（どめき）温泉 | 山形県山形市百目鬼42-1 | 日帰り | 第3作 |
| 白布温泉 | 湯滝の宿　西屋 | 山形県米沢市関1527 | 宿泊 | 第2作 |
| 小野川温泉 | うめや旅館 | 山形県米沢市小野川町2494 | 宿泊 | 第2作 |
| 滑川温泉 | 福島屋 | 山形県米沢市大沢15 | 宿泊 | 第2作 |
| 姥湯温泉 | 枡形屋 | 山形県米沢市大沢姥湯1 | 宿泊 | 第2作 |
| 大平温泉 | 滝見屋 | 山形県米沢市大字李山12127 | 宿泊 | 第1作 |
| 湯田川温泉 | 隼人旅館 | 山形県鶴岡市湯田川乙56 | 宿泊 | 第1作 |
| 湯田川温泉 | 田の湯 | 山形県鶴岡市湯田川乙39-17 | 日帰り | 第2作 |
| 湯の瀬温泉 | 湯の瀬旅館 | 山形県鶴岡市戸沢神子谷103-2 | 宿泊 | 第2作 |
| あつみ温泉 | かしわや旅館 | 山形県鶴岡市湯温海甲191 | 宿泊 | 第3作 |
| かみのやま温泉 | ふぢ金旅館 | 山形県上山市湯町4-1 | 宿泊 | 第2作 |
| かみのやま温泉 | はたや旅館 | 山形県上山市新湯5-1 | 宿泊 | 第3作 |
| かみのやま温泉 | 下大湯 | 山形県上山市十日町9-30 | 日帰り | 第3作 |
| さくらんぼ東根温泉 | 旅館さくら湯 | 山形県東根市温泉町1-9-3 | 宿泊 | 第2作 |
| さくらんぼ東根温泉 | 琥珀の湯　欅の宿 | 山形県東根市温泉町1-8-1 | 宿泊 | 第3作 |
| 銀山温泉 | 古勢起屋別館 | 山形県尾花沢市銀山温泉417 | 宿泊 | 第2作 |
| 銀山温泉 | 旅館松本 | 山形県尾花沢市銀山新畑421 | 宿泊 | 第3作 |
| 赤湯温泉 | 大和屋 | 山形県南陽市赤湯972 | 宿泊 | 第3作 |
| 舟唄温泉 | テルメ柏陵健康温泉館 | 山形県西村山郡大江町藤田831-40 | 日帰り | 第2作 |
| 赤倉温泉 | 三之亟 | 山形県最上郡最上町大字富沢884 | 宿泊 | 第1作 |
| 瀬見温泉 | 喜至楼 | 山形県最上郡最上町大堀988 | 宿泊 | 第2作 |
| 赤倉温泉 | 悠湯の宿　湯澤屋 | 山形県最上郡最上町富澤854-1 | 宿泊 | 第3作 |
| 肘折温泉 | 上の湯 | 山形県最上郡大蔵村大字南山 | 宿泊 | 第1作 |
| 肘折温泉 | ゑびす屋旅館 | 山形県最上郡大蔵村大字南山526 | 宿泊 | 第2作 |
| 肘折温泉 | 手彫り洞窟温泉　松屋 | 山形県最上郡大蔵村大字南山498 | 宿泊 | 第2作 |
| 肘折温泉 | 三浦屋旅館 | 山形県最上郡大蔵村大字南山490 | 宿泊 | 第3作 |
| 肘折温泉 | 金生館 | 山形県最上郡大蔵村大字南山2156-1 | 宿泊 | 第3作 |
| 羽根沢温泉 | 松葉荘 | 山形県最上郡鮭川村大字中渡1314-2 | 宿泊 | 第1作 |
| 羽根沢温泉 | 共同浴場 | 山形県最上郡鮭川村大字中渡1321 | 日帰り | 第2作 |

| 温泉 | 施設 | 所在地 | 宿/日 | 収録刊 |
|---|---|---|---|---|
| 羽根沢温泉 | 加登屋旅館 | 山形県最上郡鮭川村大字中渡1312 | 宿泊 | 第3作 |
| 飯豊（いいで）温泉 | 国民宿舎　飯豊梅花皮荘（いいでかいらぎそう） | 山形県西置賜郡小国町大字小玉川564-1 | 宿泊 | 第3作 |
| 広河原温泉 | 湯の華※ | 山形県西置賜郡飯豊町大字広河原字湯ノ沢448-2 | 宿泊 | 第1作 |

## 福島県

| 温泉 | 施設 | 所在地 | 宿/日 | 収録刊 |
|---|---|---|---|---|
| 飯坂温泉 | 鯖湖湯、切湯など共同湯9湯 | 福島県福島市飯坂町湯沢32（鯖湖湯）他 | 日帰り | 第1作 |
| 飯坂温泉 | 大門の湯、十綱湯 | 福島県福島市飯坂町大門1　他 | 日帰り | 第3作 |
| 微温湯温泉 | 二階堂 | 福島県福島市桜本字温湯11 | 宿泊 | 第1作 |
| 赤湯温泉 | 好山荘 | 福島県福島市土湯温泉町鷲倉山1-6 | 宿泊 | 第2作 |
| 新野地温泉 | 相模屋旅館 | 福島県福島市土湯温泉町野地2 | 宿泊 | 第2作 |
| 幕川温泉 | 水戸屋旅館 | 福島県福島市土湯温泉町鷲倉山1-3 | 宿泊 | 第2作 |
| 幕川温泉 | 吉倉屋旅館 | 福島県福島市土湯温泉町鷲倉山1-10 | 宿泊 | 第3作 |
| 高湯温泉 | 安達屋 | 福島県福島市町庭坂高湯21 | 宿泊 | 第2作 |
| 高湯温泉 | 静心山荘 | 福島県福島市町庭坂湯花沢1-15 | 宿泊 | 第3作 |
| 会津東山温泉 | 向瀧 | 福島県会津若松市東山町大字湯本字川向200 | 宿泊 | 第1作 |
| 会津東山温泉 | 渓流の宿　東山ハイマートホテル※ | 福島県会津若松市東山町大字湯本字滝ノ湯109 | 宿泊 | 第2作 |
| 会津東山温泉 | せせらぎの湯　おやど東山 | 福島県会津若松市東山町大字湯本字下原255-3 | 宿泊 | 第3作 |
| 月光温泉 | 月光温泉 | 福島県郡山市安積町笹川四角坦62-1 | 日帰り | 第1作 |
| 磐梯熱海温泉 | 湯元元湯 | 福島県郡山市熱海町熱海4-22 | 日帰り | 第1作 |
| 井戸川温泉 | やすらぎの里　井戸川温泉 | 福島県郡山市逢瀬町多田野字休石35 | 宿泊 | 第3作 |
| 中津川温泉 | 藤屋旅館　ザクの湯 | 福島県郡山市田村町糠塚下滝405 | 日帰り | 第3作 |
| いわき湯本温泉 | 伊勢屋旅館 | 福島県いわき市常磐湯本町吹谷80 | 宿泊 | 第1作 |
| いわき湯本温泉 | 心やわらぐ宿　岩惣 | 福島県いわき市常磐湯本町吹谷39 | 宿泊 | 第2作 |
| いわき湯本源泉 | 元禄彩雅宿　古滝屋 | 福島県いわき市常磐湯本町三函208 | 宿泊 | 第3作 |
| いわき湯本温泉 | さはこの湯 | 福島県いわき市常磐湯本町三函176-1 | 日帰り | 第3作 |
|  | ひばり温泉 | 福島県須賀川市滑川字関ノ上22-2 | 宿泊 | 第3作 |
| 熱塩温泉 | 下の湯共同浴場 | 福島県喜多方市熱塩加納町熱塩甲811 | 日帰り | 第2作 |
| 岳（だけ）温泉 | 岳の湯 | 福島県二本松市岳温泉1-270 | 日帰り | 第3作 |
| 新菊島温泉 | 新菊島温泉※ | 福島県岩瀬郡鏡石町久来石南470-1 | 宿泊 | 第1作 |
| 二岐温泉 | 柏屋旅館 | 福島県岩瀬郡天栄村湯本下二俣22-6 | 宿泊 | 第1作 |
| 二岐温泉 | 湯小屋旅館 | 福島県岩瀬郡天栄村湯本下二俣22-7 | 宿泊 | 第1作 |

| 温泉 | 施設 | 所在地 | 宿/日 | 収録刊 |
|---|---|---|---|---|
| 湯野上温泉 | 温泉民宿いなりや | 福島県南会津郡下郷町湯野上字沼袋乙853 | 宿泊 | 第1作 |
| 湯野上温泉 | 一宿一飯のONSENハウス しみずや | 福島県南会津郡下郷町湯野上居平乙762 | 宿泊 | 第2作 |
| 湯の花温泉 | 本家亀屋 | 福島県南会津郡南会津町湯ノ花390 | 宿泊 | 第1作 |
| 古町温泉 | 赤岩荘 | 福島県南会津郡南会津町古町太子堂186-2 | 日帰り | 第2作 |
| 湯ノ花温泉 | 天神湯、湯端の湯、弘法の湯、石湯 | 福島県南会津郡南会津町湯ノ花 | 日帰り | 第2作 |
| 会津みなみ温泉 | 里の湯 | 福島県南会津郡南会津町山口字村上798-9 | 日帰り | 第3作 |
| 木賊温泉 | 木賊温泉 | 福島県南会津郡南会津町宮里字湯坂1986 | 日帰り | 第1作 |
| 桧原温泉 | 温泉民宿たばこ屋 | 福島県耶麻郡北塩原村桧原道前原1131-75 | 宿泊 | 第2作 |
| 桧原ふれあい温泉 | 湖望 | 福島県耶麻郡北塩原村桧原字道前原1131-54 | 日帰り | 第3作 |
| 横向温泉 | マウント磐梯 | 福島県耶麻郡猪苗代町大字若宮字上ノ湯甲2985 | 宿泊 | 第1作 |
| 横向温泉 | 中の湯旅館※ | 福島県耶麻郡猪苗代町若宮中ノ湯甲2975 | 宿泊 | 第1作 |
| 横向温泉 | 滝川屋旅館 | 福島県耶麻郡猪苗代町若宮下ノ湯甲2970 | 宿泊 | 第3作 |
| | 街なか100%天然温泉ホテルシーアンドアイ郡山 | 福島県郡山市堤下町12-7 | 宿泊 | 第3作 |
| 会津中ノ沢温泉 | いろり湯の宿　大阪屋 | 福島県耶麻郡猪苗代町蚕養沼尻山甲2855-138 | 宿泊 | 第2作 |
| 沼尻温泉 | 田村屋旅館 | 福島県耶麻郡猪苗代町蚕養沼尻山甲2855 | 宿泊 | 第3作 |
| 西山温泉 | 老沢温泉旅館 | 福島県河沼郡柳津町五畳敷字老沢114 | 宿泊 | 第1作 |
| 会津西山温泉 | 滝の湯 | 福島県河沼郡柳津町砂子原長坂829 | 宿泊 | 第2作 |
| 宮下温泉 | 栄光舘 | 福島県大沼郡三島町宮下塩水4113 | 宿泊 | 第2作 |
| 湯倉温泉 | 鶴亀荘 | 福島県大沼郡金山町大字本名字上ノ坪1942 | 宿泊 | 第1作 |
| 玉梨温泉 | 共同浴場 | 福島県大沼郡金山町大字玉梨字横井戸2786 | 宿泊 | 第1作 |
| | 金山町温泉保養施設せせらぎ荘 | 福島県大沼郡金山町大字玉梨字新板2049-1 | 日帰り | 第2作 |
| 八町温泉 | 共同浴場　亀の湯 | 福島県大沼郡金山町八町居平619 | 日帰り | 第2作 |

| 温泉 | 施設 | 所在地 | 宿/日 | 収録刊 |
|---|---|---|---|---|
| 中川温泉 | 福祉センターゆうゆう館 | 福島県大沼郡金山町中川字沖根原1324 | 日帰り | 第3作 |
| 昭和温泉 | 奥会津からむしの里 しらかば荘 | 福島県大沼郡昭和村野尻廻り戸1178 | 宿泊 | 第3作 |
| 甲子温泉 | 大黒屋 | 福島県西白河郡西郷村大字真船字寺平1 | 宿泊 | 第1作 |
| 新甲子温泉 | 五峰荘 | 福島県西白河郡西郷村大字真船字馬立1 | 宿泊 | 第1作 |
| | お食事　温泉処 いやさか | 福島県西白河郡矢吹町文京町197-1 | 日帰り | 第2作 |
| 湯岐温泉 | 山形屋旅館 | 福島県東白川郡塙町大字湯岐字湯岐31 | 宿泊 | 第1作 |

## 茨城県

| | | | | |
|---|---|---|---|---|
| 横川温泉 | 湯元巴屋旅館 (現在は日帰り入浴のみ) | 茨城県常陸太田市折橋町1408 | 宿泊 | 第2作 |
| | 五浦(いつうら)観光ホテル | 茨城県北茨城市大津町722 | 宿泊 | 第3作 |
| | レイクサイドつくば | 茨城県つくば市下岩崎708-1 | 宿泊 | 第3作 |

## 栃木県

| | | | | |
|---|---|---|---|---|
| 湯西川温泉 | 薬研の湯 | 栃木県日光市湯西川 | 宿泊 | 第1作 |
| 湯西川温泉 | 金井旅館 | 栃木県日光市湯西川822 | 宿泊 | 第2作 |
| 鬼怒川温泉 | 鬼怒川仁王尊プラザ | 栃木県日光市鬼怒川温泉大原371-1 | 宿泊 | 第1作 |
| 奥鬼怒川温泉 | 八丁の湯 | 栃木県日光市川俣876 | 宿泊 | 第1作 |
| 奥鬼怒川温泉 | 加仁湯 | 栃木県日光市川俣871 | 宿泊 | 第1作 |
| 奥鬼怒温泉 | 日光澤温泉 | 栃木県日光市川俣874 | 宿泊 | 第2作 |
| | 日光山温泉寺 | 栃木県日光市湯元2559 | 日帰り | 第3作 |
| | 赤滝鉱泉 | 栃木県矢板市平野1628-1 | 宿泊 | 第2作 |
| | 小滝鉱泉 | 栃木県矢板市平野1618 | 宿泊 | 第3作 |
| | ピラミッド元氣温泉 | 栃木県那須塩原市接骨木493-4 | 宿泊 | 第1作 |
| 塩原温泉 | やまなみ荘 | 栃木県那須塩原市塩原2566 | 宿泊 | 第1作 |
| 塩原温泉 | 明賀屋本館 | 栃木県那須塩原市塩原353 | 宿泊 | 第1作 |
| 塩原温泉 | 秘湯の宿　元泉館 | 栃木県那須塩原市湯本塩原101 | 宿泊 | 第2作 |
| 塩原温泉 | 心づくしの宿　ぬりや | 栃木県那須塩原市塩原454 | 宿泊 | 第3作 |
| 塩原温泉 | 源泉の湯　東や | 栃木県那須塩原市塩原町下塩原1548-1 | 宿泊 | 第3作 |
| 塩原元湯温泉 | 大出館 | 栃木県那須塩原市湯本塩原102 | 宿泊 | 第1作 |
| 奥塩原新湯温泉 | むじなの湯、中の湯 | 栃木県那須塩原市湯本塩原 | 日帰り | 第2作 |
| 板室温泉 | 奥那須大正村幸乃湯 | 栃木県那須塩原市百村3536-1 | 宿泊 | 第3作 |
| | 那須塩原駅前温泉 | 栃木県那須塩原市唐杉字曽根林41-5 | 日帰り | 第3作 |
| 喜連川温泉 | 喜連川早乙女温泉 | 栃木県さくら市早乙女2114 | 日帰り | 第1作 |
| 大丸温泉 | 大丸温泉旅館 | 栃木県那須郡那須町湯本269 | 宿泊 | 第1作 |
| 三斗小屋温泉 | 大黒屋 | 栃木県那須塩原市板室919 | 宿泊 | 第1作 |

| 温泉 | 施設 | 所在地 | 宿/日 | 収録刊 |
|---|---|---|---|---|
| 北温泉 | 北温泉旅館 | 栃木県那須郡那須町湯本151 | 宿泊 | 第1作 |
| 老松温泉 | 老松温泉旅館※ | 栃木県那須郡那須町湯本181 | 宿泊 | 第1作 |
| 那須湯本温泉 | 雲海閣 | 栃木県那須郡那須町湯本33 | 宿泊 | 第2作 |
| 那須湯本温泉 | 滝の湯、河原の湯 | 栃木県那須郡那須町湯本 | 日帰り | 第2作 |
| 那須温泉 | 喜久屋旅館 | 栃木県那須郡那須町湯本30 | 宿泊 | 第3作 |
| 那須温泉 | ニューおおたか | 栃木県那須郡那須町湯本269 | 宿泊 | 第3作 |

## 群 馬 県

| | | | | |
|---|---|---|---|---|
| 滝沢温泉 | 滝沢館 | 群馬県前橋市粕川町室沢滝沢241 | 宿泊 | 第1作 |
| 赤城温泉 | 花の宿　湯之沢館 | 群馬県前橋市苗ケ島町2027 | 宿泊 | 第3作 |
| 老神温泉 | 東明館 | 群馬県沼田市利根町大楊1519-2 | 宿泊 | 第3作 |
| 伊香保温泉 | 伊香保露天風呂 | 群馬県渋川市伊香保町581 | 日帰り | 第3作 |
| 霧積温泉 | 金湯館 | 群馬県安中市松井田町坂本1928 | 宿泊 | 第1作 |
| 磯部温泉 | 小島屋旅館 | 群馬県安中市磯部1-13-22 | 宿泊 | 第2作 |
| 八千代温泉 | 芹の湯 | 群馬県甘楽郡下仁田町大字西野牧12809-1 | 日帰り | 第3作 |
| 星尾温泉 | 木の葉石の湯 | 群馬県甘楽郡南牧村星尾1162 | 宿泊 | 第3作 |
| 四万温泉 | 積善館 | 群馬県吾妻郡中之条町四万温泉 | 宿泊 | 第1作 |
| 四万温泉 | 河原の湯※、上之湯 | 群馬県吾妻郡中之条町四万 | 日帰り | 第2作 |
| 尻焼温泉 | 尻焼温泉 | 群馬県吾妻郡中之条町大字入山 | 宿泊 | 第1作 |
| 大塚温泉 | 金井旅館 | 群馬県吾妻郡中之条町大字大塚803 | 宿泊 | 第1作 |
| 沢渡温泉 | まるほん旅館 | 群馬県吾妻郡中之条町大字上沢渡甲2301 | 宿泊 | 第1作 |
| 沢渡温泉 | 龍鳴館 | 群馬県吾妻郡中之条町大字上沢渡2317-1 | 宿泊 | 第3作 |
| 四万温泉 | 中生館 | 群馬県吾妻郡中之条町大字四万乙4374 | 宿泊 | 第3作 |
| 京塚温泉 | しゃくなげ露天風呂 | 群馬県吾妻郡中之条町大字入山3257 | 日帰り | 第3作 |
| 応徳温泉 | くつろぎの湯 | 群馬県吾妻郡中之条町小雨乙21-1 | 日帰り | 第3作 |
| 御所平温泉 | かくれの湯 | 群馬県吾妻郡長野原町応桑1985-172 | 日帰り | 第2作 |
| 川原湯温泉 | 王湯 | 群馬県吾妻郡長野原町川原湯温泉491-6 | 日帰り | 第3作 |
| 鹿沢温泉 | 紅葉館 | 群馬県吾妻郡嬬恋村大字田代681 | 宿泊 | 第1作 |
| 万座温泉 | 日進館 | 群馬県吾妻郡嬬恋村大字干俣2401 | 宿泊 | 第1作 |
| 万座温泉 | 湯の花旅館 | 群馬県吾妻郡嬬恋村大字干俣2401 | 宿泊 | 第2作 |
| 万座温泉 | 豊国館 | 群馬県吾妻郡嬬恋村干俣2401 | 宿泊 | 第3作 |
| 鬼押温泉 | ホテル軽井沢1130 | 群馬県吾妻郡嬬恋村鎌原1453-2 | 宿泊 | 第3作 |
| 草津温泉 | 煮川の湯、白旗の湯など共同湯19湯 | 群馬県吾妻郡草津町草津 | 日帰り | 第1作 |

| 温泉 | 施設 | 所在地 | 宿/日 | 収録刊 |
|---|---|---|---|---|
| 草津温泉 | 奈良屋旅館<br>(温泉外来・館内貸切風呂　休止) | 群馬県吾妻郡草津町草津396 | 宿泊 | 第1作 |
| 草津温泉 | ての字屋 | 群馬県吾妻郡草津町草津360 | 宿泊 | 第1作 |
| 草津温泉 | 草津館 | 群馬県吾妻郡草津町草津甲419 | 宿泊 | 第1作 |
| 草津温泉 | 元湯　泉水館 | 群馬県吾妻郡草津町草津478 | 宿泊 | 第2作 |
| 草津温泉 | 月洲屋 | 群馬県吾妻郡草津町草津地蔵303 | 宿泊 | 第2作 |
| 草津温泉 | 日新館 | 群馬県吾妻郡草津町草津368 | 宿泊 | 第3作 |
| 松の湯温泉 | 松渓館 | 群馬県吾妻郡東吾妻町松谷937-3 | 宿泊 | 第1作 |
| 幡谷温泉 | ささの湯 | 群馬県利根郡片品村幡谷535 | 宿泊 | 第2作 |
| 座禅温泉 | シャレー丸沼 | 群馬県利根郡片品村大字東小川4658-58 | 宿泊 | 第3作 |
| 白根温泉 | 大露天風呂薬師之湯 | 群馬県利根郡片品村東小川4667 | 日帰り | 第3作 |
| 湯宿温泉 | 旅館6軒、共同湯4湯 | 群馬県利根郡みなかみ町湯宿温泉 | 宿泊 | 第1作 |
| 法師温泉 | 長寿館 | 群馬県利根郡みなかみ町永井650 | 宿泊 | 第1作 |
| 湯宿温泉 | 湯本館 | 群馬県利根郡みなかみ町湯宿温泉甲2381 | 宿泊 | 第2作 |
| 猿ヶ京温泉 | 公衆浴場いこいの湯 | 群馬県利根郡みなかみ町猿ヶ京温泉346 | 日帰り | 第2作 |
| 宝川温泉 | 汪泉閣 | 群馬県利根郡みなかみ町藤原1899 | 宿泊 | 第3作 |
| 水上温泉 | 天野屋旅館 | 群馬県利根郡みなかみ町湯原804 | 宿泊 | 第3作 |
| | 鈴森の湯 | 群馬県利根郡みなかみ町阿能川1009-2 | 日帰り | 第3作 |
| 湯の小屋温泉 | ハレルヤ山荘 | 群馬県利根郡みなかみ町藤原6289-4 | 日帰り | 第3作 |
| 水上温泉 | 温泉センター<br>諏訪ノ湯 | 群馬県利根郡みなかみ町高日向448-30 | 日帰り | 第3作 |
| **埼玉県** | | | | |
| | 森のせせらぎ　なごみ | 埼玉県久喜市江面1574-1 | 日帰り | 第2作 |
| | 百観音温泉 | 埼玉県久喜市西大輪2-19-1 | 日帰り | 第3作 |
| 早稲田天然温泉 | めぐみの湯 | 埼玉県三郷市仁蔵193-3 | 日帰り | 第3作 |
| **千葉県** | | | | |
| | 小糸川温泉 | 千葉県君津市日渡根206 | 日帰り | 第2作 |
| 亀山温泉 | 亀山温泉ホテル | 千葉県君津市豊田65 | 宿泊 | 第3作 |
| | いろりの宿<br>七里川温泉 | 千葉県君津市黄和田畑921-1 | 宿泊 | 第3作 |
| 濃溝(のうみぞ)温泉 | 千寿の湯 | 千葉県君津市笹1954-17 | 日帰り | 第3作 |
| | SPA&HOTEL<br>舞浜ユーラシア | 千葉県浦安市千鳥13−20 | 宿泊 | 第3作 |
| 成田空港温泉 | 空の湯 | 千葉県山武郡芝山町香山新田27-1 | 宿泊 | 第3作 |
| 養老渓谷温泉 | 川の家 | 千葉県夷隅郡大多喜町葛藤932 | 宿泊 | 第1作 |

| 温泉 | 施設 | 所在地 | 宿/日 | 収録刊 |
|---|---|---|---|---|
| **東京都** | | | | |
| 武蔵小山温泉 | 清水湯 | 東京都品川区小山3-9-1 | 日帰り | 第3作 |
| 蒲田温泉 | SPA&HOTEL和 | 東京都大田区西蒲田7-4-12 | 宿泊 | 第2作 |
| 前野原温泉 | さやの湯処 | 東京都板橋区前野町3-41-1 | 日帰り | 第1作 |
| | 地鉈温泉 | 東京都新島村式根島 | 日帰り | 第2作 |
| | 湯の浜露天温泉 | 東京都新島村本村 | 日帰り | 第2作 |
| 神津島温泉 | 神津島温泉保養センター | 東京都神津島村字錆崎1-1 | 日帰り | 第1作 |
| 八丈島の温泉 | 洞輪沢共同浴場 | 東京都八丈島八丈町末吉 | 日帰り | 第1作 |
| 八丈島の温泉 | 裏見ケ滝温泉、<br>末吉温泉みはらしの湯 | 東京都八丈島八丈町中之郷 | 日帰り | 第3作 |
| **神奈川県** | | | | |
| かぶと湯温泉 | 山水楼 | 神奈川県厚木市七沢2062 | 宿泊 | 第1作 |
| 箱根湯本温泉 | 萬寿福（ますふく）旅館 | 神奈川県足柄下郡箱根町湯本638 | 宿泊 | 第3作 |
| 箱根湯本温泉 | 萬翠楼 福住 | 神奈川県足柄下郡箱根町湯本643 | 宿泊 | 第3作 |
| 箱根湯本温泉 | かっぱ天国 | 神奈川県足柄下郡箱根町湯本777 | 日帰り | 第3作 |
| 箱根湯本温泉 | 和泉（いずみ） | 神奈川県足柄下郡箱根町湯本657 | 日帰り | 第3作 |
| 箱根芦之湯温泉 | きのくにや旅館 | 神奈川県足柄下郡箱根町芦之湯8 | 宿泊 | 第2作 |
| 箱根芦之湯温泉 | 松坂屋本店 | 神奈川県足柄下郡箱根町芦之湯57 | 宿泊 | 第3作 |
| 箱根姥子温泉 | 秀明館 | 神奈川県足柄下郡箱根町元箱根110-1 | 日帰り | 第1作 |
| 箱根強羅温泉 | 箱根太陽山荘 | 神奈川県足柄下郡箱根町強羅1320-375 | 宿泊 | 第3作 |
| 箱根塔ノ沢温泉 | 元湯　環翠楼 | 神奈川県足柄下郡箱根町塔之沢88 | 宿泊 | 第3作 |
| 箱根塔ノ沢温泉 | 福住楼 | 神奈川県足柄下郡箱根町塔之澤74 | 宿泊 | 第3作 |
| 箱根宮ノ下温泉 | 月廼屋（つきのや）旅館 | 神奈川県足柄下郡箱根町宮ノ下413 | 宿泊 | 第3作 |
| 箱根仙石原温泉 | かま家 | 神奈川県足柄下郡箱根町仙石原817 | 日帰り | 第2作 |
| | 箱根高原ホテル | 神奈川県足柄下郡箱根町元箱根164 | 宿泊 | 第3作 |
| | 箱根湯の花<br>プリンスホテル | 神奈川県足柄下郡箱根町芦之湯93 | 宿泊 | 第3作 |
| 湯河原温泉 | 伊豆屋旅館 | 神奈川県足利郡下部湯河原町宮上610 | 宿泊 | 第1作 |
| 湯河原温泉 | ままねの湯 | 神奈川県足柄下郡湯河原町宮上616 | 日帰り | 第2作 |
| 湯河原温泉 | 源泉上野屋 | 神奈川県足柄下郡湯河原町宮上616 | 宿泊 | 第3作 |
| **新潟県** | | | | |
| 新津温泉 | 新津温泉 | 新潟県新潟市秋葉区新津本町4-17-13 | 日帰り | 第1作 |
| 岩室温泉 | だいろの湯 | 新潟県新潟市西蒲区石瀬3250 | 日帰り | 第3作 |
| 長岡温泉 | 湯元舘 | 新潟県長岡市高畑町42 | 宿泊 | 第3作 |
| | 寺宝（じほう）温泉 | 新潟県長岡市寺宝町82 | 宿泊 | 第3作 |

| 温泉 | 施設 | 所在地 | 宿/日 | 収録刊 |
|---|---|---|---|---|
| | 桂温泉 | 新潟県長岡市桂町1527 | 日帰り | 第3作 |
| | えちご川口温泉リゾート | 新潟県長岡市川口中山2515-3 | 日帰り | 第3作 |
| 月岡温泉 | ゲストハウスたいよう | 新潟県新発田市月岡温泉370-2 | 宿泊 | 第2作 |
| 清津峡温泉 | 清津館 | 新潟県十日町市小出癸2126-1 | 宿泊 | 第1作 |
| 松之山温泉 | みよしや | 新潟県十日町市松之山湯本19-1 | 宿泊 | 第1作 |
| 松之山温泉 | 白川屋旅館 | 新潟県十日町市松之山湯本55-1 | 宿泊 | 第2作 |
| 松之山温泉 | ひなの宿ちとせ | 新潟県十日町市松之山湯本49-1 | 宿泊 | 第3作 |
| 笹倉温泉 | 龍雲荘 | 新潟県糸魚川市大平5804 | 宿泊 | 第2作 |
| 蓮華温泉 | 白馬岳蓮華温泉ロッジ | 新潟県糸魚川市大所991 | 宿泊 | 第2作 |
| | 梶山元湯 | 新潟県糸魚川市梶山 | 日帰り | 第2作 |
| 燕温泉 | 花文 | 新潟県妙高市燕温泉 | 宿泊 | 第1作 |
| 関温泉 | 中村屋旅館 | 新潟県妙高市関温泉 | 宿泊 | 第2作 |
| 燕温泉 | 黄金の湯、河原の湯 | 新潟県妙高市燕温泉 | 日帰り | 第2作 |
| 瀬波温泉 | 大和屋旅館 | 新潟県村上市瀬波温泉2-5-28 | 宿泊 | 第2作 |
| 瀬波温泉 | 木もれびの宿　ゆのか | 新潟県村上市瀬波温泉2-4-17 | 宿泊 | 第3作 |
| 咲花温泉 | 柳水園 | 新潟県五泉市大字佐取7241 | 宿泊 | 第1作 |
| 咲花温泉 | 望川閣 | 新潟県五泉市大字佐取2869 | 宿泊 | 第1作 |
| 咲花温泉 | 一水荘（いっすいそう） | 新潟県五泉市大字佐取7209 | 宿泊 | 第3作 |
| 出湯（でゆ）温泉 | 華報寺（けほうじ）共同浴場 | 新潟県阿賀野市出湯794 | 日帰り | 第3作 |
| 佐渡八幡温泉 | 八幡館 | 新潟県佐渡市八幡2043 | 宿泊 | 第2作 |
| 駒の湯温泉 | 駒の湯山荘 | 新潟県魚沼市大湯温泉719-1 | 宿泊 | 第1作 |
| 栃尾又温泉 | 宝巌堂 | 新潟県魚沼市上折立60-乙 | 宿泊 | 第2作 |
| 折立温泉 | やまきや旅館 | 新潟県魚沼市下折立528 | 宿泊 | 第2作 |
| 五十沢温泉 | ゆもとかん | 新潟県南魚沼市宮17-4 | 宿泊 | 第1作 |
| 大沢山温泉 | 幽谷荘 | 新潟県南魚沼市大沢1233 | 宿泊 | 第2作 |
| | 西方の湯 | 新潟県胎内市中村浜上畑2-29 | 宿泊 | 第1作 |
| 三川温泉 | 湯元館 | 新潟県東蒲原郡阿賀町五十沢1054 | 宿泊 | 第2作 |
| 角神温泉 | ホテル角神（つのがみ） | 新潟県東蒲原郡阿賀町鹿瀬11840 | 宿泊 | 第3作 |
| かのせ温泉 | 赤湯 | 新潟県東蒲原郡阿賀町鹿瀬11540-1 | 日帰り | 第3作 |
| 赤湯温泉 | 山口館 | 新潟県南魚沼郡湯沢町苗場山5合目 | 日帰り | 第1作 |
| | 目の温泉　貝掛温泉 | 新潟県南魚沼郡湯沢町三俣686 | 宿泊 | 第3作 |
| 越後湯沢温泉 | 神泉の湯 | 新潟県南魚沼郡湯沢町大字神立3448-1 | 日帰り | 第3作 |
| 逆巻温泉 | 川津屋 | 新潟県中魚沼郡津南町結東丑84-1 | 宿泊 | 第1作 |
| えちごせきかわ温泉 | 雲母共同浴場、上関共同浴場、湯沢共同浴場 | 新潟県岩船郡関川村 | 日帰り | 第2作 |
| 越後高瀬温泉 | 古川館 | 新潟県岩船郡関川村高瀬231-44 | 宿泊 | 第3作 |

| 温泉 | 施設 | 所在地 | 宿/日 | 収録刊 |
|---|---|---|---|---|
| **富山県** | | | | |
| 金太郎温泉 | 金太郎温泉 | 富山県魚津市天神野新6000 | 宿泊 | 第1作 |
| 氷見温泉郷 | くつろぎの宿 うみあかり | 富山県氷見市宇波10-1（灘浦海岸） | 宿泊 | 第2作 |
| | 神代（こうじろ）温泉 | 富山県氷見市神代3021 | 日帰り | 第2作 |
| | 名剣温泉 | 富山県黒部市宇奈月町欅平 | 宿泊 | 第2作 |
| | 祖母谷（ばばたに）温泉 | 富山県黒部市黒部奥山国有林 | 宿泊 | 第2作 |
| | 黒薙温泉旅館 | 富山県黒部市宇奈月町浦山黒薙 | 宿泊 | 第3作 |
| 庄川湯谷温泉 | 湯谷温泉旅館 | 富山県砺波市庄川町湯谷235 | 日帰り | 第1作 |
| | 法林寺温泉 | 富山県南砺市法林寺4944 | 宿泊 | 第3作 |
| | 天然温泉　海王 | 富山県射水市鏡宮361 | 日帰り | 第3作 |
| | みくりが池温泉 | 富山県中新川郡立山町室堂平 | 宿泊 | 第2作 |
| | たから温泉 | 富山県下新川郡朝日町境642-1 | 宿泊 | 第2作 |
| **石川県** | | | | |
| 湯涌板ヶ谷温泉 | 銭がめ | 石川県金沢市板ヶ谷町イ50 | 宿泊 | 第2作 |
| | 金城温泉元湯 | 石川県金沢市赤土町ト100-2 | 日帰り | 第2作 |
| 金沢温泉 | 金石荘（かないわそう） | 石川県金沢市金石本町ニ91 | 宿泊 | 第3作 |
| 湯川温泉 | 龍王閣 | 石川県七尾市湯川町47-35-1 | 宿泊 | 第1作 |
| | 天然温泉　西圓寺温泉 | 石川県小松市野田町丁68 | 日帰り | 第2作 |
| 山代温泉 | 古総湯 | 石川県加賀市山代温泉18-128 | 日帰り | 第1作 |
| 白山すぎのこ温泉 | 白山すぎのこ温泉 | 石川県白山市佐良タ121 | 日帰り | 第1作 |
| 中宮（ちゅうぐう）温泉 | にしやま旅館 | 石川県白山市中宮ク5-1-12 | 宿泊 | 第2作 |
| 美川温泉 | 安産の湯 | 石川県白山市平加町ワ76-2 | 日帰り | 第2作 |
| 中宮（ちゅうぐう）温泉 | 湯宿くろゆり | 石川県白山市中宮ク5-32 | 宿泊 | 第3作 |
| | 松任千代野温泉 | 石川県白山市米永町275-1 | 日帰り | 第3作 |
| 千里浜なぎさ温泉 | 里湯ちりはま | 石川県羽咋郡宝達志水町今浜北93 | 宿泊 | 第2作 |
| **福井県** | | | | |
| | 民宿舎　鷹巣荘 | 福井県福井市蓑町3-11-1 | 宿泊 | 第3作 |
| **山梨県** | | | | |
| | 草津温泉 | 山梨県甲府市上石田1-10-12 | 日帰り | 第1作 |
| 湯村温泉郷 | 杖温泉　弘法湯 | 山梨県甲府市湯村3-16-16 | 宿泊 | 第2作 |
| 甲府温泉 | シャトレーゼホテル談露館 | 山梨県甲府市丸の内1-19-16 | 宿泊 | 第3作 |
| | 山宮温泉 | 山梨県甲府市山宮町2532 | 日帰り | 第3作 |
| | 新遊亀温泉 | 山梨県甲府市太田町11-5 | 日帰り | 第3作 |

| 温泉 | 施設 | 所在地 | 宿/日 | 収録刊 |
|---|---|---|---|---|
| 岩下温泉 | 岩下温泉旅館 | 山梨県山梨市上岩下1053 | 宿泊 | 第1作 |
| 川浦温泉 | 山県館 | 山梨県山梨市三富川浦1140 | 宿泊 | 第2作 |
| | はやぶさ温泉 | 山梨県山梨市牧丘町隼818-1 | 日帰り | 第2作 |
| 三富温泉郷 | 白龍閣 | 山梨県山梨市三富川浦297 | 宿泊 | 第3作 |
| 正徳寺温泉 | 初花 | 山梨県山梨市正徳寺1093－1 | 日帰り | 第3作 |
| 韮崎旭温泉 | 韮崎旭温泉 | 山梨県韮崎市旭町上條中割391 | 日帰り | 第1作 |
| 増富ラジウム温泉 | 不老閣 | 山梨県北杜市須玉町小尾6672 | 宿泊 | 第1作 |
| | 玉川温泉 | 山梨県甲斐市玉川1038-1 | 日帰り | 第1作 |
| 竜王ラドン温泉 | 湯ーとぴあ | 山梨県甲斐市富竹新田1300-1 | 宿泊 | 第3作 |
| | 山口温泉 | 山梨県甲斐市篠原477 | 日帰り | 第3作 |
| 裂石温泉 | 雲峰荘 | 山梨県甲州市塩山上萩原2715-23 | 宿泊 | 第3作 |
| 奈良田温泉 | 白根館 | 山梨県南巨摩郡早川町奈良田344 | 宿泊 | 第1作 |
| 西山温泉 | 蓬莱館 | 山梨県南巨摩郡早川町湯島73 | 宿泊 | 第2作 |
| 西山温泉 | 湯島の湯 | 山梨県南巨摩郡早川町湯島1780-7 | 日帰り | 第3作 |
| 下部温泉 | 古湯坊　源泉舘 | 山梨県南巨摩郡身延町下部45 | 宿泊 | 第1作 |
| 下部温泉 | 湯元ホテル | 山梨県南巨摩郡身延町下部35 | 宿泊 | 第2作 |
| 湯沢温泉 | 不二ホテル | 山梨県南巨摩郡身延町上之平1525 | 宿泊 | 第3作 |
| 佐野川温泉 | 佐野川温泉 | 山梨県南巨摩郡南部町井出3482-1 | 宿泊 | 第1作 |
| | 奥山温泉 | 山梨県南巨摩郡南部町福士26842 | 宿泊 | 第2作 |
| | ホテル昭和 | 山梨県中巨摩郡昭和町西条3682-1 | 宿泊 | 第2作 |
| | 甲府昭和温泉ビジネスホテル | 山梨県中巨摩郡昭和町押越2223 | 宿泊 | 第3作 |

## 長野県

| | | | | |
|---|---|---|---|---|
| 松代(まつしろ)温泉 | 黄金の湯　松代荘 | 長野県長野市松代町東条3541 | 宿泊 | 第3作 |
| | 裾花峡(すそばなきょう)天然温泉宿　うるおい館 | 長野県長野市妻科98 | 宿泊 | 第3作 |
| 白骨温泉 | 泡の湯 | 長野県松本市安曇4181 | 宿泊 | 第1作 |
| 白骨温泉 | 湯元齋藤別館 | 長野県松本市安曇白骨温泉4195 | 宿泊 | 第2作 |
| 白骨温泉 | 湯元齋藤旅館 | 長野県松本市安曇白骨温泉4195 | 宿泊 | 第3作 |
| 白骨温泉 | 公共野天風呂 | 長野県松本市安曇4197-4 | 日帰り | 第3作 |
| 浅間温泉 | 尾上の湯旅館 | 長野県松本市浅間温泉3-4-18 | 宿泊 | 第2作 |
| 浅間温泉 | 香蘭荘 | 長野県松本市浅間温泉3-4-15 | 宿泊 | 第3作 |
| 乗鞍高原温泉 | 温泉宿 山栄荘 | 長野県松本市安曇4085-68 | 宿泊 | 第2作 |
| 上高地温泉 | 上高地温泉ホテル | 長野県松本市安曇上高地4469-1 | 宿泊 | 第2作 |
| 美ヶ原温泉 | 百日紅の宿　丸中旅館 | 長野県松本市大字里山辺451 | 宿泊 | 第3作 |
| 乗鞍高原温泉 | 青葉荘 | 長野県松本市安曇3952-2 | 宿泊 | 第3作 |

| 温泉 | 施設 | 所在地 | 宿/日 | 収録刊 |
|---|---|---|---|---|
| 扉温泉 | 桧の湯 | 長野県松本市入山辺8967-4-28 | 日帰り | 第3作 |
| 鹿教湯（かけゆ）温泉 | ふぢや旅館 | 長野県上田市鹿教湯温泉1373-3 | 宿泊 | 第2作 |
| 大塩温泉 | 湯元旭館<br>（コロナ期間中休館だったが現在は不明） | 長野県上田市西内大塩769-2 | 宿泊 | 第2作 |
| 鹿教湯温泉 | ホテル天竜閣※ | 長野県上田市西内916-5 | 日帰り | 第2作 |
| 鹿教湯温泉 | 高梨共同浴場 | 長野県上田市西内885-1 | 日帰り | 第3作 |
| | 千古温泉 | 長野県上田市真田町長6395-1 | 日帰り | 第3作 |
| 別所温泉 | 大師湯（たいしゆ） | 長野県上田市別所温泉1652-1 | 日帰り | 第3作 |
| 霊泉寺温泉 | 共同浴場 | 長野県上田市平井2515-2 | 日帰り | 第3作 |
| 上諏訪温泉 | 大和温泉 | 長野県諏訪市小和田17-5 | 日帰り | 第1作 |
| 高峰温泉 | 高峰温泉 | 長野県小諸市菱平704-1高峰高原 | 宿泊 | 第1作 |
| 天狗温泉 | 浅間山荘 | 長野県小諸市甲又4766-2 | 宿泊 | 第2作 |
| 葛温泉 | 髙瀬舘 | 長野県大町市平高瀬入2118-13 | 宿泊 | 第2作 |
| 湯俣温泉 | 晴嵐荘 | 長野県大町市大町九日町2450 | 宿泊 | 第2作 |
| 葛温泉 | 仙人閣 | 長野県大町市平2118 | 宿泊 | 第3作 |
| | 渋御殿湯 | 長野県茅野市北山5520-3 | 宿泊 | 第1作 |
| 八ヶ岳縄文<br>天然温泉 | 尖石の湯 | 長野県茅野市豊平10246-1 | 宿泊 | 第2作 |
| 蓼科温泉 | 小斉の湯 | 長野県茅野市北山蓼科4035 | 日帰り | 第2作 |
| 戸倉上山田温泉 | 千曲館 | 長野県千曲市上山田温泉1-33-4 | 宿泊 | 第1作 |
| 戸倉上山田温泉 | 国民温泉 | 長野県千曲市大字戸倉字芝宮2228-2 | 日帰り | 第1作 |
| 戸倉上山田温泉 | 戸倉観世温泉 | 長野県千曲市磯部1096-1 | 日帰り | 第2作 |
| 戸倉上山田温泉 | 旬樹庵　湯本柏屋 | 長野県千曲市上山田温泉1-39-3 | 宿泊 | 第3作 |
| 中房温泉 | 中房温泉 | 長野県安曇野市穂高有明7226 | 宿泊 | 第1作 |
| 有明温泉 | 国民宿舎有明荘 | 長野県安曇野市有明中房 | 宿泊 | 第3作 |
| 安曇野穂高温泉郷 | 富士尾山荘 | 長野県安曇野市穂高有明2184-104 | 宿泊 | 第3作 |
| 本沢温泉 | 本沢温泉 | 長野県南佐久郡南牧村海尻 | 日帰り | 第1作 |
| | 軽井沢千ヶ滝温泉 | 長野県北佐久郡軽井沢町千ヶ滝温泉 | 日帰り | 第2作 |
| 田沢温泉 | 有乳湯 | 長野県小県郡青木村大字田沢2700 | 日帰り | 第1作 |
| 田沢温泉 | ますや旅館 | 長野県小県郡青木村田沢2686 | 宿泊 | 第3作 |
| 田沢温泉 | 富士屋 | 長野県小県郡青木村田沢温泉2689 | 宿泊 | 第3作 |
| 沓掛温泉 | 小倉乃湯 | 長野県小県郡青木村沓掛419-1 | 日帰り | 第2作 |
| 下諏訪温泉 | 菅野温泉 | 長野県下諏訪郡下諏訪町大社通3239-1 | 日帰り | 第2作 |
| 下諏訪温泉 | みなとや旅館 | 長野県諏訪郡下諏訪町立町3532 | 宿泊 | 第1作 |
| 下諏訪温泉 | 新湯 | 長野県諏訪郡下諏訪町御田町上3154-3 | 日帰り | 第3作 |
| 毒沢鉱泉 | 旅館　宮乃湯 | 長野県諏訪郡下諏訪町星が丘1877 | 宿泊 | 第2作 |

| 温泉 | 施設 | 所在地 | 宿/日 | 収録刊 |
| --- | --- | --- | --- | --- |
| 鹿塩温泉 | 湯元　山塩館 | 長野県下伊那郡大鹿村鹿塩631 | 宿泊 | 第2作 |
|  | 桟（かけはし）温泉旅館 | 長野県木曽郡上松町上松1350-3 | 宿泊 | 第3作 |
| 釜沼温泉 | 大喜泉 | 長野県木曽郡木曽町三岳10869 | 宿泊 | 第2作 |
| きそふくしま温泉 | 二本木の湯 | 長野県木曽郡木曽町新開6013-1 | 日帰り | 第2作 |
|  | 鹿の瀬（かのせ）温泉 | 長野県木曽郡木曽町三岳瀬戸ノ原1-8 | 宿泊 | 第3作 |
| 白馬八方温泉 | おびなたの湯 | 長野県北安曇郡白馬村北城9346-1 | 日帰り | 第1作 |
| 白馬塩の道温泉 | 倉下の湯 | 長野県北安曇郡白馬村北城9549-8 | 日帰り | 第3作 |
| 小谷温泉 | 山田旅館 | 長野県北安曇郡小谷村中土18836 | 宿泊 | 第1作 |
| 小谷温泉 | 雨飾荘 | 長野県北安曇郡小谷村中土18926-1 | 宿泊 | 第2作 |
| 姫川温泉 | ホテル白馬荘 | 長野県北安曇郡小谷村北小谷9922-5 | 宿泊 | 第2作 |
| 来馬（くるま）温泉 | 風吹荘（かざふきそう） | 長野県北安曇郡小谷村北小谷1283-1 | 宿泊 | 第3作 |
| 湯原温泉 | 猫鼻の湯 | 長野県安曇郡小谷村大字北小谷字道筋3634-2 | 日帰り | 第1作 |
| 七味温泉 | 紅葉館 | 長野県上高井郡高山村牧2974-45 | 宿泊 | 第1作 |
| 松川渓谷温泉 | 滝の湯 | 長野県上高井郡高山村奥山田3681-377 | 宿泊 | 第1作 |
| 奥山田温泉 | レッドウッドイン | 長野県上高井郡高山村奥山田3681-347 | 宿泊 | 第2作 |
| 松川渓谷温泉 | 滝の湯 | 長野県上高井郡高山村奥山田3681-377 | 日帰り | 第2作 |
| 山田温泉 | 心を整える宿　風景館 | 長野県上高井郡高山村奥山田3598 | 宿泊 | 第3作 |
|  | 子安温泉 | 長野県上高井郡高山村牧783 | 日帰り | 第3作 |
| 渋温泉 | 金具屋 | 長野県下高井郡山ノ内町平穏2202 | 宿泊 | 第1作 |
| 渋温泉 | かめや旅館 | 長野県下高井郡山ノ内町大字平隠2065 | 宿泊 | 第2作 |
| 渋温泉 | 大湯、初湯 | 長野県下高井郡山ノ内町渋温泉 | 日帰り | 第3作 |
| 渋温泉 | 六番目洗いの湯など共同湯9湯 | 長野県下水内郡山ノ内町大字平穏2038他 | 日帰り | 第1作 |
| 湯田中温泉 | よろづや | 長野県下高井郡山ノ内町平穏3137 | 宿泊 | 第1作 |
| 湯田中温泉 | まるか旅館 | 長野県下高井郡山ノ内町平穏3109 | 宿泊 | 第2作 |
| 角間温泉 | 大湯、滝の湯、新田の湯 | 長野県下高井郡山ノ内町佐野 | 日帰り | 第1作 |
| 熊の湯温泉 | 熊の湯温泉 | 長野県下高井郡山ノ内町平穏7148 | 宿泊 | 第1作 |
| 熊の湯温泉 | 熊の湯ホテル | 長野県下高井郡山ノ内町平穏7148 | 宿泊 | 第2作 |
| 安代温泉 | 温泉旅館　安代館 | 長野県下高井郡山ノ内町平穏2305 | 宿泊 | 第2作 |
| 湯田中渋温泉郷安代温泉 | 山崎屋旅館 | 長野県下高井郡山ノ内町安代温泉2299 | 宿泊 | 第3作 |
| 湯田中渋温泉郷穂波温泉 | 湯の原旅館 | 長野県下高井郡山ノ内町穂波1477-5 | 宿泊 | 第3作 |
| 湯田中渋温泉郷星川温泉 | 志なのや旅館 | 長野県下高井郡山ノ内町平穏2925-12 | 宿泊 | 第3作 |
| 角間温泉 | ようだや旅館 | 長野県下高井郡山ノ内町佐野2348 | 宿泊 | 第3作 |

| 温泉 | 施設 | 所在地 | 宿/日 | 収録刊 |
|---|---|---|---|---|
| 熊の湯・硯川温泉 | 硯川ホテル | 長野県下高井郡山ノ内町大字平隠7148 | 宿泊 | 第3作 |
| 野沢温泉 | 大湯、滝の湯、河原湯など共同湯13湯 | 長野県下高井郡野沢温泉村 | 日帰り | 第1作 |
| 野沢温泉 | さかや | 長野県下高井郡野沢温泉村豊郷9329 | 宿泊 | 第1作 |
| 野沢温泉 | 清風館 | 長野県下高井郡野沢温泉村豊郷8670-1 | 宿泊 | 第2作 |
| 野沢温泉 | 常盤屋旅館 | 長野県下高井郡野沢温泉村豊郷9347 | 宿泊 | 第3作 |
| 野沢温泉 | 真湯温泉、熊の手洗湯(くまのてあらゆ) | 長野県下高井郡野沢温泉村豊郷 | 日帰り | 第3作 |
| 野沢温泉 | 瀧の湯、十王堂の湯 | 長野県下高井郡野沢温泉村豊郷 | 日帰り | 第3作 |
| 小赤沢温泉 | 楽養館 | 長野県下水内郡栄村大字堺18210 | 宿泊 | 第1作 |
| 切明温泉 | 河原の手堀り野天風呂 | 長野県下水内郡栄村大字堺17878-2 | 日帰り | 第1作 |
| 屋敷温泉 | 秀清館 | 長野県下水内郡栄村17599-3 | 宿泊 | 第1作 |

## 岐 阜 県

| | | | | |
|---|---|---|---|---|
| 新平湯温泉 | 旅館藤屋 | 岐阜県高山市奥飛騨温泉郷一重ヶ根1757-1 | 宿泊 | 第1作 |
| 福地温泉 | 元湯　孫九郎 | 岐阜県高山市奥飛騨温泉郷福地1005 | 宿泊 | 第1作 |
| | 奥飛騨ガーデンホテル焼岳 | 岐阜県高山市奥飛騨温泉郷一重ヶ根2498-1 | 宿泊 | 第1作 |
| 奥飛騨温泉郷新穂高温泉 | 水明館　佳留萱山荘 | 岐阜県高山市奥飛騨温泉郷神坂555 | 宿泊 | 第1作 |
| 奥飛騨温泉郷新穂高温泉 | 深山荘 | 岐阜県高山市奥飛騨温泉郷新穂高温泉 | 宿泊 | 第2作 |
| 奥飛騨温泉郷新穂高温泉 | 槍見舘 | 岐阜県高山市奥飛騨温泉郷神坂587 | 宿泊 | 第3作 |
| 奥飛騨温泉郷新穂高温泉 | 中崎山荘 | 岐阜県高山市奥飛騨温泉郷神坂710 | 日帰り | 第3作 |
| 奥飛騨温泉郷平湯温泉 | 平湯の湯 | 岐阜県高山市奥飛騨温泉郷平湯29 | 日帰り | 第2作 |
| 奥飛騨温泉郷平湯温泉 | ひらゆの森 | 岐阜県高山市奥飛騨温泉郷平湯763-1 | 宿泊 | 第3作 |
| 荒城温泉 | 恵比寿之湯 | 岐阜県高山市丹生川町折敷地415 | 日帰り | 第1作 |
| 稲荷温泉 | 不老荘 | 岐阜県瑞浪市稲津町小里555 | 宿泊 | 第3作 |
| 湯屋温泉 | 泉岳館 | 岐阜県下呂市小坂町湯屋427-1 | 宿泊 | 第1作 |
| 湯屋温泉 | 炭酸泉　奥田屋 | 岐阜県下呂市小坂町湯屋572 | 宿泊 | 第2作 |
| 下呂温泉 | 菊半旅館 | 岐阜県下呂市湯之島281 | 宿泊 | 第2作 |
| 濁河温泉 | 濁河温泉ロッジ | 岐阜県下呂市小坂町落合2376-1 | 宿泊 | 第3作 |

## 静 岡 県

| | | | | |
|---|---|---|---|---|
| 平山温泉 | 龍泉荘 | 静岡県静岡市葵区平山136-2 | 日帰り | 第1作 |

| 温泉 | 施設 | 所在地 | 宿/日 | 収録刊 |
|---|---|---|---|---|
| 梅ヶ島温泉 | 梅薫楼 | 静岡県静岡市梅ヶ島5258-4 | 宿泊 | 第1作 |
| 梅ヶ島温泉 | 泉屋旅館 | 静岡県静岡市葵区梅ケ島5258-10 | 宿泊 | 第3作 |
| 網代温泉 | 平鶴 | 静岡県熱海市下多賀493 | 宿泊 | 第1作 |
| 熱海温泉 | 日航亭大湯※ | 静岡県熱海市上宿町5-26 | 日帰り | 第1作 |
| 熱海温泉 | 竜宮閣 | 静岡県熱海市田原本町1-14 | 宿泊 | 第1作 |
| 熱海温泉 | 山田湯 | 静岡県熱海市和田町3-9 | 日帰り | 第2作 |
| 熱海温泉 | 芳泉閣 | 静岡県熱海市西山町16-6 | 宿泊 | 第3作 |
| 伊豆山温泉 | 浜浴場 | 静岡県熱海市伊豆山浜579-37 | 日帰り | 第1作 |
| 伊東温泉 | 大東館 | 静岡県伊東市末広町2-23 | 宿泊 | 第1作 |
| 伊東温泉 | 梅屋旅館 | 静岡県伊東市猪戸1-6-5 | 宿泊 | 第1作 |
| 伊東温泉 | 東海館 | 静岡県伊東市東松原町12-10 | 日帰り | 第2作 |
| 伊東温泉 | 陽気館 | 静岡県伊東市末広町2-24 | 宿泊 | 第3作 |
| 伊東温泉 | ケイズハウス伊東温泉 | 静岡県伊東市東松原町12-13 | 宿泊 | 第3作 |
| 川根温泉 | ふれあいの泉 | 静岡県島田市川根町笹間渡220 | 日帰り | 第3作 |
| 焼津黒潮温泉 | 元湯　なかむら館 | 静岡県焼津市駅北1-14-7 | 日帰り | 第3作 |
| 倉真赤石温泉 | 倉真赤石温泉 | 静岡県掛川市倉真赤石5986 | 日帰り | 第1作 |
| 蓮台寺温泉 | 金谷旅館 | 静岡県下田市河内114-2 | 宿泊 | 第1作 |
|  | 昭吉の湯 | 静岡県下田市横川1066-24 | 日帰り | 第1作 |
| 観音温泉 | 観音プリンシプル | 静岡県下田市横川1092-1 | 日帰り | 第3作 |
| 湯ヶ島温泉 | 世古の大湯<br>(2020年頃、コロナにて休業中であったが現在は不明) | 静岡県伊豆市天城湯ヶ島1964 | 日帰り | 第1作 |
| 湯ヶ野温泉 | 川端の宿湯本館 | 静岡県伊豆市湯ケ島1656-1 | 宿泊 | 第3作 |
| 湯ヶ島温泉 | 河鹿の湯 | 静岡県伊豆市湯ヶ島1650-3 | 日帰り | 第3作 |
| 冷川温泉 | ごぜんの湯※ | 静岡県伊豆市冷川999-2 | 宿泊 | 第1作 |
| 土肥温泉 | 元湯、楠の湯、<br>弁天の湯、黄金の湯 | 静岡県伊豆市土肥 | 日帰り | 第2作 |
| 白岩温泉 | 希望園 | 静岡県伊豆市上白岩1516 | 日帰り | 第3作 |
|  | 源泉駒の湯荘 | 静岡県伊豆の国市奈古谷1882-1 | 日帰り | 第3作 |
| 伊豆熱川温泉 | たかみホテル | 静岡県賀茂郡東伊豆町熱川 | 宿泊 | 第2作 |
| 北川(ほっかわ)温泉 | 黒根岩風呂 | 静岡県賀茂郡東伊豆町北川温泉 | 日帰り | 第2作 |
| 伊豆大川温泉 | 磯の湯 | 静岡県賀茂郡東伊豆町大川 | 日帰り | 第3作 |
| 湯ヶ野温泉 | 福田屋 | 静岡県賀茂郡河津町湯ヶ野236 | 宿泊 | 第1作 |
| 大滝温泉 | 天城荘 | 静岡県賀茂郡河津町梨本359 | 宿泊 | 第2作 |
| 河津峰温泉 | 花舞竹の庄 | 静岡県賀茂郡河津町峰487-2 | 宿泊 | 第2作 |
| 今井浜温泉 | 舟戸の番屋露天風呂 | 静岡県賀茂郡河津町見高358-2 | 日帰り | 第2作 |
| 天城温泉 | モダン宿坊　禅の湯 | 静岡県賀茂郡河津町梨本28-1 | 宿泊 | 第3作 |

| 温泉 | 施設 | 所在地 | 宿/日 | 収録刊 |
|---|---|---|---|---|
| 大澤温泉 | 山の家 | 静岡県賀茂郡松崎町大澤川之本445-4 | 日帰り | 第1作 |
| 松崎温泉 | 長八の宿　山光荘 | 静岡県賀茂郡松崎町松崎284 | 宿泊 | 第1作 |
| 伊豆畑毛温泉 | 誠山 | 静岡県田方郡函南町畑毛244-4 | 宿泊 | 第2作 |
| 寸又峡温泉 | 町営露天風呂 | 静岡県榛原郡川根本町寸又峡温泉 | 日帰り | 第1作 |
| **愛知県** | | | | |
| 一畑薬師寺 | 御霊泉 | 愛知県岡崎市藤川町王子ヶ入12-44 | 日帰り | 第3作 |
| 坂井温泉 | 湯本館 | 愛知県常滑市坂井字西側1 | 宿泊 | 第1作 |
| 湯谷温泉 | はづ木 | 愛知県新城市豊岡字滝上45-1 | 宿泊 | 第3作 |
| 永和温泉 | みそぎの湯 | 愛知県愛西市大井町浦田面686 | 日帰り | 第1作 |
| 内海温泉 | THE BEACH KUROTAKE | 愛知県知多郡南知多町大字内海字口揚4-6 | 宿泊 | 第2作 |
| **三重県** | | | | |
| 榊原温泉 | 湯元　榊原舘 | 三重県津市榊原町5970 | 宿泊 | 第2作 |
| | あのう温泉 | 三重県津市安濃町東観音寺51-3 | 日帰り | 第3作 |
| 内山温泉 | 共同浴場 | 三重県四日市市内山町8385 | 日帰り | 第3作 |
| | 天然温泉　ロックの湯※ | 三重県鈴鹿市三日市町小中野1531 | 日帰り | 第2作 |
| 木曽岬温泉 | 木曽岬温泉※ | 三重県桑名郡木曽岬町源緑輪中774 | 日帰り | 第1作 |
| 湯の山温泉 | グリーンホテル | 三重県三重郡菰野町千草7054-173 | 宿泊 | 第2作 |
| | アクアイグニス片岡温泉 | 三重県三重郡菰野町菰野4800-1 | 宿泊 | 第3作 |
| **滋賀県** | | | | |
| | 須賀谷温泉 | 滋賀県長浜市須賀谷町36 | 宿泊 | 第3作 |
| 宝船温泉 | 湯元ことぶき | 滋賀県高島市安曇川町下小川2248-2 | 宿泊 | 第2作 |
| **京都府** | | | | |
| | 天翔の湯　大門 | 京都府京都市右京区西京極大門町19-4 | 日帰り | 第3作 |
| 久美浜温泉 | 湯元館 | 京都府京丹後市久美浜町平田1106-4 | 宿泊 | 第2作 |
| **大阪府** | | | | |
| | トキワ温泉（2023年に休業中であったが現在は不明） | 大阪府堺市堺区神明町西3-1-29 | 日帰り | 第2作 |
| 犬鳴山温泉 | 山乃湯 | 大阪府泉佐野市大木2234 | 日帰り | 第3作 |
| 山海空温泉 | 山海空温泉 | 大阪府豊能郡能勢町下田尻801 | 日帰り | 第1作 |
| **兵庫県** | | | | |
| 有馬温泉 | 上大坊 | 兵庫県神戸市北区有馬町1175 | 宿泊 | 第1作 |
| 湊山温泉 | 湊山温泉 | 兵庫県神戸市兵庫区湊山町26-1 | 宿泊 | 第1作 |
| 灘温泉 | 六甲道店 | 兵庫県神戸市灘区備後町3-4 | 日帰り | 第1作 |
| 灘温泉 | 水道筋店 | 兵庫県神戸市灘区水道筋1-26 | 日帰り | 第3作 |

| 温泉 | 施設 | 所在地 | 宿/日 | 収録刊 |
|---|---|---|---|---|
| 六甲おとめ塚温泉 | 六甲おとめ塚温泉 | 兵庫県神戸市灘区徳井町3-4-14 | 日帰り | 第1作 |
| 蓬莱湯 | 蓬莱湯 | 兵庫県尼崎市道意町2-21-2 | 日帰り | 第1作 |
| | 元湯・天然温泉<br>築地戒湯 | 兵庫県尼崎市築地2-2-20 | 日帰り | 第2作 |
| | 天然療養温泉<br>恵美寿湯 | 兵庫県明石市貴崎4-6-12 | 日帰り | 第2作 |
| | クア武庫川 | 兵庫県西宮市笠屋町3-10 | 日帰り | 第1作 |
| 浜田温泉 | 甲子園旭泉の湯 | 兵庫県西宮市甲子園浜田町1-27 | 日帰り | 第2作 |
| | 双葉温泉 | 兵庫県西宮市分銅町2-28 | 日帰り | 第3作 |
| 城崎温泉 | 扇屋旅館 | 兵庫県豊岡市城崎町湯島243 | 宿泊 | 第3作 |
| | 名湯宝乃湯 | 兵庫県宝塚市中筋3-3-1 | 日帰り | 第3作 |
| 湯村温泉 | とみや | 兵庫県美方郡新温泉町湯206-1 | 宿泊 | 第2作 |

## 奈良県

| 温泉 | 施設 | 所在地 | 宿/日 | 収録刊 |
|---|---|---|---|---|
| 吉野温泉 | 元湯 | 奈良県吉野郡吉野町吉野山902-1 | 宿泊 | 第3作 |
| 上湯温泉 | 神湯荘 | 奈良県吉野郡十津川村出谷220 | 宿泊 | 第1作 |
| 十津川温泉 | 行者民宿　太陽の湯 | 奈良県吉野郡十津川村平谷693 | 宿泊 | 第2作 |
| 十津川温泉 | 庵の湯 | 奈良県吉野郡十津川村平谷865 | 日帰り | 第3作 |
| 湯泉地（とうせんじ）<br>温泉 | やど湯の里 | 奈良県吉野郡十津川村武蔵846 | 宿泊 | 第1作 |
| 湯泉地温泉 | 滝の湯 | 奈良県吉野郡十津川村小原373-1 | 日帰り | 第2作 |
| 湯泉地温泉 | 十津川荘 | 奈良県吉野郡十津川村武蔵701 | 宿泊 | 第3作 |
| 入之波（しおのは）<br>温泉 | 山鳩湯 | 奈良県吉野郡川上村入之波391 | 宿泊 | 第2作 |

## 和歌山県

| 温泉 | 施設 | 所在地 | 宿/日 | 収録刊 |
|---|---|---|---|---|
| | 花山温泉 | 和歌山県和歌山市鳴神574 | 宿泊 | 第1作 |
| 川湯温泉 | 仙人風呂 | 和歌山県田辺市本宮町川湯温泉 | 宿泊 | 第1作 |
| 龍神温泉 | 坂井屋※ | 和歌山県田辺市龍神村龍神56 | 宿泊 | 第1作 |
| 湯の峰温泉 | つぼ湯 | 和歌山県田辺市本宮町湯峯110 | 宿泊 | 第1作 |
| 湯の峰温泉 | あづまや | 和歌山県田辺市本宮町湯峯122 | 宿泊 | 第1作 |
| 湯の峰温泉 | 伊せや | 和歌山県田辺市本宮町湯峯102 | 宿泊 | 第2作 |
| 湯の峰温泉 | 民宿　てるてや | 和歌山県田辺市本宮町湯峯97 | 宿泊 | 第3作 |
| 湯の峰温泉 | 民宿　あずまや荘 | 和歌山県田辺市本宮町湯峯71 | 宿泊 | 第3作 |
| 川湯温泉 | 公衆浴場 | 和歌山県田辺市本宮町川湯1425-2 | 日帰り | 第3作 |
| 白浜温泉 | 柳屋 | 和歌山県西牟婁郡白浜町1870 | 宿泊 | 第1作 |
| 白浜温泉 | 牟婁の湯 | 和歌山県西牟婁郡白浜町1665 | 日帰り | 第1作 |
| 白浜温泉 | 民宿望海 | 和歌山県西牟婁郡白浜町2324-2 | 宿泊 | 第1作 |

| 温泉 | 施設 | 所在地 | 宿/日 | 収録刊 |
|---|---|---|---|---|
| 白浜温泉 | 崎の湯 | 和歌山県西牟婁郡白浜町1668 | 宿泊 | 第1作 |
| 南紀白浜温泉 | きくや旅館 | 和歌山県西牟婁郡白浜町2997-9 | 宿泊 | 第3作 |
| 白浜温泉 | ホテル　花飾璃 | 和歌山県西牟婁郡白浜町1243 | 宿泊 | 第3作 |
| 白浜温泉 | 白良湯（しららゆ） | 和歌山県西牟婁郡白浜町3313-1 | 日帰り | 第3作 |
| つばき温泉 | 椿はなの湯 | 和歌山県西牟婁郡白浜町椿1058-1 | 日帰り | 第3作 |
| 湯川温泉 | さごんの湯（ホテルブルーハーバー） | 和歌山県東牟婁郡那智勝浦町勝浦434-2 | 宿泊 | 第2作 |
| 南紀勝浦湯川温泉 | 恵比須屋 | 和歌山県東牟婁郡那智勝浦町湯川1065 | 宿泊 | 第3作 |
| 岩鼻温泉 | 流し台の湯 | 和歌山県東牟婁郡那智勝浦町川関 | 日帰り | 第2作 |
| 那須勝浦温泉 | 天然温泉公衆浴場はまゆ | 和歌山県東牟婁郡那那智勝浦町勝浦970 | 日帰り | 第2作 |
| 那智勝浦温泉 | ホテル浦島 | 和歌山県東牟婁郡那智勝浦町勝浦1165-2 | 宿泊 | 第3作 |
| 夏山温泉 | もみじや | 和歌山県東牟婁郡太地町湯川夏山3830 | 宿泊 | 第1作 |

## 鳥取県

| | | | | |
|---|---|---|---|---|
| 吉岡温泉 | 湯守の宿　田中屋 | 鳥取県鳥取市吉岡温泉町251 | 宿泊 | 第3作 |
| 鳥取温泉 | 白兎会館 | 鳥取県鳥取市末広温泉町556 | 宿泊 | 第2作 |
| 鳥取温泉 | 観水庭　こぜにや | 鳥取県鳥取市永楽温泉町651 | 宿泊 | 第3作 |
| 宝喜温泉 | 宝喜温泉館 | 鳥取県鳥取市気高町下光元690 | 日帰り | 第3作 |
| 皆生温泉 | 海潮園 | 鳥取県米子市皆生温泉3-3-3 | 宿泊 | 第1作 |
| 皆生温泉 | 旅館三井 | 鳥取県米子市皆生温泉4-24-21 | 宿泊 | 第2作 |
| 関金温泉 | 関の湯共同温泉 | 鳥取県倉吉市関金町関金宿1227-1 | 日帰り | 第3作 |
| 岩井温泉 | 岩井屋 | 鳥取県岩美郡岩美町岩井544 | 宿泊 | 第1作 |
| 岩井温泉 | 明石家 | 鳥取県岩美郡岩美町岩井536 | 宿泊 | 第3作 |
| 岩井温泉 | 岩井ゆかむり温泉共同浴場 | 鳥取県岩美郡岩美町岩井521 | 日帰り | 第3作 |
| 三朝温泉 | 木屋旅館 | 鳥取県東伯郡三朝町三朝895 | 宿泊 | 第1作 |
| 三朝温泉 | 桶屋旅館 | 鳥取県東伯郡三朝町山田150 | 宿泊 | 第2作 |
| 三朝温泉 | 清流荘 | 鳥取県東伯郡三朝町三朝309 | 宿泊 | 第3作 |
| 三朝温泉 | 河原風呂、株湯 | 鳥取県東伯郡三朝町三朝 | 日帰り | 第3作 |
| 東郷温泉 | 寿湯 | 鳥取県東伯郡湯梨浜町 | 宿泊 | 第1作 |
| はわい温泉 | ゆの宿彩香 | 鳥取県東伯郡湯梨浜町はわい温泉4-74 | 宿泊 | 第3作 |
| はわい温泉 | 望湖楼 | 鳥取県東伯郡湯梨浜町はわい温泉4-25 | 宿泊 | 第3作 |
| 東郷温泉 | 旭旅館 | 鳥取県東伯郡湯梨浜町旭141 | 宿泊 | 第3作 |
| 東郷温泉 | 湖泉閣養生館 | 鳥取県東伯郡湯梨浜町大字引地144 | 宿泊 | 第3作 |

| 温泉 | 施設 | 所在地 | 宿/日 | 収録刊 |
|---|---|---|---|---|
| **島根県** | | | | |
| 玉造温泉 | 長楽園 | 島根県松江市玉湯町玉造323 | 宿泊 | 第1作 |
| 玉造温泉 | 湯陣　千代の湯 | 島根県松江市玉湯町玉造1215-2 | 宿泊 | 第3作 |
| 美又温泉 | とらや旅館 | 島根県浜田市金城町追原11 | 宿泊 | 第2作 |
| 湯の川温泉 | 湯元　湯の川 | 島根県出雲市斐川町学頭1329-1 | 宿泊 | 第3作 |
| 出雲駅前温泉 | らんぷの湯 | 島根県出雲市駅南町1-3-3 | 日帰り | 第3作 |
| 小屋原温泉 | 熊谷旅館 | 島根県大田市三瓶町小屋原1014-1 | 宿泊 | 第1作 |
| 池田ラジウム鉱泉 | 放泉閣 | 島根県大田市三瓶町池田2660-2 | 日帰り | 第1作 |
| 三瓶温泉 | 国民宿舎さんべ荘 | 島根県大田市三瓶町志学2072-1 | 宿泊 | 第2作 |
| 三瓶温泉 | 志学薬師　鶴の湯 | 島根県大田市三瓶町志学932-1 | 日帰り | 第2作 |
| 温泉津（ゆのつ）温泉 | 元湯泉薬湯 | 島根県大田市温泉津町温泉津ロ208-1 | 日帰り | 第2作 |
| | 薬師湯 | 島根県大田市温泉津町温泉津7 | | |
| 三瓶温泉 | 亀の湯 | 島根県大田市三瓶町志学ロ357-1 | 日帰り | 第3作 |
| さぎの湯温泉 | 安来苑 | 島根県安来市古川町478 | 宿泊 | 第2作 |
| さぎの湯温泉 | 竹葉 | 島根県安来市古川町438 | 宿泊 | 第3作 |
| 有福温泉 | 御前湯 | 島根県江津市有福温泉町710 | 日帰り | 第1作 |
| 有福温泉 | やよい湯 | 島根県江津市有福温泉町736 | 日帰り | 第3作 |
| 出雲湯村温泉 | 元湯 | 島根県雲南市木次町湯村1336 | 日帰り | 第1作 |
| | 塩ヶ平温泉 | 島根県雲南市掛合町掛合821-1 | 日帰り | 第2作 |
| 斐乃上温泉 | 民宿たなべ | 島根県仁多郡奥出雲町竹崎1844 | 宿泊 | 第3作 |
| 頓原天然炭酸温泉 | ラムネ銀泉 | 島根県飯石郡飯南町頓原1070 | 日帰り | 第3作 |
| 湯抱温泉 | 中村旅館 | 島根県邑智郡美郷町湯抱315-3 | 宿泊 | 第1作 |
| 千原温泉 | 千原湯谷湯治場 | 島根県邑智郡美郷町千原1070 | 日帰り | 第2作 |
| かきのき温泉 | はとのゆ | 島根県鹿足郡吉賀町柿木村柿木81 | 宿泊 | 第3作 |
| 木部谷温泉 | 松乃湯 | 島根県鹿足郡吉賀町柿木村木部谷530 | 日帰り | 第3作 |
| **岡山県** | | | | |
| 桃太郎温泉 | 桃太郎温泉 | 岡山県岡山市北区牟佐2915-1 | 日帰り | 第1作 |
| 八幡温泉郷 | たけべ八幡温泉 | 岡山県岡山市北区建部町建部上510-1 | 日帰り | 第2作 |
| 瀬戸内温泉 | たまの湯 | 岡山県玉野市築港1-1-11 | 日帰り | 第3作 |
| 郷禄温泉 | 郷禄温泉 | 岡山県真庭市本庄712 | 宿泊 | 第1作 |
| 真賀温泉 | 真賀温泉 | 岡山県真庭市仲間181 | 日帰り | 第1作 |
| 湯原温泉 | 砂湯温泉 | 岡山県真庭市湯原温泉 | 日帰り | 第1作 |
| 湯原温泉 | 油屋 | 岡山県真庭市湯原温泉27 | 日帰り | 第1作 |
| 湯原温泉郷 | 足（たる）温泉館 | 岡山県真庭市都喜足346-1 | 日帰り | 第3作 |
| 湯郷温泉 | 療養湯 | 岡山県美作市湯郷595-1 | 日帰り | 第1作 |

| 温泉 | 施設 | 所在地 | 宿/日 | 収録刊 |
| --- | --- | --- | --- | --- |
| 奥津温泉 | 奥津荘 | 岡山県苫田郡鏡野町奥津48 | 宿泊 | 第1作 |
| 奥津温泉 | 民宿瀬音 | 岡山県苫田郡鏡野町奥津22 | 宿泊 | 第3作 |
| 奥津温泉 | 池田屋　河鹿園 | 岡山県苫田郡鏡野町奥津55 | 宿泊 | 第3作 |
|  | 般若寺温泉 | 岡山県苫田郡鏡野町奥津川西20 | 日帰り | 第2作 |
|  | 小森温泉 | 岡山県加賀郡吉備中央町小森 | 日帰り | 第2作 |

## 広島県

|  |  |  |  |  |
| --- | --- | --- | --- | --- |
| 塩屋天然温泉 | ほの湯　楽々園 | 広島県広島市佐伯区楽々園5-7-1 | 日帰り | 第2作 |
| 湯来温泉 | 国民宿舎　湯来ロッジ | 広島県広島市佐伯区湯来町多田2563-1 | 宿泊 | 第3作 |
| 宇品天然温泉 | ほの湯 | 広島県広島市南区宇品東3-4-34 | 日帰り | 第3作 |
| 天然温泉 | 桂浜（かつらがはま）温泉館 | 広島県呉市倉橋町431 | 日帰り | 第3作 |
| 神辺天然温泉 | ぐらんの湯 | 広島県福山市神辺町大字新道上字2-10-26 | 日帰り | 第3作 |

## 山口県

|  |  |  |  |  |
| --- | --- | --- | --- | --- |
| 川棚温泉 | 小天狗 | 山口県下関市豊浦町大字川棚5153 | 宿泊 | 第1作 |
| 川棚温泉 | 玉椿旅館 | 山口県下関市豊浦町大字川棚5132 | 宿泊 | 第3作 |
| くすのき温泉 | くすくすの湯 | 山口県宇部市西万倉1662-1 | 日帰り | 第3作 |
| 柚木慈生温泉 | 柚木慈生温泉 | 山口県山口市徳地柚木2178 | 宿泊 | 第1作 |
| 湯田温泉 | 名勝　山水園 | 山口県山口市緑町4-60 | 宿泊 | 第3作 |
| 湯田温泉 | 松田屋ホテル | 山口県山口市湯田温泉3-6-7 | 宿泊 | 第3作 |
| 俵山温泉 | 町の湯 | 山口県長門市俵山5113 | 日帰り | 第2作 |
| 長門湯本温泉 | 原田屋旅館 | 山口県長門市深川湯本2269 | 宿泊 | 第2作 |
| 長門湯本温泉 | 恩湯 | 山口県長門市深川湯本2265 | 日帰り | 第3作 |
| 湯免（ゆめん）温泉 | うさぎの湯 | 山口県長門市三隅中272 | 日帰り | 第3作 |
| 於福温泉 | 道の駅　おふく | 山口県美祢市於福町上4383-1 | 日帰り | 第3作 |

## 徳島県

|  |  |  |  |  |
| --- | --- | --- | --- | --- |
| 徳島天然温泉 | あらたえの湯 | 徳島県徳島市南田宮1-2-8 | 日帰り | 第3作 |
| 祖谷温泉 | 和の宿ホテル祖谷温泉 | 徳島県三好市池田町松尾松本367-28 | 宿泊 | 第2作 |
|  | 松尾川温泉 | 徳島県三好市池田町松尾黒川2-1 | 日帰り | 第2作 |

## 香川県

|  |  |  |  |  |
| --- | --- | --- | --- | --- |
| 仏生山温泉 | 天平湯 | 香川県高松市仏生山町乙114-5 | 日帰り | 第2作 |
| 瓦町ぎおん温泉 | ゴールデンタイム高松 | 香川県高松市瓦町2-1-7 | 日帰り | 第3作 |

## 愛媛県

|  |  |  |  |  |
| --- | --- | --- | --- | --- |
| 奥道後温泉 | 壱湯の守 | 愛媛県松山市末町267 | 宿泊 | 第1作 |
| 道後温泉 | 旅館常磐荘 | 愛媛県松山市道後湯月町4-2 | 宿泊 | 第2作 |
| 道後温泉 | 湯の宿　さち家 | 愛媛県松山市道後湯之町13-3 | 宿泊 | 第3作 |

| 温泉 | 施設 | 所在地 | 宿/日 | 収録刊 |
|---|---|---|---|---|
| 南道後温泉 | ていれぎの湯 | 愛媛県松山市中野町甲853 | 日帰り | 第3作 |
| 権現温泉 | 権現山荘 | 愛媛県松山市権現町甲820 | 宿泊 | 第2作 |
| 鷹ノ子温泉 | たかのこの湯 | 愛媛県松山市鷹子町736-4 | 宿泊 | 第2作 |
| 鈍川温泉 | 鈍川温泉ホテル | 愛媛県今治市玉川町鈍川甲276 | 宿泊 | 第2作 |
| | 仙遊寺　宿坊創心舎 | 愛媛県今治市玉川町別所甲483 | 宿泊 | 第3作 |
| | 天然温泉かみとくの湯 | 愛媛県今治市上徳甲711-1 | 日帰り | 第3作 |
| 東予温泉 | いやしのリゾート | 愛媛県西条市周布687-1 | 宿泊 | 第3作 |
| | 山出（やまいだし）<br>憩いの里温泉 | 愛媛県南宇和郡愛南町緑乙4082-1 | 宿泊 | 第3作 |

## 高 知 県

| | | | | |
|---|---|---|---|---|
| 土佐龍温泉 | 三陽荘 | 高知県土佐市宇佐町竜504-1 | 宿泊 | 第1作 |
| | 山里温泉旅館 | 高知県須崎市上分乙1336 | 宿泊 | 第2作 |
| そうだ山温泉 | 和（やわらぎ） | 高知県須崎市桑田山乙1122 | 宿泊 | 第3作 |
| | 海癒 | 高知県土佐清水市大岐の浜2777-12 | 宿泊 | 第3作 |
| 香美温泉 | 湖畔游 | 高知県香美市香北町有瀬100 | 宿泊 | 第3作 |
| | 四万十源流癒しの里<br>郷麓温泉 | 高知県高岡郡津野町北川8310 | 宿泊 | 第3作 |

## 福 岡 県

| | | | | |
|---|---|---|---|---|
| 博多温泉 | 富士の苑 | 福岡県福岡市南区三宅3-19-7 | 宿泊 | 第3作 |
| 博多温泉 | 元祖元湯 | 福岡県福岡市南区横手3-6-18 | 日帰り | 第3作 |
| あおき温泉 | あおき温泉 | 福岡県久留米市城島町上青木366-1 | 日帰り | 第1作 |
| 船小屋温泉 | 恋ぼたる温泉館 | 福岡県筑後市大字尾島298-2 | 日帰り | 第1作 |
| 大川温泉 | 緑の湯 | 福岡県大川市中八院241-1 | 日帰り | 第1作 |
| 二日市温泉 | 博多湯 | 福岡県筑紫野市湯町1-14-5 | 日帰り | 第1作 |
| 二日市温泉 | 大観荘 | 福岡県筑紫野市湯町1-12-1 | 宿泊 | 第3作 |
| 筑後川温泉 | ホテル花景色 | 福岡県うきは市浮羽町古川1097-1 | 宿泊 | 第2作 |
| 筑後川温泉 | ふくせんか | 福岡県うきは市浮羽町古川1099-8 | 宿泊 | 第3作 |
| 吉井温泉 | ニュー筑水荘 | 福岡県うきは市吉井町千年596 | 宿泊 | 第3作 |
| 吉井温泉 | ふだん着の温泉<br>鶴は千年 | 福岡県うきは市吉井町千年12-1 | 日帰り | 第3作 |
| 原鶴温泉 | 延命館 | 福岡県朝倉市杷木志波15-2 | 宿泊 | 第1作 |
| 原鶴温泉 | 光泉 | 福岡県朝倉市杷木久喜宮1870-3 | 日帰り | 第3作 |
| 遠賀川温泉 | 遠賀川温泉 | 福岡県遠賀郡遠賀町浅木61-1 | 日帰り | 第1作 |

## 佐 賀 県

| | | | | |
|---|---|---|---|---|
| 熊の川温泉 | 熊ノ川浴場 | 佐賀県佐賀市富士町上熊川118 | 日帰り | 第1作 |

| 温泉 | 施設 | 所在地 | 宿/日 | 収録刊 |
|---|---|---|---|---|
| 古湯温泉 | 源泉かけ流しの湯 旅人宿　東京家 | 佐賀県佐賀市富士町古湯836 | 宿泊 | 第2作 |
| 古湯温泉 | つかさ | 佐賀県佐賀市富士町大字古湯865 | 宿泊 | 第3作 |
| 武雄温泉 | 殿様湯 | 佐賀県武雄市武雄町大字武雄7425 | 宿泊 | 第1作 |
| 武雄温泉 | 家老湯 | 佐賀県武雄市武雄町大字武雄7425 | 日帰り | 第3作 |
| 嬉野温泉 | 山水グローバルイン | 佐賀県嬉野市嬉野町下宿丙28 | 宿泊 | 第2作 |
| | ヌルヌル有田温泉 | 佐賀県西松浦郡有田町南原甲902 | 日帰り | 第3作 |
| **長崎県** | | | | |
| 九十九島温泉 | 九十九島シーサイド テラスホテル&スパ 花みづき | 長崎県佐世保市鹿子前町1129 | 宿泊 | 第3作 |
| 島原温泉 | HOTEL シーサイド島原 | 長崎県島原市新湊1-38-1 | 宿泊 | 第2作 |
| 島原温泉 | ホテル　南風楼 | 長崎県島原市弁天町2-7331-1 | 宿泊 | 第3作 |
| 島原温泉 | ゆとろぎの湯 | 長崎県島原市堀町171-3 | 日帰り | 第3作 |
| 湯の本温泉 | 旅館長山 | 長崎県壱岐市勝本町湯本浦43 | 宿泊 | 第2作 |
| 湯ノ本温泉 | 国民宿舎壱岐島荘 | 長崎県壱岐市勝本町立石西触101 | 宿泊 | 第3作 |
| 雲仙温泉 | 雲仙いわき旅館 | 長崎県雲仙市小浜町雲仙318 | 宿泊 | 第1作 |
| 小浜温泉 | 脇浜温泉浴場 | 長崎県雲仙市小浜町南本町7 | 日帰り | 第1作 |
| 小浜温泉 | 春陽館※ | 長崎県雲仙市小浜町北本町1680 | 宿泊 | 第2作 |
| 小浜温泉 | 伊勢屋 | 長崎県雲仙市小浜町北本町905 | 宿泊 | 第3作 |
| 小浜温泉 | 旅館　山田屋 | 長崎県雲仙市小浜町北本町905-7 | 宿泊 | 第3作 |
| 雲仙温泉 | 丸登屋旅館 | 長崎県雲仙市小浜町雲仙467 | 宿泊 | 第3作 |
| 長崎温泉 | 喜道庵 | 長崎県西彼杵郡長与町岡郷2762-1 | 日帰り | 第2作 |
| | 道の尾温泉 | 長崎県西彼杵郡長与町高田郷284 | 日帰り | 第3作 |
| | 千綿花房（ちわたはなぶさ）温泉 | 長崎県東彼杵郡東彼杵町瀬戸郷401-2 | 日帰り | 第3作 |
| | はさみ温泉 湯治楼（ゆうじろう） | 長崎県東彼杵郡波佐見町長野郷558-3 | 日帰り | 第3作 |
| **熊本県** | | | | |
| 植木温泉 | 和風旅館 鷹の家（たかのや） | 熊本県熊本市北区植木町米塚26-2 | 宿泊 | 第3作 |
| 日奈久温泉 | 旅館幸ヶ丘 | 熊本県八代市日奈久上西町394 | 日帰り | 第1作 |
| 日奈久温泉 | 松の湯 | 熊本県八代市日奈久中西町380 | 日帰り | 第2作 |
| 人吉温泉 | 翠嵐楼 | 熊本県人吉市温泉町2461-1 | 宿泊 | 第1作 |
| 人吉温泉 | 新温泉※ | 熊本県人吉市紺屋町80-2 | 日帰り | 第1作 |
| 人吉温泉 | 鶴亀温泉 | 熊本県人吉市瓦屋町1120-6 | 日帰り | 第1作 |

| 温泉 | 施設 | 所在地 | 宿/日 | 収録刊 |
|---|---|---|---|---|
| 人吉温泉 | 華まき温泉 | 熊本県人吉市下原田町1518 | 日帰り | 第2作 |
| 人吉温泉 | 堤温泉 | 熊本県人吉市土手町40 | 日帰り | 第2作 |
| | 三浦屋温泉<br>ビジネスホテル | 熊本県人吉市五日町17 | 宿泊 | 第3作 |
| | 幸福温泉 | 熊本県人吉市古仏頂町1408-1 | 日帰り | 第3作 |
| 湯の鶴温泉 | きくの湯 | 熊本県水俣市湯出1372-3 | 日帰り | 第1作 |
| 湯の児温泉 | 昇陽館 | 熊本県水俣市浜4098-40 | 宿泊 | 第1作 |
| 湯の児温泉 | 中村温泉 | 熊本県水俣市大迫湯の児1213 | 日帰り | 第1作 |
| 湯の児温泉 | 松原荘 | 熊本県水俣市湯の児温泉 | 宿泊 | 第2作 |
| 湯の鶴温泉 | 湯宿　鶴水荘 | 熊本県水俣市湯出1565 | 宿泊 | 第2作 |
| 山鹿温泉 | さくら湯 | 熊本県山鹿市山鹿1-1 | 日帰り | 第1作 |
| 山鹿温泉 | 新青山荘 | 熊本県山鹿市新町104 | 宿泊 | 第2作 |
| 平山温泉 | 元湯 | 熊本県山鹿市平山256 | 日帰り | 第2作 |
| 平山温泉 | すやま温泉 | 熊本県山鹿市平山56-2 | 宿泊 | 第3作 |
| | 幸徳温泉 | 熊本県山鹿市長坂117 | 宿泊 | 第3作 |
| 山鹿温泉 | 味の家（あじのや）飯店 | 熊本県山鹿市山鹿1025 | 日帰り | 第3作 |
| 平小城（ひらおぎ）<br>温泉 | 城山公衆浴場 | 熊本県山鹿市平山5084-4 | 日帰り | 第3作 |
| 山鹿温泉 | 露天湯　椛（もみじ） | 熊本県山鹿市中1326-11 | 日帰り | 第3作 |
| 辰頭温泉 | 辰頭温泉 | 熊本県菊池市泗水町田島620-1 | 日帰り | 第1作 |
| 菊池温泉 | 宝来館 | 熊本県菊池市隈府1124 | 宿泊 | 第1作 |
| 菊池温泉 | 湯元旅館 | 熊本県菊池市隈府1121 | 宿泊 | 第2作 |
| 菊池温泉 | 栄屋旅館 | 熊本県菊池市隈府1373 | 宿泊 | 第3作 |
| 阿蘇内牧温泉 | 湯の宿　入船 | 熊本県阿蘇市小里834-2 | 宿泊 | 第1作 |
| 阿蘇内牧温泉 | 大阿蘇 | 熊本県阿蘇市内牧135 | 日帰り | 第1作 |
| 天草下田温泉 | 望洋閣 | 熊本県天草市天草町下田北1201 | 宿泊 | 第2作 |
| 天草下田温泉 | 泉屋旅館 | 熊本県天草市天草町下田北1297-1 | 宿泊 | 第3作 |
| | 湯の屋台村 | 熊本県合志市野々島520-1 | 日帰り | 第1作 |
| 黒川温泉 | ふもと旅館 | 熊本県阿蘇郡南小国町満願寺6697 | 宿泊 | 第1作 |
| 黒川温泉 | 旅館こうの湯 | 熊本県阿蘇郡南小国町満願寺6784 | 宿泊 | 第2作 |
| 黒川温泉 | 黒川荘 | 熊本県阿蘇郡南小国町満願寺6755-1 | 宿泊 | 第3作 |
| 黒川温泉 | 南城苑 | 熊本県阿蘇郡南小国町満願寺6612-1 | 宿泊 | 第3作 |
| 黒川温泉 | 湯本荘 | 熊本県阿蘇郡南小国町満願寺6700 | 宿泊 | 第3作 |
| 満願寺温泉 | 川湯 | 熊本県阿蘇郡南小国町満願寺志津 | 日帰り | 第1作 |
| 白川温泉 | 山荘竹ふえ | 熊本県阿蘇郡南小国町満願寺5725-1 | 宿泊 | 第3作 |

| 温泉 | 施設 | 所在地 | 宿/日 | 収録刊 |
|---|---|---|---|---|
| 滝の上温泉 | お宿花風月 | 熊本県阿蘇郡南小国町満願寺滝の上5890-1 | 宿泊 | 第3作 |
| 小田温泉 | 山しのぶ | 熊本県阿蘇郡南小国町満願寺5960 | 宿泊 | 第3作 |
| 白川温泉 | 藤のや | 熊本県阿蘇郡南小国町満願寺6069-1 | 宿泊 | 第3作 |
| 杖立温泉 | 米屋別荘 | 熊本県阿蘇郡小国町下城4162 | 宿泊 | 第1作 |
| 山川温泉 | しらはなシンフォニー | 熊本県阿蘇郡小国町北里山川温泉 | 宿泊 | 第1作 |
| 山川温泉 | 旅館山林閣 | 熊本県阿蘇郡小国町北里1435-1 | 宿泊 | 第2作 |
| 山川温泉 | 共同浴場 | 熊本県阿蘇郡小国町北里山川 | 日帰り | 第3作 |
| 山川温泉 | ホタルの里温泉 | 熊本県阿蘇郡小国町北里1534 | 日帰り | 第3作 |
| 田の原（たのばる）温泉 | 流憩園 | 熊本県阿蘇郡南小国町満願寺7075-1 | 日帰り | 第3作 |
| はげの湯温泉 | 豊礼の湯 | 熊本県阿蘇郡小国町西里2917 | 日帰り | 第1作 |
| はげの湯温泉 | 湯宿　小国のオーベルジュわいた館 | 熊本県阿蘇郡小国町西里3006-2 | 宿泊 | 第2作 |
| はげの湯温泉 | 旅館　山翠 | 熊本県阿蘇郡小国町西里3044 | 宿泊 | 第3作 |
| 寺尾野温泉 | 薬師湯 | 熊本県阿蘇郡小国町上田寺尾野 | 日帰り | 第2作 |
| 岳の湯温泉 | 岳の湯共同露天風呂 | 熊本県阿蘇郡小国町西里2798-2 | 日帰り | 第2作 |
| 岳の湯地獄谷温泉 | 裕花 | 熊本県阿蘇郡南小国町北里1800-33 | 日帰り | 第3作 |
| 奴留湯（ぬるゆ）温泉 | 共同浴場 | 熊本県阿蘇郡小国町北里2284 | 日帰り | 第2作 |
| 杖立温泉 | 薬師湯、元湯 | 熊本県阿蘇郡小国町下城 | 日帰り | 第2作 |
| 杖立温泉 | 葉隠館 | 熊本県阿蘇郡小国町下城3336 | 宿泊 | 第3作 |
| 杖立温泉 | 純和風旅館　泉屋 | 熊本県阿蘇郡小国町下城4179 | 宿泊 | 第3作 |
| わいた温泉郷 | 富（ゆたか）温泉 | 熊本県阿蘇郡小国町西里麻生鶴2053-194 | 日帰り | 第3作 |
| 地獄温泉 | 青風荘 | 熊本県阿蘇郡南阿蘇村河陽2327 | 宿泊 | 第2作 |
| 火の山温泉 | どんどこ湯 | 熊本県阿蘇郡南阿蘇村下野135-1 | 日帰り | 第2作 |
| 湯浦温泉 | 岩の湯 | 熊本県葦北郡芦北町湯浦230-10 | 日帰り | 第2作 |
| 吉尾温泉 | 湧泉閣、共同浴場 | 熊本県葦北郡芦北町吉尾42（湧泉閣）他 | 日帰り | 第2作 |
| 大 分 県 | | | | |
| | キャセイの湯 | 大分県大分市賀来中河原1261-1 | 日帰り | 第1作 |
| | 新湊温泉 | 大分県大分市生石4-3-15 | 日帰り | 第3作 |
| | 王子温泉 | 大分県大分市王子中町8-27 | 日帰り | 第3作 |
| 別府鉄輪温泉 | 黒田や | 大分県別府市鉄輪御幸３組 | 宿泊 | 第1作 |
| 別府鉄輪温泉 | 神丘温泉　豊山荘 | 大分県別府市小倉4組 | 宿泊 | 第1作 |
| 別府鉄輪温泉 | 双葉荘 | 大分県別府市鉄輪東6組 | 宿泊 | 第1作 |
| 別府鉄輪温泉 | かまど地獄三丁目の湯 | 大分県別府市鉄輪621 | 日帰り | 第1作 |

| 温泉 | 施設 | 所在地 | 宿/日 | 収録刊 |
|---|---|---|---|---|
| 別府温泉 | 別府八湯の共同湯 | 大分県別府市市街　他 | 日帰り | 第1作 |
| 別府温泉 | ホテル三泉閣<br>(廃業中だが、再開予定) | 大分県別府市北浜3-6-23 | 宿泊 | 第1作 |
| 別府温泉 | 野上本館 | 大分県別府市北浜1-12-1 | 宿泊 | 第2作 |
| 別府温泉 | 茶房たかさき | 大分県別府市朝見1-2-11 | 日帰り | 第2作 |
| 別府明礬温泉 | 鉱泥温泉 | 大分県別府市小倉6 | 日帰り | 第1作 |
| 別府明礬温泉 | 小宿YAMADAYA<br>山田屋旅館 | 大分県別府市明礬3組 | 宿泊 | 第2作 |
| 別府明礬温泉 | へびん湯、鶴の湯 | 大分県別府市鶴見 | 日帰り | 第2作 |
| 別府観海寺温泉 | いちのいで会館 | 大分県別府市上原町14-2 | 日帰り | 第1作 |
| 別府温泉 | 松亀(まつき)荘 | 大分県別府市北浜2-12-21 | 宿泊 | 第3作 |
| 別府鉄輪温泉 | 旅館　さくら屋 | 大分県別府市鉄輪229-2 | 宿泊 | 第3作 |
| 別府みょうばん温泉 | 別府温泉保養ランド | 大分県別府市明礬5 | 宿泊 | 第3作 |
| 別府鉄輪温泉 | 御宿温泉閣 | 大分県別府市鉄輪風呂本1組 | 宿泊 | 第3作 |
| 別府鉄輪温泉 | 谷の湯 | 大分県別府市北中1組-8 | 日帰り | 第3作 |
| 別府明礬温泉 | 照湯温泉 | 大分県別府市小倉5組-1 | | |
| 別府温泉 | 市の原(いちのはる)共同浴場 | 大分県別府市新別府7組-2 | 日帰り | 第3作 |
| | 亀川筋湯温泉 | 大分県別府市亀川中央町4-16 | | |
| 別府温泉 | 竹瓦温泉 | 大分県別府市元町16-23 | 日帰り | 第3作 |
| | 湯山の里温泉 | 大分県別府市湯山4組 | 日帰り | 第3作 |
| 別府みょうばん温泉 | 奥みょうばん山荘 | 大分県別府市湯山1 | 日帰り | 第3作 |
| 別府柴石温泉 | 長泉寺薬師湯、<br>四の湯温泉 | 大分県別府市野田800-6　他 | 日帰り | 第3作 |
| 鴫良(しぎら)温泉 | 耶馬渓観光ホテル | 大分県中津市耶馬溪町深耶馬鴫良温泉2968 | 宿泊 | 第2作 |
| 深耶馬溪温泉 | 若山温泉 | 大分県中津市耶馬溪町深耶馬3263 | 日帰り | 第2作 |
| 深耶馬溪温泉 | 岩戸湯 | 大分県中津市耶馬溪町深耶馬3211 | 日帰り | 第3作 |
| 折戸温泉 | つきのほたる | 大分県中津市耶馬溪町深耶馬2142-1 | 日帰り | 第3作 |
| 天ヶ瀬温泉 | 神田湯、薬師湯、<br>益次郎温泉、駅前温泉 | 大分県日田市天瀬町 | 日帰り | 第2作 |
| 天ヶ瀬温泉 | 山荘天水 | 大分県日田市天瀬町桜竹601 | 宿泊 | 第3作 |
| ろくがさこ温泉 | 源泉　俵屋旅館 | 大分県臼杵市藤河内ろくがさこ温泉 | 宿泊 | 第2作 |
| 赤川温泉 | 赤川荘 | 大分県竹田市久住町大字久住4008-1 | 宿泊 | 第1作 |
| 七里田温泉 | 七里田温泉館下湯 | 大分県竹田市久住町有氏七里田4050-1 | 日帰り | 第1作 |
| | 法華院温泉山荘 | 大分県竹田市久住町有氏1778 | 宿泊 | 第2作 |
| 三船温泉 | 民宿城山 | 大分県竹田市久住町仏原1066-2 | 宿泊 | 第2作 |

| 温泉 | 施設 | 所在地 | 宿/日 | 収録刊 |
|---|---|---|---|---|
| 豊後くたみ温泉 | ほていの湯 | 大分県竹田市久住町栢木5581-1 | 日帰り | 第2作 |
| 長湯温泉 | 郷の湯旅館 | 大分県竹田市直入町長湯3538-2 | 宿泊 | 第1作 |
| 長湯温泉 | 名湯の宿<br>山の湯かずよ | 大分県竹田市直入町長湯横枕2405 | 宿泊 | 第2作 |
| 長湯温泉 | きもと温泉 | 大分県竹田市直入町大字長湯3273-1 | 日帰り | 第3作 |
| 長湯温泉 | ラムネ温泉館 | 大分県竹田市直入町大字長湯7676-2 | 日帰り | 第3作 |
| 長湯温泉 | しづ香温泉 | 大分県竹田市直入町大字長湯7655 | 日帰り | 第3作 |
| | 金屋温泉 | 大分県宇佐市金屋笹川1781-3 | 日帰り | 第2作 |
| くにさき六郷温泉 | 夷谷（えびすだに）温泉 | 大分県豊後高田市夷1851-1 | 日帰り | 第3作 |
| | 海門温泉 | 大分県豊後高田市中真玉1778-8 | 日帰り | 第3作 |
| 塚原温泉 | 火口乃泉 | 大分県由布市湯布院町塚原1235 | 日帰り | 第1作 |
| 高崎山温泉 | おさるの湯 | 大分県由布市狭間町高崎628-1 | 日帰り | 第1作 |
| 湯平温泉 | 志美津旅館 | 大分県由布市湯布院町湯平263 | 宿泊 | 第1作 |
| 湯平温泉 | 金の湯、銀の湯、<br>橋本温泉 | 大分県由布市湯布院町湯平 | 日帰り | 第2作 |
| 由布院温泉 | 束の間（旧　庄屋の館） | 大分県由布市湯布院町川上444-3 | 宿泊 | 第1作 |
| 由布院温泉 | 杜の湯　ゆふいん泰葉 | 大分県由布市湯布院町川上1270-48 | 宿泊 | 第2作 |
| 由布院温泉 | 石武温泉 | 大分県由布市湯布院町川北 | 日帰り | 第2作 |
| 由布院温泉 | 野蒜山荘 | 大分県由布市湯布院町川上786-6 | 宿泊 | 第3作 |
| 由布院温泉 | 加勢の湯 | 大分県由布市湯布院町川南394-1 | 日帰り | 第3作 |
| | 黒嶽荘 | 大分県由布市庄内町阿蘇野2259 | 宿泊 | 第2作 |
| 拍子水温泉 | 姫島村健康管理センター | 大分県東国東郡姫島村5118-2 | 日帰り | 第2作 |
| | 赤松温泉 | 大分県速見郡日出町大字藤原6371 | 日帰り | 第3作 |
| 壁湯温泉 | 旅館福元屋 | 大分県玖珠郡九重町大字町田62-1 | 宿泊 | 第1作 |
| 寒の地獄温泉 | 寒の地獄旅館 | 大分県玖珠郡九重町田野257 | 宿泊 | 第1作 |
| 筌の口温泉 | 山里の湯 | 大分県玖珠郡九重町田野1268-2 | 日帰り | 第1作 |
| 筌の口温泉 | 旅館　新清館 | 大分県玖珠郡九重町田野1427-1 | 宿泊 | 第2作 |
| 筌の口温泉 | 筌の口共同浴場 | 大分県玖珠郡九重町田野筌の口 | 日帰り | 第3作 |
| 筋湯温泉 | 打たせ湯 | 大分県玖珠郡九重町筋湯 | 日帰り | 第1作 |
| 筋湯温泉 | 朝日屋旅館 | 大分県玖珠郡九重町湯坪761 | 宿泊 | 第3作 |
| 筋湯温泉 | 岩ん湯、薬師湯 | 大分県玖珠郡九重町筋湯温泉 | 日帰り | 第3作 |
| 宝泉寺温泉 | 民宿　たから温泉 | 大分県玖珠郡九重町大字町田1906-4 | 宿泊 | 第3作 |
| 湯坪温泉 | 御宿　泉水 | 大分県玖珠郡九重町湯坪1037 | 宿泊 | 第3作 |
| 湯坪温泉 | ふだんぎの湯 | 大分県玖珠郡九重町湯坪890 | 日帰り | 第3作 |
| 川底温泉 | 蛍川荘（けいせんそう） | 大分県玖珠郡九重町菅原1453 | 宿泊 | 第3作 |
| 栃木温泉 | 紅葉谷の湯 | 大分県玖珠郡九重町大字町田3077 | 日帰り | 第3作 |

| 温泉 | 施設 | 所在地 | 宿/日 | 収録刊 |
|---|---|---|---|---|
| 豊後の森郷<br>七福温泉 | 宇戸の庄 | 大分県玖珠郡玖珠町森字谷の河内<br>4398-2 | 宿泊 | 第2作 |
| | 某工務店の湯 | 大分県玖珠郡玖珠町 | 日帰り | 第2作 |
| 大鶴温泉 | 夢想乃湯 | 大分県玖珠郡玖珠町帆足299-1 | 日帰り | 第2作 |
| アサダ温泉 | ひまわりの湯 | 大分県玖珠郡玖珠町大字塚脇440-2 | 日帰り | 第3作 |
| 九日市温泉 | 万年（はね）の湯 | 大分県玖珠郡玖珠町山田2564 | 日帰り | 第3作 |

## 宮崎県

| | | | | |
|---|---|---|---|---|
| | コスモス温泉 | 宮崎県小林市大字南西方1130-79 | 日帰り | 第3作 |
| 京町温泉 | 鶴の湯 | 宮崎県えびの市水流39 | 日帰り | 第1作 |
| 京町温泉 | 松尾旅館 | 宮崎県えびの市向江626 | 宿泊 | 第2作 |
| 京町温泉 | 玉泉館 | 宮崎県えびの市向江647-1 | 宿泊 | 第3作 |
| 京町温泉 | 岡松温泉 | 宮崎県えびの市岡松272 | 日帰り | 第3作 |
| 白鳥温泉 | 上湯 | 宮崎県えびの市末永1470 | 宿泊 | 第3作 |
| 亀沢温泉 | 亀沢共同浴場 | 宮崎県えびの市亀沢280-3 | 日帰り | 第3作 |
| 湯之元温泉 | 湯之元温泉旅館 | 宮崎県西諸県郡高原町蒲牟田7535 | 宿泊 | 第1作 |

## 鹿児島県

| | | | | |
|---|---|---|---|---|
| | みょうばんの湯 | 鹿児島県鹿児島市武1-9-9 | 日帰り | 第3作 |
| | 天然温泉　湯乃山 | 鹿児島県鹿児島市城山町12-1 | 日帰り | 第3作 |
| | きみよし温泉 | 鹿児島県阿久根市大丸60 | 日帰り | 第1作 |
| 指宿温泉 | 村之湯 | 鹿児島県指宿市大牟礼3-16-2 | 宿泊 | 第1作 |
| 指宿温泉 | 弥次ヶ湯 | 鹿児島県指宿市十町1068 | 日帰り | 第1作 |
| 指宿温泉 | 休暇村指宿 | 鹿児島県指宿市東方10445 | 宿泊 | 第3作 |
| 指宿温泉 | 温泉宿　元屋 | 鹿児島県指宿市湯の浜5-19-4 | 宿泊 | 第3作 |
| 鰻温泉 | 区営鰻温泉 | 鹿児島県指宿市山川成川6517 | 日帰り | 第2作 |
| 松元温泉 | 玉利浴場 | 鹿児島県指宿市十町2558-1 | 日帰り | 第2作 |
| | 開聞温泉 | 鹿児島県指宿市山川岡児ケ水1446 | 日帰り | 第2作 |
| 二月田温泉 | 殿様湯 | 鹿児島県指宿市西方1408-27 | 日帰り | 第2作 |
| | 浜児ヶ水区営温泉 | 鹿児島県指宿市山川浜児ケ水178 | 日帰り | 第2作 |
| 山川砂むし温泉 | 砂湯里（さゆり） | 鹿児島県指宿市山川福元3339-3 | 日帰り | 第3作 |
| 川内高城（せんだいたき）温泉 | 共同浴場 | 鹿児島県薩摩川内市湯田町 | 日帰り | 第1作 |
| 川内高城温泉 | 双葉旅館 | 鹿児島県薩摩川内市湯田町6461 | 宿泊 | 第1作 |
| 川内高城温泉 | 川内岩風呂 | 鹿児島県薩摩川内市湯田町6489 | 宿泊 | 第2作 |
| 川内高城温泉 | 梅屋旅館 | 鹿児島県薩摩川内市湯田町6467 | 日帰り | 第3作 |
| | 百薬の名湯　諏訪温泉 | 鹿児島県薩摩川内市入来町浦之名8920 | 宿泊 | 第2作 |

| 温泉 | 施設 | 所在地 | 宿/日 | 収録刊 |
| --- | --- | --- | --- | --- |
| 市比野温泉 | 丸山温泉 | 鹿児島県薩摩川内市樋脇町市比野2295-6 | 日帰り | 第2作 |
| 湯川内温泉 | かじか荘※ | 鹿児島県出水市武本2060 | 宿泊 | 第1作 |
|  | テイエム牧場温泉 | 鹿児島県垂水市新城赤石4453-1 | 日帰り | 第1作 |
| 海潟温泉 | 江之島温泉 | 鹿児島県垂水市海潟541-1 | 日帰り | 第3作 |
| 湯之元温泉 | 田之湯温泉 | 鹿児島県日置市東市来町湯田3077 | 日帰り | 第1作 |
| 湯之元温泉 | 元湯・打込湯 | 鹿児島県日置市東市来町湯田2225-1 | 日帰り | 第2作 |
| 湯之元温泉 | 旅館　江楽園 | 鹿児島県日置市東市来町湯田2294 | 宿泊 | 第3作 |
| 吹上温泉 | 湖畔の宿　みどり荘 | 鹿児島県日置市吹上町湯之浦910 | 宿泊 | 第3作 |
| 吹上温泉 | もみじ温泉 | 鹿児島県日置市吹上町湯之浦2503 | 宿泊 | 第3作 |
| 妙見温泉 | 秀水湯 | 鹿児島県霧島市隼人町嘉例川4389-1 | 宿泊 | 第1作 |
| 妙見温泉 | 田島本館 | 鹿児島県霧島市牧園町宿窪田4236 | 宿泊 | 第1作 |
| 妙見温泉 | 和気湯 | 鹿児島県霧島市牧園町下中津川47 | 日帰り | 第1作 |
| 妙見温泉 | 犬飼共同浴場 | 鹿児島県霧島市牧園町下中津川滝 | 日帰り | 第1作 |
| 妙見温泉 | ねむ | 鹿児島県霧島市隼人町嘉例川4386 | 宿泊 | 第2作 |
| 妙見温泉 | 妙見楽園荘 | 鹿児島県霧島市隼人町嘉例川4363 | 宿泊 | 第2作 |
| 妙見温泉 | 忘れの里　雅叙苑 | 鹿児島県霧島市牧園町宿窪田4230 | 宿泊 | 第3作 |
| 妙見温泉 | 素泊まりの宿 きらく温泉 | 鹿児島県霧島市隼人町嘉例川4385 | 宿泊 | 第3作 |
| 妙見温泉 | 湯治の宿　妙見館 | 鹿児島県霧島市牧園町宿窪田4235 | 宿泊 | 第3作 |
| 霧島湯之谷温泉 | 湯之谷山荘 | 鹿児島県霧島市牧園町高千穂4970 | 宿泊 | 第1作 |
| 隼斗温泉 | 浜之市ふれあいセンター 富の湯 | 鹿児島県霧島市隼人町真孝390 | 日帰り | 第1作 |
| 安楽温泉 | 鶴の湯 | 鹿児島県霧島市牧園町宿窪田4221 | 日帰り | 第1作 |
| 安楽温泉 | みょうばん湯 | 鹿児島県霧島市牧園町宿窪田4193 | 宿泊 | 第2作 |
| 硫黄谷温泉 | 霧島ホテル | 鹿児島県霧島市牧園町高千穂3948 | 宿泊 | 第2作 |
|  | 祝橋温泉旅館 | 鹿児島県霧島市牧園町宿窪田2280-1 | 宿泊 | 第2作 |
| 日当山（ひなたやま）温泉 | しゅじゅどん温泉 | 鹿児島県霧島市隼人町東郷119-2 | 日帰り | 第2作 |
| 塩浸温泉 | 竹林の湯 | 鹿児島県霧島市牧園町宿窪田3606 | 日帰り | 第2作 |
| 塩浸温泉 | 龍馬公園 | 鹿児島県霧島市牧園町宿窪田3606 | 日帰り | 第3作 |
| 横瀬温泉 | 共同浴場 | 鹿児島県霧島市牧園町上中津川133-1 | 日帰り | 第2作 |
|  | 横川温泉 | 鹿児島県霧島市横川町中ノ3461-1 | 日帰り | 第2作 |
|  | 岩戸温泉 | 鹿児島県霧島市国分姫城3261 | 宿泊 | 第3作 |
|  | 季一湯（ときいちゆ） | 鹿児島県霧島市隼人町嘉例川4475 | 宿泊 | 第3作 |
| 霧島温泉 | 旅行人山荘 | 鹿児島県霧島市牧園町高千穂3865 | 宿泊 | 第3作 |

| 温泉 | 施設 | 所在地 | 宿/日 | 収録刊 |
|---|---|---|---|---|
| | 保養温泉　京湯 | 鹿児島県霧島市国分姫城2960 | 日帰り | 第3作 |
| | 関平（せきひら）温泉 | 鹿児島県霧島市牧園町三体堂2057-10 | 日帰り | 第3作 |
| | 川辺温泉※ | 鹿児島県南九州市川辺町平山6180 | 日帰り | 第2作 |
| | 鶴泊温泉 | 鹿児島県伊佐市菱刈川南1109 | 日帰り | 第1作 |
| 湯之尾温泉 | 民宿ガラッパ荘 | 鹿児島県伊佐市菱刈川北2713-11 | 宿泊 | 第3作 |
| | 滝の湯 | 鹿児島県姶良市蒲生町白男1477 | 日帰り | 第2作 |
| | 米丸温泉 | 鹿児島県姶良市蒲生町米丸3275 | 日帰り | 第2作 |
| 上山温泉 | 渓谷苑 | 鹿児島県鹿児島市東佐多町710-2 | 宿泊 | 第3作 |
| | 加治木温泉ホテル | 鹿児島県姶良市木田2041-4 | 宿泊 | 第3作 |
| | 重富温泉 | 鹿児島県姶良市平松6135 | 日帰り | 第3作 |
| 硫黄島の温泉 | 東温泉、大谷温泉、坂本温泉 | 鹿児島県鹿児島郡三島村硫黄島 | 日帰り | 第2作 |
| トカラ列島の温泉 | 海中温泉・湯泊温泉 | 鹿児島県鹿児島郡十島村悪石島・小宝島 | 日帰り | 第1作 |
| トカラ列島悪石島 | 湯泊温泉露天風呂、内風呂、海中温泉 | 鹿児島県鹿児島郡十島村悪石島地獄140他 | 日帰り | 第3作 |
| 紫尾温泉 | 旅籠　しび荘 | 鹿児島県薩摩郡さつま町紫尾2168 | 宿泊 | 第1作 |
| 紫尾温泉 | 神の湯 | 鹿児島県薩摩郡さつま町紫尾2165 | 日帰り | 第3作 |
| 宮之城温泉 | さがら温泉 | 鹿児島県薩摩郡さつま町湯田1366-39 | 日帰り | 第2作 |
| 吉松温泉郷 | つつはの湯 | 鹿児島県姶良郡湧水町川西390-1 | 日帰り | 第1作 |
| 吉松温泉郷 | 前田温泉 | 鹿児島県姶良郡湧水町鶴丸1281-2 | 日帰り | 第1作 |
| 吉松温泉郷 | 般若寺温泉 | 鹿児島県姶良郡湧水町般若寺42 | 日帰り | 第1作 |
| 吉松温泉郷 | 原口温泉 | 鹿児島県姶良郡湧水町鶴丸1172 | 日帰り | 第3作 |
| 屋久島の温泉 | 平内海中温泉、尾之間温泉、湯泊温泉、楠川温泉 | 鹿児島県熊毛郡屋久島町 | 日帰り | 第2作 |

## 沖縄県

| | | | | |
|---|---|---|---|---|
| 三重城温泉 | ロワジールホテル那覇（島人の湯、海人の湯） | 沖縄県那覇市西3-2-1 | 宿泊 | 第2作 |
| 伊計島温泉 | AJリゾートアイランド伊計島 | 沖縄県うるま市与那城伊計1286 | 宿泊 | 第2作 |
| シギラ黄金温泉 | シギラセブンマイルスリゾート | 沖縄県宮古島市上野新里1405-223 | 日帰り | 第2作 |
| 天然温泉さしきの「猿人の湯」 | ユインチホテル南城 | 沖縄県南城市佐敷字新里1688 | 宿泊 | 第3作 |
| ちゃたん恵み温泉 | 美浜の湯　テルメヴィラ　ちゅら一ゆ | 沖縄県中頭郡北谷町字美浜2 | 宿泊 | 第3作 |

# さいごに

最後に、第1作から第3作までの温泉一覧を挙げさせていただきました。

これまで3作で延べ1092の源泉かけ流しの温泉を紹介させていただいたことになります。

都道府県別の紹介数の多いところは、次のとおりとなります。

第1位　北海道　89軒
第2位　長野県　88軒
第3位　大分県　75軒
第4位　鹿児島県　72軒
第5位　青森県　64軒
第6位　熊本県　63軒
第7位　福島県　54軒

第8位　群馬県　44軒
第9位　新潟県　39軒
第9位　静岡県　39軒

紹介数の順位は右記のとおりですが、大分県は特に源泉かけ流しの共同湯が多く、全部を紹介できなかったので、実質1位だと思います。

逆に、紹介数の少ないところは、次のとおりです。

第43位　茨城県　3軒
第43位　埼玉県　3軒
第43位　大阪府　3軒
第43位　徳島県　3軒
第46位　滋賀県　2軒
第46位　京都府　2軒
第46位　香川県　2軒
第47位　福井県　1軒

やはり、3作で紹介数の少ないところは源泉かけ流しの少ないイメージのところが並んでいるような感じがします。

全国の源泉かけ流し温泉を巡り出してから早や30年になろうとしています。

ライフワークの温泉巡りを通じてよかったことを5つ挙げて、終わりにしたいと思います。

1　全国津々浦々の温泉にいって、地域の課題や日本の良さがよく分かった。

2　温泉経営者の方などいろいろな方と知り合えた。

3　源泉かけ流しの温泉に入って仕事の疲れが癒やされて、元気をもらった。

4　「温泉博士」という切り札を持つことで、仕事の面でもプラスにつながった。

5　誰もあまり触れることのできなかった「温泉業界の闇」に法的観点から切り込むことができた。

読者の皆様、ここまで拙著を読んでくださり、本当に有難うございました。

全国にはまだまだ源泉かけ流しの温泉があります。

これまでの３作では紹介し足りないくらいです。

読者の皆さま方におかれましては、ご自身の条件や希望に合った源泉かけ流し温泉を見つけていただいて、是非「本物」を五感で感じていただきたいと思います。

きっと「本物」は皆さまの心と身体を癒やしてくれることと思います。


どこかの源泉かけ流しの温泉でお目にかかれることがあれば幸いです。

## 著者プロフィール


# 小林裕彦（こばやしやすひこ）

小林裕彦法律事務所 代表弁護士
岡山弁護士会所属


1960年、大阪府大阪市生まれ。1984年、一橋大学法学部卒業、労働省（現厚生労働省）入省。
1992年に弁護士登録。2019年（平成31年度）岡山弁護士会会長。
2011年から2014年まで政府地方制度調査会委員（第30次、31次）。

現在、岡山県岡山市に小林裕彦法律事務所（勤務弁護士9人）を構える。企業法務、行政関係業務、事業承継、M&A、経営法務リスクマネジメントなどを主に扱う。

2014年から岡山県自然環境保全審議会委員（温泉部会）。年間数百もの温泉地を巡り、本物の源泉かけ流し温泉の発掘に情熱を注ぐ。

著書に『これで安心!! 中小企業のための“経営法務”リスクマネジメント』（ぎょうせい）、『温泉博士が教える最高の温泉　本物の源泉かけ流し厳選300』（集英社）、『温泉博士×弁護士が厳選　とっておきの源泉かけ流し325湯』（合同フォレスト）がある。

## ウェブサイト情報

**小林裕彦法律事務所**

https://www.kobayashi-law-office.jp/

**Instagram**

https://www.instagram.com/yasuhiko.kobayashi.3/

**X**

https://twitter.com/ifciA0V0ZYDExVL

**YouTube「小林裕彦のまるごとぶった斬り」**

https://bit.ly/3xxHI4X

組　　版　GALLAP
装　　幀　内藤悠二（sic）
写　　真　小林裕彦
校　　正　北谷みゆき

**温泉博士×弁護士が厳選**
**続・とっておきの源泉かけ流し445湯**

2024年10月30日　第１刷発行
2024年12月27日　第２刷発行

著　者　　小林裕彦
発行者　　松本 威
発　行　　合同フォレスト株式会社
郵便番号 184 - 0001
東京都小金井市関野町 1 - 6 - 10
電話 042（401）2939　FAX 042（401）2931
振替 00170 - 4 - 324578
ホームページ　https://www.godo-forest.co.jp/
発　売　　合同出版株式会社
郵便番号 184 - 0001
東京都小金井市関野町 1 - 6 - 10
電話 042（401）2930　FAX 042（401）2931
印刷・製本　株式会社シナノ



ISBN 978-4-7726-6268-0　NDC 914　210 × 148